法 学 文 库

何勤华 主编

转型社会中的司法制度研究

卢 然 著

图书在版编目(CIP)数据

转型社会中的司法制度研究/卢然著.—北京:商务印书馆,2022(2023.7重印)
(法学文库)
ISBN 978-7-100-21489-6

Ⅰ.①转… Ⅱ.①卢… Ⅲ.①司法制度—研究—中国 Ⅳ.①D926

中国版本图书馆 CIP 数据核字(2022)第 138811 号

权利保留,侵权必究。

法学文库
转型社会中的司法制度研究
卢然 著

商 务 印 书 馆 出 版
(北京王府井大街36号 邮政编码100710)
商 务 印 书 馆 发 行
北 京 冠 中 印 刷 厂 印 刷
ISBN 978-7-100-21489-6

2022 年 12 月第 1 版　　开本 880×1230 1/32
2023 年 7 月北京第 2 次印刷　印张 7⅜
定价:68.00 元

总　　序

商务印书馆与法律著作的出版有着非常深的渊源,学界对此尽人皆知。民国时期的法律著作和教材,除少量为上海法学编译社、上海大东书局等出版之外,绝大多数是由商务印书馆出版的。尤其是一些经典法律作品,如《法律进化论》《英宪精义》《公法与私法》《法律发达史》《宪法学原理》《欧陆法律发达史》《民法与社会主义》等,几乎无一例外地皆由商务印书馆出版。

目下,商务印书馆领导高瞻远瞩,加强法律图书出版的力度和规模,期望以更好、更多的法律学术著作,为法学的繁荣和法治的推进做出更大的贡献。其举措之一,就是策划出版一套"法学文库"。

在当前国内已出版多种法学"文库"的情况下,如何体现商务版"法学文库"的特色?我不禁想起程树德在《九朝律考》中所引明末清初大儒顾炎武(1613—1682)的一句名言。顾氏曾将著书之价值界定在"古人之所未及就,后世之所不可无"者,并以此为宗旨,终于创作了一代名著《日知录》。

顾氏此言,实际上包含了两层意思:一是研究成果必须具有填补学术空白之价值;二是研究对象必须是后人所无法绕开的社会或学术上之重大问题,即使我们现在不去触碰,后人也必须要去研究。这两层意思总的表达了学术研究的根本追求——原创性,这也是我们编辑这套"法学文库"的立意和目标。

具体落实到选题上,我的理解是:一、本"文库"的各个选题,应是国内学术界还没有涉及的课题,具有填补法学研究空白的特点;二、各个选题,是国内外法学界都很感兴趣,但还没有比较系统、集中的成果;三、各选题中的子课题,或阶段性成果已在国内外高质量的刊物上发表,在学术界产生了重要的影响;四、具有比较高的文献史料价值,能为学术界的进一步研究提供基础性材料。

法律是人类之心灵的透视,意志的体现,智慧的结晶,行为的准则。在西方,因法治传统的长期浸染,法律,作为调整人们生活的首要规范,其位亦尊,其学亦盛。而在中国,由于两千年法律虚无主义的肆虐,法律之位亦卑,其学亦微。至目前,法律的春天才可以算是刚刚来临。但正因为是春天,所以也是一个播种的季节,希望的季节。

春天的嫩芽,总会结出累累的果实;涓涓之细流,必将汇成浩瀚之大海。希望"法学文库"能够以"原创性"之特色为中国法学领域的学术积累做贡献;也真切地期盼"法学文库"的编辑和出版能够得到各位法学界同仁的参与和关爱,使之成为展示理论法学研究前沿成果的一个窗口。

我们虽然还不够成熟,
但我们一直在努力探索……

何 勤 华
于上海·华东政法大学
法律史研究中心
2004 年 5 月 1 日

目 录

第一章 司法制度的演进历程与社会功用 ……………………… 1
  第一节 转型中的司法制度 ……………………………………… 1
    一、法律移植视角下的司法制度 ………………………………… 1
    二、社会转型视角下的司法制度研究 …………………………… 8
  第二节 研究理论与研究命题 …………………………………… 11
    一、比较司法制度研究的基础理论 ……………………………… 11
    二、研究命题与理论假设 ………………………………………… 17

第二章 司法制度与近代国家的建立——日本的司法建构 ……… 27
  第一节 明治维新时期的司法建构 ……………………………… 28
    一、幕府时期的制度旧墟 ………………………………………… 28
    二、明治维新的司法愿景 ………………………………………… 31
    三、司法省布局下的司法改革 …………………………………… 33
  第二节 新国家视角中的司法权能 ……………………………… 40
    一、宪法框架下的司法调适 ……………………………………… 40
    二、国家功能视角下的司法构建 ………………………………… 42
    三、司法与行政博弈视角下的大津事件 ………………………… 46
    四、大津案件中司法体系的抗争 ………………………………… 52
  第三节 战后司法制度之转型 …………………………………… 57
    一、《明治宪法》的反思 …………………………………………… 57
    二、司法审查制度的构建 ………………………………………… 61

三、司法行政化的回流 ··· 65

第三章　于殖民遗产中巩固独立——印度司法制度的
　　　　构建与改革 ··· 71
　第一节　殖民时期的司法建构与问题 ····························· 72
　　一、殖民之前的印度法律概况 ····································· 72
　　二、殖民时期的司法建构 ··· 75
　　三、扭曲的新式司法 ··· 84
　第二节　独立后的法律愿景与困境 ································ 88
　　一、新政权的立法难题 ··· 88
　　二、失败的司法调适 ··· 92
　　三、公益诉讼的改革愿景 ··· 96

第四章　社会转型中的司法建构——西班牙佛朗哥
　　　　时期的司法制度 ·· 100
　第一节　独立而受限的司法制度 ·································· 101
　　一、游离的司法 ·· 101
　　二、特别法庭的设立与运作 ······································ 105
　第二节　社会转型中的司法检视 ·································· 112
　　一、司法保障下的社会转型 ······································ 112
　　二、独特的西班牙司法转变 ······································ 118

第五章　国体的转型——土耳其的司法建构与改革 ········· 120
　第一节　旧帝国的法律症结 ··· 121
　　一、旧帝国制度下的混合型司法 ································ 121
　　二、新政中的法律革新 ··· 124
　第二节　新共和的法律愿景与实践 ······························· 128

  一、新创共和的蓝图 ………………………………………… 128
  二、法律革新与司法重组 …………………………………… 132
  三、被改造的法律职业群体 ………………………………… 136
  四、土耳其司法改革路径之再评价 ………………………… 141

第六章　国家权力视野下的司法重组——现代智利的司法流变 ………………………………………………………… 144
 第一节　拉美特色的社会背景 ………………………………… 145
  一、殖民统治的路径依赖 …………………………………… 145
  二、军人政权下的司法机构 ………………………………… 148
 第二节　被操控的司法权力 …………………………………… 153
  一、法外之刑 ………………………………………………… 153
  二、被压制的常规司法体制 ………………………………… 156

第七章　国家秩序视野下的司法制度 ……………………………… 163
 第一节　变动秩序中的司法建构 ……………………………… 164
  一、现代化视角下的司法变迁 ……………………………… 164
  二、经济全球化视角下的司法制度 ………………………… 166
  三、行政国家的另类解读 …………………………………… 171
  四、民族国家框架中的合法性构成 ………………………… 175
 第二节　能动型国家中的司法制度 …………………………… 179
  一、作为政策工具的司法制度 ……………………………… 179
  二、能动型国家中的司法导向 ……………………………… 181
  三、精英主导的司法建构 …………………………………… 184

参考文献 ……………………………………………………………… 188

附录　涉外法治视阈下的治外法权：流变与启示 ………………… 199

第一章 司法制度的演进历程与社会功用

第一节 转型中的司法制度

一、法律移植视角下的司法制度

司法制度以执行法律、调处纠纷与实践正义的基本功能,与立法制度一道构成法律制度的基础框架。在当下强调依法治国与社会主义法治的宏观语境中,司法制度的革新改良,既是满足社会发展的自然诉求,亦为促进社会正义的必要基础,更是民众权利赖以保障的制度基石。长期以来,在关于司法制度的研究中,司法的运行机理与技术环节被视为重点,司法制度在社会治理所能起到的纠纷解决功能被大量讨论。以司法制度为着力点,从技术治理的角度出发,探讨如何改进司法机制乃至整个法律制度的运行体制,成为了现有研究的主要趋势。

以中国中心的视角检视司法制度之演变,则会发现,司法制度在近代以降的中国具备鲜明的舶来品特征。清末开启的法律改革运动,不仅在立法体系上,也在司法制度上告别了原先的传统框架。在以外来制度为圭臬的法律改革运动中,传统法律逐步演进为具备了现代化法律表征的社会规范体系。在中国司法制度的近现代化历程中,日本、欧美与苏联先后成为主要的效仿对象,如何将外来的制度在地化,使发源于异域的社会规范体系在中国古老的土地上获得生命力,是近现代司法改革进程乃至整个社会改革过程中历久弥新的议题。

作为社会制度一部分的司法制度,其移植过程并非单调的制度复建,而是作为社会系统工程在宏观建构层面的组成部分。无论大陆法系还是英美法系,在司法制度的演进过程中均具有鲜明的历史内涵,其近现代历史上所产生过的司法变革运动,也可被视为社会改革与国家建构的组成部分。换言之,司法制度的近代化并非简单的制度构造,而是复杂的社会机制运作所产生的结果,仅从司法制度的运作机制出发进行研究,很有可能过于强调司法制度本身的运行存续机理,而忽视了司法制度演进历程中的诸多社会历史性因素。

在世俗制国家建立之前,法律的公正诉求并非来自于政治权威,而是源自于宗教。通过宗教规范的生长,统治者方有可能受到制约与限制,宗教权威的组织与建制化,成为了中世纪法律制度赖以生长的基本源泉。[1] 在欧洲的法治进程中,基督教的影响可谓重大,不论是关于婚姻与遗产的制度规则,还是教会法系统所建立起来的层次有序的司法制度,都对近代国家的法治模式产生了重要影响。更重要的是,随着天主教会对教会法体系的整合与统一化,天主教会在一定程度上具备了国家的属性,伴随着行政官僚机构的发展,教会的组织程度与公共管理职能产生了重要的转变,为后世的领土国家提供了官僚制度与法律层面的样板。[2]

现代的"法治国"概念,是附着于近代民族国家的理论基础上生长而出的。现今世界秩序中的国家制度之奠定,大抵是效仿起源于欧洲的民族国家模式,传统的王朝与帝国,已经随着历史的演进而大抵湮没无闻。在民族国家中,传统社会占据主导性地位的特权阶层在理论上

---

[1] 〔美〕弗朗西斯·福山:《政治秩序的起源:从前人类时代到法国大革命》,毛俊杰译,广西师范大学出版社2012年版,第257页。

[2] 同上书,第264页。

已经不复有容身之地,依照民族的身份认同与国境作为界线的地理范畴,构建出了新的民族国家模式,传统社会中法律的作用之所以相对有限,是因为身份等级制度已经构成其社会制度的绝大部分规范体系,留给立法与司法调适的空间较为狭小。相比之下,在民族国家内部,人与人之间的平等为法律所保障,国民之间的平等地位与国家民族之认同,构成了民族国家存续运作的最基础条件。在倡导人人平等的新制度环境中,以人人平等为基本诉求的法律取代身份等级制度,成为了社会的主导规范体系。而司法在权力归属上,也化身为政府所主导的纠纷调处机制,成为公权力兑现自身社会正义承诺的手段。由此,法律架构的建立与实践,不惟是社会管理的基准所在,更是保障民众权利、奠定国家合法性的基础。

司法制度并非独立的机制,而是履行社会职能的国家机制,与国家功能的扩展与逐步定性密不可分。司法的近现代历程,实质上是附着于民族国家模式的普及而逐渐扩展。因此,解读司法制度之功能时,无法回避民族国家建构的宏观背景,不应仅仅将司法机构认定为处理社会纠纷的裁判机关,而需要将其视为建构民族国家路径中的一个重要组成部分。民族国家的建构历程,亦伴随着技术的革新与社会组织结构的变化,与过往的传统帝国相比,民族国家时代的社会变得更加复杂,社会不同部门之间的互相依赖关系也更加彰显。因此,民族国家的新模式给国家带来了更高的要求,迫使国家以更加及时、合理与科学的方式,对社会需求做出反应并更新管理机制。概言之,国家的认知能力变得越发重要。[①] 而现代化的法律体系能够显著提升国家的认知能力,其功用分别通过立法、司法与行政层面表现出来。在立法层面,立法机关是政治

---

① 〔美〕贾恩弗朗哥·波齐:《国家:本质、发展与前景》,陈尧译,上海人民出版社 2019 年版,第 132 页。

意志的形成与表达场所,政治意志又是在不同群体之间进行资源分配的结果,立法本身就是国家认知社会诉求、构建政治意志的基本渠道。在司法层面,政治意志一旦形成,往往通过司法命令的形式进行表达,其中某些政治意志会成为司法机关活动的主要根据。在行政层面,行政机关不仅将法律作为自身的指导原则,也在实践中不断收集着事实信息,将不断发生变化的社会条件纳入行政机关的反馈与管理机制之中。[①]

与欧美国家近代国家建构与法律制度进化同步进行的历史经验有别,后发国家往往是先效仿民族国家之框架,再对司法制度进行补充修正。无论是英国式"司法治国"的路径,还是法国以巴列门法院的延伸作为构建中央集权制国家的基本手段,都未在后发国家的历史图景中被重复。在后发国家社会鼎革的过程中,国家制度的建构往往优位于司法制度的改革。于是,在法律移植的过程中,"法治国"的基本框架似乎被认为具有天然的合理性与普适性,而效仿者与被效仿对象之间的内在差异,往往基于"文明的优越"抑或"救亡压倒启蒙"式的思维而被有意无意地忽略。由是,在19世纪以降,民族国家模式普及的过程中,司法制度的现代框架被表征化,似乎成为了民族国家的固有制度,而忽略了背后所涵盖的历史演进过程与渐进式的国家建构历史。

在移植司法制度的进程中,效法欧美与取师苏联是中国在近代以来的百余年间交叉重叠的历程。本着"取法其上"的态度学习成熟司法制度,可谓是后发国家在选择司法制度建设路径时水到渠成的自然状态。但此种解读却有可能忽略了一个基本事实:社会制度并非是单纯技术性的集合,而有着复杂的历史文化背景因素,欧美与苏联的司法制度均与其历史传统与国家制度演进有着密不可分的关系,单纯的制度模仿很可能会忽略了司法制度在历史演进过程中曾经扮演的重要角

[①] 〔美〕贾恩弗朗哥·波齐:《国家:本质、发展与前景》,陈尧译,第132页。

色,而将其认为是近代国家所必备的先天性制度链条,由此带来制度移植中的种种问题。移植所带来的问题反思,在现实层面很有可能不是重新审视现代司法制度的历史演进渊源,进而检视并改进法律移植的路径,而是简单地将现代化的司法制度乃至国家制度视为水土不服的异域产物,乃至摒弃了成熟的现代经验而欲另辟蹊径。

在近现代意义上的法律制度的起源地欧洲,法律制度一直被视为对政治权力进行限制的手段,而非单纯意义上社会管理的工具。司法制度也同样如此,在欧洲的历史传统中,司法制度所倡导的是对抗行政权力、司法职业主义、限制君主权力等一系列理念主张。这种主张与欧洲国家建设的相对迟缓有着直接的联系,近现代的司法机构恰恰产生于欧洲国家建构的过程中,构成了政治自由的保护平台。① 在欧洲中世纪的历史上,君主对法律多有试图扭曲的意图,并竭力回避法律的效力。司法制度一度成为了贵族群体乃至于市民团体希冀利用的平台,并借此与世俗君主权抑或宗教权力角逐抗衡。于是,司法制度的完善与发展,在欧洲式的叙事路径中,蕴含了限制权力、保障权利的天然因子,但是此种历史演变,只能是欧洲历史的特有路径,而非人类社会的普遍规律。

相形之下,司法制度在中国的早期国家建构中则更多扮演了工具性的角色,在"以法为教,以吏为师"的传统中,司法机构并没有扮演在国家权力面前保护民众利益的角色,相反成为了政治权力压制民众自由与权利的工具。越发严密的法律制度与效率提升的司法机构,造就了中华帝国早期"法繁如秋荼,而网密于凝脂"的景象。在民众的历史记忆中,司法机构代表着专制政权的暴力与威慑,并非所谓的权利保障

---

① 〔美〕弗朗西斯·福山:《政治秩序的起源:从前人类时代到法国大革命》,毛俊杰译,第317页。

机制。传统中国的司法史论述,或许证明了在政治权力架构不同的前提下,制度化的司法机构会成为国家权力对社会进行严格控制的工具性存在,而并非现代司法理论中所描述的国家机构的组成部分以及公民权利的保障机制。

在传统的师从对象之外,居于欧美国家之外的其他国家司法制度演进的历史经验,往往为主流研究所忽视,这种忽视很可能缘于历史经验与研究视野上的限制。欧美国家的司法制度,是基于自身历史演进过程所得出的特定结果,尽管在理念、原则与制度框架上,近现代的司法制度已经展现出了高度的趋同性,保障人权、实现公义的目标,已经是现代司法制度的题中之义,但在相似性背后,即便是成功移植案例中的司法制度,仍然无法摆脱"地方性知识"与独特历史进路支配的现实下所带来的具体影响。如亨廷顿所言:"各国之间最重要的政治分野,不在于它们政府的形式,而在于它们政府的有效程度。"[1]在各国司法机制的外在形态大抵相似的情况下,司法制度在各个国家的实际运作情况却存在云泥之别,而此种差别更多的根源在各个国家的历史传统与社会结构之中,很难通过司法制度内部的技术化调整而迅速归位。换言之,司法制度的国别化差异,很有可能超出了一般理论意义上的想象。

长期以来,司法制度的比较研究着重于欧美发达国家的样本,"言必称欧美"之外,其他移植样本的丰富案例或可为解读司法制度的变迁与具体功能的运作提供更多的他山之石。之所以需要考虑更多的比较性国家案例,主要基于以下几点考量:其一,法律的治理已经成为全球化时代开启之后的普遍性议题,当讨论司法制度之时,在传统的西方样本之外,理解其他国家如何建立现代化司法制度的具体过程,方能在整

---

[1] 〔美〕塞缪尔·P.亨廷顿:《变化社会中的政治秩序》,王冠华、刘为等译,上海人民出版社2008年版,第1页。

体上理解把握司法制度在全球范围内的延伸范畴,并解读不同国家的司法制度在运作过程中的实际差异。

其二,现代司法制度在起源上有着浓厚的历史遗留痕迹与地方性制度特征,在法治起源国家,司法与立法的历史演进往往同步进行,而在后发国家,司法制度的现代化进程在一般意义上落后于立法进程,司法制度大多依照西方样本进行了整体性移植。此种移植过程中,既有成功的历史经验,亦有失败的教训,更有制度设计之外所起到的意外功用。就经验主义而言,在富裕的发达国家所设计而颇有成效的改善法治计划,很少在贫穷的后发国家产生效果。[①] 因此,完全有必要对后发国家的司法制度演进予以更多关注。

其三,在后发国家,现代司法制度的移植与塑造往往与国家制度构建同步进行。在不同时期与环境中,国家的具体任务导向与政策偏差往往会左右司法制度的发展方向,如何解读这种影响并将其内在规律理论化,是比较法研究领域的重要命题。

其四,相对于在近代化进程之中完成司法制度建构的欧美国家,大多数国家的司法现代化历程所经历的时代背景与环境要素迥然不同。尤其在20世纪以来的全球秩序生成与发展的过程中,后发国家存在着诸多欧美国家所未曾面对的历史性任务与动机,由此很可能会带来司法现代化进路上的不同考量,不应以欧美的路径与模式作为理解后发国家司法构建与司法效用的唯一基准。

综上,有必要对转型中的司法制度进行更多的案例研究,将后发国家的司法构建案例以比较法的视角进行考量,将全球秩序的生成与社会转型的变量纳入对后发国家司法制度的解读中。在此之前,应当在

---

① 〔美〕弗朗西斯·福山:《政治秩序的起源:从前人类时代到法国大革命》,毛俊杰译,第246页。

理论维度理解社会转型中司法制度构建的基本意涵。

二、社会转型视角下的司法制度研究

托克维尔认为:"在统治人类社会的法则中,有一条最明确清晰的法则:如果人们想保持其文明或希望变得文明的话,那么,他们必须提高并改善处理相互关系的艺术,而这种提高和改善的速度必须和提高地位平等的速度相同。"[①]作为调整社会关系的机制,司法制度所面对的并非静止不变的社会问题,而是动态的社会生活。社会的发展变化,会对司法的具体运作构成直接挑战,司法制度也因此需要适时地调整变化。因此,相较于立法所必须耗费的时日周章,司法的机制构建与具体实践,能够在动态意义上体现国家社会规范的变化与实际治理政策。在理论意义上,完全可能存在着这样的场景:立法框架被迅速构建起来,但并没有在现实的社会生活中成为行之有效的规范,法律体系仅仅作为政权的纪功碑抑或遮羞布,却未在规范意义上成为生效的公共规则。

相比浮于表面的立法框架,司法的实际运作却势必能够更加真实地反映社会的具体动态,也需要回应社会的具体需求。正是这种需求的绵延持续与真实存在,让司法的职能显得真切而不可或缺,[②]并在实际社会生活中有可能扮演着较立法框架更为重要的作用。司法是社会生活最真实面的展现,也是考验与理解社会规范实际运转的最可靠途径,政治权力可以构建立法框架尽善尽美的幻象,却无法大批量捏造在逻辑与事实层面都无懈可击的司法案例。

在历史上,古罗马帝国的皇帝查士丁尼曾命令禁止对查士丁尼法典编纂者的作品做任何评论,但后世的人们之所以仍旧铭记这一禁令,

---

① Alexis de Tocqueville, *Democracy in America*, New York: Knopf, 1995, 2, p.118.
② 〔美〕本杰明·卡多佐:《司法过程的性质》,苏力译,商务印书馆 1997 年版,第 6 页。

正是因为这一禁令丝毫没有起到制定者所欲达到的现实效果。① 因此,观察理解现代法律,对立法框架进行分析已经不足以描绘法律治理的现实图景,以功能性的态度分析法律的实际运作,从司法的实际构建与社会功用层面进行解读,当是法律研究的基本前提。

在近现代司法制度的流变过程中,尽管其起点是近代民族国家框架模式的确立,但近代化的过程中,社会环境与权力架构已经发生了深刻的移转。在社会结构层面,近代化往往伴随着工业化的进程,并带来人口集聚方式的改变,城市化的效用让司法制度所要处理的问题变得日益复杂,传统地域性、家族性的纠纷解决机制在新兴城市体中的功用显著减退,原本相对简单的司法机制势必需要进行改革以适应城市化之后诸多新型问题;在民众认知层面,扫盲与义务教育的逐渐普及,使得民众普遍获得了读写能力,也造就了社会民众直接参与到司法事务的可能;在舆论传播层面,借助大众传媒手段的发展与革新,司法案件的具体运作已经不再是一时一地的公共权力事件,经过舆论的传播与放大,案件的判决过程能够成为全社会的聚焦所在,司法权力所起到的社会作用也大大超越于裁判行为本身。

概言之,传统司法制度所预设的精英主导型社会治理方式,已经在教育普及、媒介发达的现代社会发生了巨大的转变,这种转变不仅仅意味着司法制度的运作形态会受到高度关注,也昭示着司法权力会持续性地调适自身以适应社会变革。在急剧变化的社会架构中,司法制度所需要面对的挑战已经今非昔比。

社会环境的变革使得建立在原有的社会基础与权力架构之上的司法制度问题被高度复杂化,社会的动员与政治的参与成为了近现代司法制度所必须面对的基本问题。在民众高度集中、社会动员手段大大

---

① 〔美〕本杰明·卡多佐:《司法过程的性质》,苏力译,第7页。

增加的近现代,司法裁决的不慎与不公极易被放大,成为社会动荡的导火索与社会变革的前奏。在现实的挑战面前,传统化的简单司法机制无法适应近现代社会,即便在近代民族国家框架确立之后,社会变革的历史进程也势必导致司法制度的巨大变化。

社会环境之外,民族国家的基本框架并不意味着近现代社会的政治权力运作模式已然底定。司法制度尽管有着现代的精神内核与框架外延,但仍然需要进行在地化的处理,以因应不同的国情与历史传统,因此其具体运作形态可能有着多样化的差别。更重要的是,因民族国家的建构路径、目标任务与历史环境之差异,司法制度完全有可能被赋予别样的使命任务,而脱离单纯意义上的建构国家制度的愿景。

在有关司法制度的讨论中,有关如何建立有效的司法机制的讨论经常建构在西方式历史经验的基础上。问题在于,西方式的历史过往并不是一种普遍性的必然经历,而是特定的历史结果。美国自建国之初即确立了平等的基本原则,所以未处理过严格的身份等级社会所面对的问题,对于政府形式的理解也理所当然地认为自由而公正的选举是政府的唯一合法性来源。[①] 但对于后发国家而言,发达国家的样本经验是空中楼阁,无从简单地通过在地化的方式直接学习借鉴。以选举为例,进行实质性选举的前提在于政治组织建立在一定的水准之上,如果没有这一前提,那么选举只会加强社会的分裂,瓦解公共秩序的权威。在众多的后发国家,如何建立一个有效的公共秩序已经是难题,遑论如何让公共秩序变得兼具代表性和平等性。

因此,在司法制度的发展中,很有可能与国家制度一样,在技术环节如何实现了公正性与有效性不应当是考察后发国家变革历程的重点所在,而应将重点放在近代化的司法制度如何在国家制度的转型期进行

[①] 〔美〕塞缪尔·P.亨廷顿:《变化社会中的政治秩序》,王冠华、刘为等译,第6页。

建构,以及司法制度的实际效用如何。如白鲁恂(Lucian Pye)所言:"发展和现代化的问题,都可以追根溯源到能否建立更加有效、更具备灵活性、更复杂以及更合理的组织。"①在近现代的历史进程中,司法制度如何在具体的情境中被建立起来,如何在政治秩序中发挥其特有的功用,在制度构建与权力行使的背后有着何种的策略考量,当是本研究所关切的重点。在展开相关的研究之前,有必要对比较司法研究的相应理论框架进行检视。

第二节 研究理论与研究命题

一、比较司法制度研究的基础理论

在对司法制度进行比较研究的领域,18世纪的法国思想家孟德斯鸠可谓开山鼻祖,其对各国法律制度的异同进行了概念化的分析,并提出了如气候、宗教、地理等诸多因素会直接影响国家的制度建构。而在19世纪,英国人边沁则提出了完全不同的观点,他倾向于认为国家建构在本质上是相近的,因此法律作为解决社会问题的机制也应该趋于同化,通过普遍性的法律改革,各国的法律体系应该实现大体上的一致。② 在20世纪60年代,社会学家摩尔(Wilbert E. Moore)提出了论断,认为世界是一个单一化的系统,包括律师、法官在内的所有职业,无论其国家与宗教属性为何,都应该共享相似的教育、经济与理念,而这种单一化的进程会随着"经济发展的理念得到快速的普及"。③ 而现实

---

① George C.Lodge, Revolution in Latin America, *Foreign Affairs*, Vol.44, Jan.1966, p.177.
② John R.Schmidhauser edited, *Comparative Judicial Systems, Challenging Frontiers in Conceptual and Empirical Analysis*, Butterworths, London, 1987, p.3.
③ Wilbert E. Moore, Global Sociology: The World as a Singular System, *American Journal of Sociology*, Vol.71, No.5, Mar. 1966, pp.475 – 482.

中,全球化进程推动下的司法机制变迁,似乎也在一定程度上印证着这种学说的成立。

对于比较司法研究的命题来说,深入理解司法制度的历史维度与世界维度上的变迁,可以为理解各国的司法制度提供进行阐释的路径,进而为司法制度进行比较研究提供生产提纲挈领性理论的可能。在相关的理论建设中,社会学的两位巨擘马克斯·韦伯(Max Weber)与埃米尔·涂尔干(Emile Durkheim)的基础理论完全可以作为论述的相关基础。作为现代社会学的鼻祖,韦伯与涂尔干在关于社会与政治机制的原理与功能的论述中,对于司法机制与法律职业群体的功能性分析占据了相当比例的篇幅,且均认为国家的司法制度与法律职业群体是具有高度重要性的稳定性机制,在以政治框架为基准构建的民族国家中,法律应当起到支配性的功能。他们均认为法律与司法机制的延续能够起到延续所谓"公认传统",进而实现稳定社会的功能。

当然,也有批评者提出了其他的概念框架与历史证据,马克思即认为法律经常作为强权的工具而发挥作用,而不仅仅是停留在解决社会纠纷的功能性层面。对于试图重构社会秩序的意见领袖来说,与政权运行紧密相关的司法系统和法律职业群体往往被视为整个现行政治系统的重要组成部分,而这个系统被认为是腐败、不公平和专制的。在这两种不同的论述中,司法机构可谓呈现了不同的面相,一方面,司法机构的基本定位决定了解决社会纠纷、维系社会稳定进而延续社会的发展是其职能所在;另一方面,司法机构附生于国家的政治机制之内,不可避免受到政权的影响乃至操控,在理论意义与现实层面上都完全有成为权力工具的可能。

尽管后世的研究者大多基于自然法的基本理论或者资本主义与政治权力的关系层面或多或少地继受了韦伯与马克思的观点,但也有学者另辟蹊径,从其他角度对西方法律传统与变迁进行诠释。[1] 哈罗德·伯尔曼(Harold Berman)就是其中最典型的代表,譬如在司法制度的运行中,伯尔曼认为法律形式的多样化刺激了不同司法辖区之间进行竞争与产生变革,从而促生了多样形式的法律与司法机制的运转,同时在司法竞争的罅隙中,自由也得到了一定程度上的保障与发展。在关于法律与革命关系的分析中,除了承认革命对于社会所带来的特定时期内的颠覆性影响,伯尔曼坚持认为,即便是最为伟大的革命,诸如1917年的俄国革命、1789年的法国大革命、1776年的美国独立运动,以及1640年开始的英国光荣革命,甚至包括德国1517年开始的宗教改革运动,在革命的起初被指责为旧传统的组成部分的法律传统,往往逃避了被摧毁的命运,而被保留了下来。[2]

伯尔曼的论证,从另一个侧面证明了法律的稳定性以及在社会变革中法律所可能具备的中立性价值。以法国大革命中的司法制度为例,尽管有革命法庭与公安委员会等新机构的创设,且旧法庭一度被清除或搁置,但在大革命之后,法国的司法框架仍然大致恢复到了法兰西王国时期的体系。革命的震荡与司法机制的颠覆,并没有就此彻底改变司法机制的运行模式,反而随着政治框架的重新修正,在大体上回归到原位。

换言之,立法框架在不同的政治环境下自然会产生突变,但与易变的法律条文不同,司法制度作为传统的一部分与社会功能的实践部门,即便在社会变革的宏观状态中,也能保持高度的稳定性。伯尔曼在关于西方法律传统如何生成的具体论述中,并没有采用历史学家强调各

---

[1] John R.Schmidhauser edited, *Comparative Judicial Systems, Challenging Frontiers in Conceptual and Empirical Analysis*, p.37.

[2] 〔美〕哈罗德·J.伯尔曼:《法律与革命》,贺卫方等译,法律出版社2008年版,第17—29页。

个国家历史传统差异的研究路径,而是从共有的传统出发,试图将英国、法国、意大利、波兰、匈牙利以及俄罗斯等国的法律发达史放在西方式的大背景下予以检视,并且总结出西方式法律的大致特征。①

伯尔曼本人对那些"在 19 世纪夸大其辞地描述各国民族主义"的论述持批评态度,②在伯尔曼看来,法律的基本元素无外乎以和平手段解决争议,通过客观性的标准进行裁判,并且发展出优良的法律职业精神。因此,在司法人员的任用上,以专业技术为基本标准,不预设过多的筛选条件,成为了西方法律传统的一个重要组成部分。

本研究并不试图对既有的研究理论进行评价与倾向性判断,而是希望通过描述与案例研究,进而为比较司法制度的研究分析提供一个可以利用的概念框架。而在现有的对现代社会中的司法机制的理论描述中,大致可以分为韦伯式的理性主义理论与沃勒斯坦(Immanuel Wallerstein)的依附理论。

在司法制度的价值判断问题上,韦伯式的理性主义理论有着清晰的态度:在独立性上,倾向于认为司法制度应当是具备相当的独立性,与外部的环境因素保持一定程度上的距离,应当尽量避免受到政党、利益集团、政府的政治性分支部分、宗教组织等团体组织的影响,且在运行的过程中本着法律的客观性原则,不受到意识形态的侵蚀。在运行规则上,司法制度应当遵循司法程序之规定,以中立的裁判者角色面对被视为平等主体的争议各方。在保护目的上,司法制度所保护的是基于人类权利所产生的经济权利与个人自由权利,这种保护并不是出于利益的动机,而是出于对人类尊严与价值的应有重视。在司法人员的属性上,应当以精英化的方式对司法人员进行培训,从而增进司法权力

---

① 〔美〕哈罗德·J.伯尔曼:《法律与革命》,贺卫方等译,第 530 页。
② 同上。

运作的可预测性与合理性,司法技术的培训是基于法律制度的基本属性而运作的。

在韦伯式的论述中,法律与资本主义的关系是基本出发点,所有国家的专业人员都应当具有类似的教育、经济与意识形态特征,[1]并在此基础上构建出类似的现代化模式。也许有人会提出这样的观点,认为社会主义法律制度的出现是对韦伯理论的重大冲击。当然,在韦伯的学术生涯中,他并未有机会对刚刚萌发的社会主义法律体系进行实质性的研究探讨。尽管韦伯在自己的晚年目睹了1917年俄国革命的爆发,但他并没有对自己的理想型法律建构模式做出相应的修正。这些理论框架实际上是在国家的整体框架下对法律与司法的具体作用进行分类论述,韦伯经典的对政府类型的三分法——传统型、卡里斯玛型与法统型即是一例。[2]

相较于韦伯基于官僚制度的论述基础上所构建起来的司法理论模型,沃勒斯坦的现代世界体系理论则将全球经济秩序的构成作为宏观背景,将司法制度视为现代世界体系的制度构成。在沃勒斯坦的论述中,司法制度就被认为依附于世界体系,不具有绝对意义上的独立性,且随着世界经济体系的变化而不断产生变动,由此形成了所谓依附理论。依附理论对司法制度的判断可谓与韦伯式的描述差别巨大:在独立性上,依附理论并不认为司法制度可以真正获得自身的独立性,因为国家的机制建设与具体的经济环境会直接影响司法制度的发展,司法程序不过是政府用来维系并将世界体系理性化而推进的一整套公共机制中的一个部分,必然成为世界体系中的意识形态所影响的对象。换

---

[1] Wilbert E. Moore, Global Sociology: The World as a Singular System, *American Journal of Sociology*, Vol.71, No.5, Mar. 1966, pp.475–482.

[2] Wolfgang J. Mommsen, *The Political and Social Theory of Max Weber: Collected Essays*, Chicago: University of Chicago Press, 1992, p.46.

言之,依附理论在整体上将司法制度视为公共服务机制的一分子,司法制度原则上与行政权力、立法权力相分立制衡的设计,在依附理论的视角上并不是问题。

在运行规则上,依附理论同样也将司法制度视为特定利益与机制的保护者,而并非所谓社会公义的维护者,在这种理论框架下,世界体系所认定的关键性利益与群体将会得到司法机制的优先保护。在保护目的上,依附理论同样也将司法制度视为已经获取了政权的阶级的工具性存在,司法权力的行使也是为了满足统治阶级的执政需求与目标。在司法人员的构成上,依附理论认为司法精英的塑造需要通过培训的方式,但最终的目标不是为了维护法律的公平属性,而是为世界体系与资本主义制度做出自身应有的贡献。

相较于韦伯与沃勒斯坦基于西方现实体系而构建出来的理论模型,伯尔曼则基于法律制度的演进历史的爬梳,得出了不同的结论。在其法律史案例研究中,通过剖析征服者威廉对英格兰法律资源与司法机制的改造,伯尔曼论述了法律精英群体以及司法机构是如何构建出来的,也挑战了韦伯理论与依附理论。大多数法律史学者都对征服者威廉给予了高度肯定,特别对他在1066年征服英格兰之后仍然能够留存盎格鲁-撒克逊的立法与司法制度赞誉有加。在彼时的英格兰,传统的司法机构仍然是郡法院与百人法院,征服者威廉对于英格兰司法进程所作出的最大贡献,是他向地方派遣出自己的亲随,建立起法院系统以处理重要的地方性案件,并且在英格兰境内逐渐建立出了可以通用于全国的法律规则。征服者威廉的贡献还包括制度化地创设出陪审团,[1]相比于被征服者的民心所向,在法律史的维度对征服者威廉进行

---

[1] David Charles Douglas, *William the Conqueror: The Norman Impact upon England*, Berkeley: University of California Press, 1964, pp.273 - 309.

评判,应当以韦伯式或依附理论的角度出发,考察征服者威廉的法律制度改革是否可以被纳入这些理论模型之中。与传统性的历史评价不同,新型的理论提供了解读的一种新可能。

如果说伯尔曼的关注重心在于西方法律传统的形成与变迁,那么韦伯与沃勒斯坦的理论建构,均是从资本主义的样本出发,只不过在时间段的关注重点上有所不同,分别为资本主义的早期发展阶段与现代资本主义世界体系的成熟阶段。以上所提到的理论模型,都是以西方样本出发进行解读分析,无法摆脱西方中心主义的思维与立场。对于后发国家而言,韦伯与沃勒斯坦的理论除了用来理解西方法律传统的构建与当代运行之外,并不能对自身的法律革新与司法机制运作产生直接性的指导效力,毕竟,大多数国家没有"清教徒"的社会历史背景,也无法在世界体系中占据主导性的地位,更没有先天性的权力分立机制。因此,在构建比较司法制度研究的理论过程中,需要扩大观察视角与比较维度,将更多的后发国家司法转型历程纳入其中,方有可能梳理其中的共性规律与内生理论,摆脱单一性的理论依赖与样板指引。

二、研究命题与理论假设

在当代对于司法制度的研究中,研究视角也大多囿于中国国情抑或西方样板,这种研究倾向不仅存在于中国的法学界乃至社会科学界,也同样存在于西方学界。即便在司法制度研究颇为发达的美国,"谈及公法则必讨论宪法,谈及司法系统则必讨论最高法院,谈及公法造法者则必讨论法官,谈及国别则必讨论美国",也是美国学界所意识到并予以反思的思维定势。[1]

---

[1] Martin Shapiro, Political Jurisprudence, Public Law, and Post-consequentialist Ethics: Comment on Professors Barber and Smith, *Studies in American Political Development*, Vol.3, 1989, p.88.

无论是中国学界,还是西方学界,走出固有的认知习惯,在全球化的背景下深刻理解世界转型进程中的司法机制变动,理解立法机制、社会运动、国际政治、跨国贸易等一系列的因素如何影响了全球范围内的司法制度变迁,是极有必要的尝试。

在已有的司法制度研究中,司法制度的运作方式似乎天然被嵌入到西方式民主政治的框架之中,司法被认为是民主体系中对社会进行技术化治理的政府职能,现代化的司法制度与西方式民主社会的机制直接挂钩。但在近现代的历史进程中,不难发现,司法机构的影响范畴与程度不断扩张,法官不再仅仅对司法事务起到作用。在诸多发展中国家,司法机构与政治权力之间保持着合作与张力,司法职业群体与政治精英一道,成为了国家秩序与转型机构的重要构建者。

从事比较法研究的学者或将司法制度视为定分止争的机构,或将司法机构视为统治精英的施政工具,但是通过比较性的研究,很有可能发现上述理论的例外情况。[1]实际上,西方社会所提供的司法机制与相关理念,从来没有成为现实世界中通行无阻的普遍性规则。

冷战之后,在20世纪90年代所提出的华盛顿共识中,民主政治、市场经济与法治被提倡为全世界所应当共同遵守倡导的基本共识,但是理想与现实的差距可谓巨大:在拉丁美洲国家,民粹主义的政权已经盘踞多年,且势力范围大抵上并无变化;在俄罗斯与苏联的加盟共和国中,强人政治几乎成为了通行规则,苏联秩序的瓦解与市场经济规则的通行,并未造就西方概念中的法治国家;在中东地区,宗教社会仍然成为了政治权力运作的基本框架,尽管在技术层面与经济制度层面,中东地区与全球化进程可谓紧密联系,但在社会权力架构与民众权利保障机

---

[1] John R.Schmidhauser edited, *Comparative Judicial Systems, Challenging Frontiers in Conceptual and Empirical Analysis*, p.42.

制上,传统宗教社会的规则依旧处处可见;在大多数非洲国家,政权的稳定有效统治尚且是一个问题,极少见到转型成功的现代国家,遑论按照现代模式组建政府机制以及构建现代化的司法制度。

因此,梳理整合西方之外的国家案例,对于充分理解司法机构在现代化过程中的多样路径极有必要,也能重新梳理司法机构在西方式经典案例之外的功能所在。西方式司法理论倡导唯有在民主政治的环境下,方能获得足够的生存空间与施展余地,与此论断相反,在现实案例中,诸多发展中国家在政治机制保持了相对稳定的同时,也让司法机构取得了充足的扩张。当然,此种意义上的稳定与扩张,与西方概念标准下的样本有着较大的差异。

但不可否认的是,在这些发展中国家,理论中应当独立并制衡行政权力的司法机构,并没有走上对抗执政者的道路;相反,在诸多国家的发展历程中,司法起到了为政权践行社会功能,甚至背书政权合法性的作用,乃至为政权提供了权力的内部制衡与调适权力斗争的平台。在部分案例中,司法机构成为了调适社会与政权矛盾的有效机制,实现了在特殊意义上对政治问题进行司法化处理的结果。[1] 本研究的基本目标之一,即是分析理解此种案例的变化要素与理论贡献。

在现代国家的生成路径上,随着生产与消费能力的上升,城市化的进程加快,商品贸易取代了传统经济,科学技术大规模发展与应用,教育普及化,社会世俗化,行政机构人员的选拔依靠绩优考核而不再依据血统或者先天性的其他标准。[2] 现代国家的社会革新与技术进步,使

---

[1] Tamir Moustafa, Law versus the State: The Judicialization of Politics in Egypt, *Law & Social Inquiry*, Vol.28, Issue 4, 2003, pp.883-930.

[2] William Beaver & James Manegold, The Association between Market-Determined and Accounting-Determined Measures of Systematic Risk: Some Further Evidence, *Journal of Financial and Quantitative Analysis*, 1975, Vol.10, Issue 2, pp.231-284.

得即便缺乏民主政治的社会基础,司法也能摆脱传统社会"卡迪"司法的宿命,在部分意义上实践现代司法制度的基本功能。技术化手段的增多,也为司法功能的有效运转提供了一系列保障,尽管这种保障无从在根本上解决司法制度的运作难题,但毫无疑问,现代化背景下所探讨的司法制度已经与近代早期构建出的经典司法制度模型有了巨大的差异。此种差异何以产生,命途如何,也是本研究试图探析的问题之一。

在此之外,对司法机构的广泛检视,更是洞悉司法与政治互动的有效途径。在诸多后发国家案例中,政治层面的具体运作秘而不宣,密室政治的传统与权力集中在少数人手中的现实,使得公共政策的制定与运作被蒙上了神秘的面纱,了解政治权力的运作往往需要依赖推测猜想,而非直截了当依法律将信息披露与公开。在密室政治的传统之外,司法机构因其现代化的表征,至少具备了程序性与公开性的基本特点,能够为理解政治权力的运作、解读案例中的政权心理考量等一系列问题提供相对可靠的注解。

再者,对司法权力的有效性与实际运作效果进行检视,也是探寻司法权力扩张原因的具体过程。在诸多后发国家的案例当中,伴随着社会治理的需求不断扩大,尽管政治权力架构相对凝滞而缺乏革新,但政治架构的迟滞回应并没有阻碍司法机构的发展与司法权力的扩张,如何理解这种现象背后的原因与动机,是本研究在体系化与理论化梳理之后所需要回应的重要命题。

在对研究命题进行了讨论之后,在理论意义上,还需要对司法制度的现代功能进行假设。首先,司法制度的社会控制功能,可能是不同国家与不同性质的政权均需要司法制度的构建与强化的重要原因。在司法制度中,刑事司法机制是政权实现社会控制的关键所在,对于统治者而言,司法机构与警察以及其他暴力机构一道,构成了政府进行社会控制的职能机构。在不同政权类型与司法机构的互动关系上,当政权能够对司法机构的实际运作进行控制之时,就可以通过司法的具体功能实现更多维度的社会目标。

其次,司法制度完全有可能作为社会政策的实践媒介而存在。对于政权而言,立法具有滞后性,且周期较长,无法对社会进行及时有效的掌控调整。相较立法而言,司法制度具有较高的灵活性,即便是司法程序耗时颇长,比之往往需要进行公众咨询与通过三读程序的立法,也在效率上具有显著优越的特征。更重要的是,立法只能以制定规则的方式间接影响控制社会,而司法可以直接以司法干预的方式对社会事务进行操控。因此,司法制度完全可以在政权的掌控之下,以判决、司法解释等方式对社会生活进行直接干预,将政府的政策付诸实践。

更重要的是,与想象中司法制度仅仅停留在定分止争权能的理解不同,在现代社会,司法权力完全有可能超越争议解决的范畴,以直接或间接的方式,影响冲击社会的运行。以苏联为例,其司法机构不仅发挥了社会纠纷的调停仲裁机构的职能,也通过公审的方式履行了政权为司法机构所特意设定的社会动员与政治教育功用,司法权在实质上已经超越了单纯意义上的纠纷解决,而成为政权所设计的宏大目标中的有机组成部分。相形之下,在其他国家的司法机构运用案例中,对于司法机构的运用或许并没有达到苏联式如臂使指般对个案直接加以干预控制并实现司法之外的社会功用的程度。但是,对司法机构的自主权进行限制与干预,通过司法机构的中介间接实现政权的政策仍是极为常见的现象。[1]

第三,司法机构完全有可能作为政权调整内部秩序、进行权力制衡

---

[1] Tom Ginsburg & Tamir Moustafa edited, *Rule by Law:The Politics of Courts in Authoritarian Regimes*, Cambridge University Press, 2008, p.4.

的工具。与想象中司法机构成为民众行使自身权利,进而对抗政权的平台的印象不同,在实际运作中,通过对司法权力的精细操控,司法机构也同样可以在更广泛的意义上成为政权的附庸,甚至帮助政权对抗民意机构。在民情传达不畅、民意不能被简单等同于统治秩序的情境下,司法机构完全可以为政权所用,对民意代表机构的作为以司法权力的方式进行制衡与对抗,从而实现社会的稳定与政权的延续。①

换言之,相比将司法制度想象为助力民众请愿、表达民情的渠道,在实际的运作中,司法权的行使更有可能成为专制政权中的一般面相,即对政权的意志服从遵守,清除可能具备对抗意味的民意机构以维系政权的稳定。在现代伊朗与土耳其的政权运作中,司法机构都成为政权控制内部秩序并对抗民意机构的工具。

第四,司法制度完全可能作为政权清除不稳定因素的工具。相对于直接的暴力镇压,司法机构通过程序性与规则性的方式,对不稳定因素进行处理,以合法性的外衣成为维系政权稳定的工具,一方面维系了政权的合法表象,另一方面建立起了新的社会规范体系以压制不稳定因素。

在现代拉丁美洲国家,司法机构不仅可以作为政权维系社会稳定、清除政治不安定因素的助手,也可以在降低法院自主权的基础上,处理政权利害相关的政治性案件与非相关性案件。在政权所关切的案件处理上,法院通过让渡司法审判权的方式对政权进行配合,在这种默契的基础之上,法院反而能够在一定程度上获得其他类别案件处理上的自主权。当政权迫切需要通过司法手段大规模处理影响社会稳定案件时,则可以选择让常规法院隐形,以军事法庭或特别法庭代位审判的方

---

① Tom Ginsburg & Tamir Moustafa edited, *Rule by Law: The Politics of Courts in Authoritarian Regimes*, p.5.

式,帮助政权维系社会的稳定与政治秩序的延续。因此,对于司法机构而言,在社会控制的功用层面,如何与政权分享权力,如何在政权整体设计的意图框架之下实现司法秩序的可持续性与自主性,是关乎自身独立性与存续性的基础。反之,对于政权而言,有效地利用控制司法机构,并尽可能不牺牲司法机构的基本社会职能,是一项极富技术性与挑战性的工作。

以上的理论阐述,需要实际案例的论证与填充。因此,按照基本命题与目标,本研究选取了五个国家的司法制度演变作为案例样本予以展开。在案例的选择上,首先选择的对象,是近代以来的日本。作为"脱亚入欧"、首个主动推行改革以建立近代民族国家,并在保持主权独立的前提下进入国际秩序体系的亚洲国家,日本对司法制度的改革可谓开风气之先。

在常见论述中,近代日本的司法改革无疑是成功的,无论是以废除治外法权为直接目标之一的明治维新运动,还是大正时期的改革运动,抑或是"二战"后重塑新型和平国家的进程中,司法机关的制度构建与历史使命始终与日本的国体变动紧密联系在一起,司法的制度沿革成为了日本国家转型的重要标志,也承载了日本历史中所特有的官僚体系文化与传统。在日本的案例研究上,将重点关注国家制度的建构与司法制度的成长之间的联系与张力,由此进一步探讨现代司法与国家之间的关系。

第二个案例,是印度在殖民地时期的司法建构与独立之后的法律改革。之所以选择印度,不仅因为其人口众多以及在南亚次大陆的重要地位,更因为印度的当代司法制度大抵建立在殖民传统之上,而殖民的影响是亚非拉大多数国家在独立初期所必须应对处理的问题。印度的国家建构并非是自主完成的,而是殖民者将诸多土邦捏合在一起的产物,一定意义上,印度是从殖民地转型而来的国家,而并非从殖民统治中重获独立的国家。因此,殖民的历史在印度社会建构与国家制度的方方面面有着深远而重大的印迹。印度如何面对殖民者所遗留的司法制度,又如何在国家的建构过程中对其进行扬弃与修正,是第三章所需要重点解读的内容。

在世界近代化的历程中,绝大多数亚非拉国家都曾经是殖民地,殖民者所捏合出来的殖民地疆界与基本制度,在其后的民族解放运动中更多地被继承而不是被抛弃。因此,对殖民历史所带来的法律遗产之影响问题进行剖析,当能够在比较法与法律史意义上,进行重新阐释与论述。本研究期望借由印度的案例,对法律的殖民化与去殖民化问题进行一定程度上的理论探索,并讨论在后殖民时代中,后发国家的法律演变历程与困境。

第三个案例样本,是西班牙佛朗哥政权时期的司法制度变迁。这也是本研究中唯一的西方国家样本,但西班牙在西方世界中可谓特例,长期为阿拉伯人所统治的历史与地理上相对边缘的位置,使得西班牙往往被视为欧洲的边缘与特例,阿拉伯人的统治历程与西欧阵营的前哨阵地角色,都对西班牙的国家建构与社会架构产生了深远的影响。

在20世纪前半叶的历史中,西班牙在大多数时间内都被视为异类。与同时期纷纷经历旧帝国解体、共和政体逐步确立的欧陆国家不同,西班牙在30年代发生了军人叛乱,推翻了合法选举产生的共和国政府,随之而来的佛朗哥政权以高压手段维系统治,成为了"二战"后普遍实现民主化的西欧国家中的特例。因为通过非法手段夺取政权并长期迫害政治异见人士,佛朗哥政权一直饱受抨击。

但在20世纪70年代,佛朗哥政权却以重新制定宪法并移交权力的方式,体面退场,助成了西班牙国家权力的和平交接与民主转型,在国家建构的过程中,也并未出现巨大的权力真空,司法制度甚至在佛朗哥政权存续期间取得了稳定的发展。在近四十年的统治历程中,佛朗哥政权如何面对共和政府所遗留下的司法制度与人员,为何重视司法制度的发展,如何处理与司法权力之间的关系,是该章节所需要进行分析的重点。

第四个研究对象,是横跨欧亚的土耳其共和国。土耳其的司法制度改革之所以显得独特,一方面是因为土耳其是近代以来国体变更的典型之一,新国家从庞大的奥斯曼帝国的旧墟上脱胎而出,转型为现代的共和国,由此带来的社会权力层面的重大变迁对司法改革构成了冲击。此外,奥斯曼帝国最早经受了治外法权制度的冲击,成为伸张司法主权从而进行近代化改革的典型案例。另一方面是土耳其从传统的宗教社会,转变为世俗化的社会,法律制度的革新在此过程中起到至关重要的作用。近代司法制度的展开,不仅关乎土耳其如何继承奥斯曼帝国的法统以继续管制社会,也意味着从旧式的宗教社会向近代意义上的法治国转型的成败关键。

土耳其司法制度改革的成败得失,不独是解读新兴民族国家如何将法律与司法作为社会改革工具的案例,也能成为理解世俗化的司法机构如何作用于传统社会的重要殷鉴。毕竟,近代化的国家变革不单纯是国家机构的重建,也意味着社会生活形态的重大转变。

最后一个案例研究对象,是智利皮诺切特政权下的司法制度,这也是时间维度上与现今最为接近的案例。在20世纪70到80年代的政治环境中,皮诺切特政权具有典型意义。皮诺切特政权所掌控下的智利,不仅是拉丁美洲军人政权的经典案例,也是在地缘政治变化的大环境中,顺利和平实现国家转型的样本。在经历了军人专制统治后,智利大抵顺利完成宪制化建设与社会转型。而在智利的现代化过程中,实现了军人政权与政府常规职能的双轨运作,达成了社会经济的快速发展与政权的和平交接。

在外部环境快速变迁、社会急剧变化的智利,司法制度的稳定运作对于国家政治转型与经济的平稳运行起到了至关重要的作用。该章内容的重点在于解读皮诺切特政权如何处理与司法机构之间的关系,军人政权如何实现对司法权力的控制,以及司法机构如何面对高压型政权并在其中获取自主权限的问题。

  当案例得到诠释之后,在本书的最后部分,将对司法制度在全球范围内的变迁进行比较,发掘总结在裁判功能之外的司法制度的独特功用,并就此对于司法研究进行理论上的拓展与研究领域上的再思考。

第二章　司法制度与近代国家的建立
——日本的司法建构

　　日本法律的改革与建构历程可谓独特,在西方眼中,日本是一个典型的东亚社会,东亚文化圈的影响体现在日本的语言、艺术、宗教以及个人与家庭、社群与国家等众多关系的基本认识层面,日本人似乎易于接受统治者对个人生活的干预以及管理的权力。[①] 而在法律制度层面上,日本法律对个人亲属关系的维护,在社会大众层面惯有的息讼文化心理,在司法机制中倾向于通过调解解决争议的途径,都体现了东亚社会的典型特征。

　　与东亚邻国相比,日本又展现出了他者的形象。相较于中国与韩国,日本与西方更为接近,不论是其古代社会中类似于西欧式封建社会的阶层分布,还是近代以来率先西方化、"脱亚入欧"的改革历程,都彰显了日本在东亚的独特性。

　　在法律改革的路径上,近代以来,随着"脱亚入欧"的愿景、西方地缘政治的移转以及"二战"后美国托管的历程,日本先后参照了包括法国、德国以及美国在内的西方国家。在不同的学习借鉴对象背后,是日本于国家转型与法律建构过程中愿景蓝图的变动。

　　相较于立法层面,日本司法制度的革新路径保持了相对的稳定与

----
　　① John Owen Haley, *Authority without Power: Law and the Japanese Paradox*, New York: Oxford University Press, 1991, p.3.

一贯性。但此种稳定性也并非一成不变的凝滞,而是伴随着国家政权的组合与运作,不断地改变着自身的框架制度与权能运作。从明治维新到"二战"后的政权重组,日本的司法制度都随着国家政权形式、宪制框架的修订而转变。本章的研究问题即在于,日本司法制度的变革与国家政权建构之间的关系为何,在何种意义上,司法制度成为了日本建设并完善现代国家职能的工具。

第一节 明治维新时期的司法建构

一、幕府时期的制度旧墟

在明治维新之前,日本的司法制度与西欧社会有着高度的共性。德川幕府政权下,以大名与武士为基干的军事单位被赋予了履行地方行政的职能,世袭的武士阶层成员转型成为行政精英。德川幕府的世袭武士与家臣在城镇定居并获得了固定的津贴收入,也自然获得了行政职权。在17世纪,随着战国时代的结束,日本就已经恢复了公共法律秩序,但战国时代留下的直接产物,是让武士而非科举考试选拔出来的文官,成为了政权中实际履行行政职能的主体,在政权的权力分布上,也体现了权力地方化的鲜明趋向,位居江户的幕府政府的直接控制区域相对有限,在地方的事务处置上,领主拥有相当程度的自治空间。

在立法框架上,幕府时代的法律框架主要涉及了封建主从关系、诸侯大名的权利义务、土地所有权与继承制度、婚姻制度与家庭制度、犯罪与刑罚制度以及各种契约、借贷、商业关系与诉讼制度。在幕府的法律制度之下,各个藩国的统治者为了巩固自身在领地范围内的统治,也有权制定相应的法律体系,被称为"家法""国法"抑或"御家之法度"。尽管在权力关系上,各地的大名理论上均为幕府将军的属下,原则上应当遵守幕府法。但在实践中,各地的大名对自有领地有着相当程度的自治权力,可以通过自行立法的方式,强化对领地内家臣与居民的统治。大名的立法权不仅包括了行政与民事意义上的立法,也包括了刑事性的法律,譬如盛冈藩的《文化律》、熊本藩的《刑法草书》、弘前藩的《宽政律》等。[1]

在德川幕府的司法机构分布上,也鲜明地体现了当时的权力分布特色。在幕府机构中,负责司法事务的中央机构主要是三奉行。所谓三奉行,是寺社奉行、勘定奉行、町奉行的总称。在管辖范围上,寺社奉行负责管理寺社、神社、僧侣、神官以及寺院神社和关东八国之外幕府直辖领地民众的诉讼,勘定奉行则管理幕府直辖领地的财政与民事诉讼,町奉行的负责对象是城市的行政与诉讼事务。[2] 在地方司法机构设置上,则由远国奉行负责管理各直辖城市的民政与诉讼事务。[3]

作为统治权的一种,司法权直属于幕府与各个领主,幕府的审判权原则上只限于直辖领地,而领主在自身的领地内的审判权大致是独立的,尽管幕府有权干涉领主的审判,但这种权力真正被践行的机会并不多。领主辖区内实际的裁判者一般是家臣,无论是民事诉讼还是刑事诉讼,均采用非公开的一审制进行审判,在刑事审判的过程中,拷问制度被广泛使用。[4]

尽管在官员的选拔任职、司法权力与机构的分布,乃至审判层级制度上与中华法系的传统方式渐行渐远,但是,德川幕府司法机制的内在精神上仍然有着明显的东亚特色。譬如,司法与行政不分,司法职能仍

---

[1] 何勤华、方乐华、李秀清、管建强:《日本法律发达史》,上海人民出版社1999年版,第8—9页。
[2] 〔日〕真田芳宪:《日本的法律继受与法律文化变迁》,华夏、赵立新译,中国政法大学出版社2005年版,第59页。
[3] 同上书,第60页。
[4] 同上书,第62页。

然在大致上归类于行政权。在法院的种类上,既包括了管辖对象为一般人的普通法院,也有专职管辖官吏、僧尼等群体的特别法院。在普通法院的层次设置上,有着中央法院与地方法院之别。最高审判权力在形式意义上归于天皇所有,将审判分为断狱与诉讼两个类别,断狱接近于近代意义上的刑事诉讼,而诉讼更加接近于近代意义上的民事诉讼。①

与中华法系的治理传统类似,在幕府政权内部,司法权力并不具备核心权力的属性,负责审判事务的机构与官员往往并非政权的核心人员。在私人争端解决的程序设置上,采取的仍然是调解为主的手段,维系社会秩序的和谐以及恢复争端者之间的关系是私人争端解决机制的官方目标,说教式的调解仍然是德川幕府时代司法的核心特征之一。而随着商业的发展和国家的繁荣,诉讼案件的数量仍在不断增加,封建裁决的机构和程序也因此得到了扩展和改进。②

在刑事案件的司法设置中,郡法院扮演着基层法院的角色,负责审理本郡辖区内笞刑的相关案件,杖刑以上的案件则由国司进行审理,在京城则设有京师法院,其主要管辖对象为京城的民众以及官员的犯罪,量刑范围为笞刑与杖刑,杖刑以上的刑罚则移送刑部省进行处理。在中央法院的运作上,由太政官任法官的职能,负责审理国司以及刑部省移送来的流以上的案件以及地方官吏犯罪的复审案件,天皇的敕裁则是太政官审理案件中的最终决定。刑事诉讼以纠弹制为基本形式,在诉讼程序的启动上,对于三次不同日期的相同告发方才受理,以降低诬告的可能性。在审理时,法官运用中华法系所采用的五听(辞听、色听、气听、耳听、目听)方式,质询证人并检查证据物。③

在民事案件的司法程序上,有关官吏的民事案件由官吏所属的司审

---

① 何勤华、方乐华、李秀清、管建强:《日本法律发达史》,第 14 页。
② John Owen Haley, *Authority without Power: Law and the Japanese Paradox*, p.62.
③ 何勤华、方乐华、李秀清、管建强:《日本法律发达史》,第 14 页。

理,而庶民的民事案件则由地方官吏审理。在地方审判的案件程序中,第二审机关为国司,京城的第二审由刑部省审理,而太政官则是第三审的终审法院。在诉讼的提起期限上,具有明显的农耕文化色彩,规定每年十月至次年三月的农闲时期,为诉讼的提起期限,在证据上重视"五听",禁止拷问,允许上诉,特别重视书证。但对被称为"越诉"的越级上诉行为采用禁止主义,无论是提起者还是受理者均要被处以刑罚。①

德川幕府时期的审判权可谓是幕府权力与大名权力的一种混合体,幕府与大名在各自的领地中拥有审判权,但幕府作为最高权力的实际控制者,在实际上又干涉各个大名的审判。由于司法管辖机制的错综复杂,在中央层面由幕府设立了评定所,统一管理全国的司法事务。② 幕府时代的司法制度遗产,是一个层峦叠嶂、交错繁杂的司法制度,在组织形式、运作规则与权力分布的角度而言,均有着中华法系的鲜明色彩。此种遗产,在明治维新之后势必面临着重大变革。

二、明治维新的司法愿景

明治维新时期的改革,是以建立一个强大而独立的民族国家为目的,在此宏观任务之下,各项改革纷纷推进,以实行"富国强兵、殖产兴业、文明开化"的三大政策,而法律改革也成为宏大的新国家愿景中的重要组成部分。但相较于经济、军事、教育与其他政治机制的改革而言,法律的革新在明治维新中具有多重的任务与功能。

1858年之后,德川幕府与美国签订的不平等条约中规定了治外法权,在国家意识与主权观念觉醒之后,日本人意识到了治外法权所带来的耻辱与危机。日本在接触治外法权的早期即接受了列强所宣扬的理

---

① 何勤华、方乐华、李秀清、管建强:《日本法律发达史》,第14页。
② 同上书,第15页。

论依据，不仅以欧陆为模板建设现代法律制度，更提出"文明开化"口号以在建国理念上模仿近代民族国家的样板。[①] 因此，以法律革新为手段，通过建立西方式的近代法律体系为废除治外法权作准备，成为了日本推行法律改革的基本动力。法律改革在日本的最初阶段，并非是用于社会治理的工具，而是在外界刺激之下试图救亡图存、恢复主权的工具。这种功利性与手段性的特征，在此后的年月里几乎贯穿于日本的司法制度转型过程。

在外界的刺激之外，中央政权重新巩固权力、强化权威的考量也是司法制度得以快速成长的重要原因之一。不同于西方模式中，司法改革与国家建构的步骤大体一致，近代日本司法改革的开端要早于大规模的立法改革与行政体制变动。1867年12月9日，明治天皇发布了"王政复古"的诏书，宣布废除幕府统治，并成立新的天皇政府。1868年3月14日，天皇政权发表"五条誓文"，规定要仿照西方样板建立日本的政治制度。在1868年7月所公布的《政体书》中，规定了天皇亲自执政，并要求中央机关实行三权分立的架构。在按照近代国家的权力架构体系建立新国家的过程中，对原本散落在各个层次的司法权力进行整合成为一种必然，近代司法机构的重构成为了铲除地方封建割据势力、建立中央集权制近代国家的宏大运动中的一个组成部分。[②]

随着1870年日本政府开始"废藩置县"，司法权从地方收归中央政府成为了必然的趋势。[③] 作为中央权力进入地方、推进国家治理能力的工具，尚未施行近代化改革的司法机构已然有了不同于幕府时代的

[①] 〔德〕巴多·法斯本德、安妮·彼得斯主编：《牛津国际法史手册》，李明倩、刘俊、王伟臣译，上海三联书店2020年版，第424、724页。值得注意的是，日本接受"文明开化"理论的结果不仅是成功废除治外法权与加入国际法秩序，侵略的"正当性"也为其所继承。20世纪30年代的"大东亚共荣圈"，与19世纪的"欧洲中心"理论有着一定的相似性。

[②] 何勤华、方乐华、李秀清、管建强：《日本法律发达史》，第22页。

[③] 参见〔日〕真田芳宪：《日本的法律继受与法律文化变迁》，华夏、赵立新译，第91页。

待遇。在废藩置县的同年，中央设立了司法省作为司法机关，而司法省也效仿西欧国家的司法制度，伴随着中央集权的进程进行了一系列的改革，将日本近代的司法体系渐次展开。

三、司法省布局下的司法改革

在司法机构作为中央权力的象征不断下移的背景下，1871年，在江藤新平任司法卿之后，在府县层次设立法院成为了司法机构改革的首要任务，并制定颁行了《司法事务》5条作为暂时章程。1871年9月，司法省颁布了《司法省职制及事务章程》，该章程是在法国顾问的协助下制定的，确立了将司法行政与裁判相分离的原则，也为近代日本的司法权独立奠定了基础。[①] 但需要注意的是，此时的司法行政与裁判分离原则，并非严格意义上的司法独立行使职权，司法机制仍然属于行政架构的整体范畴中，只不过在司法机构的内部权能配置上，强调了行政与裁判的分离。

在司法制度的改革上，江藤新平时代的主要措施在于系统性地建立司法机构层次，并组建出职业司法人员群体。在司法机构上，司法省临时裁判所、司法省裁判所、巡回裁判所、府县裁判所与区裁判所组成了从中央最高位阶到基层的司法机制。但司法省的临时裁判所并非常设机构，而是不定期开设的审判国事犯与法官犯罪的专门性机构。

在常设机构的序列里，司法省裁判所成为最高司法机关，主要管辖对象为不服府县裁判所判决的相关案件，府县裁判所审理困难的案件，以及涉及敕奏官和华族的犯罪。而巡回裁判所作为司法省裁判所的临时性派出机关，其权限与司法省裁判所大致相同。在各个府县的司法机关为府县裁判所，管辖对象为一般的民事案件以及法定刑在流刑以

---

① 参见〔日〕真田芳宪：《日本的法律继受与法律文化变迁》，华夏、赵立新译，第92页。

下的刑事案件。府县裁判所之下的地方审判机关是区裁判所,其管辖范围主要是法定刑为笞杖刑的刑事案件以及争议额度在100日元以下的民事案件。①

在司法机构的重组与设置上,彼时的日本在民法、刑法以及诉讼法上尚未进行改革,但司法机构的创设过程中已经明显突破了中华法系的司法传统,将民事与刑事案件做了分类管辖,也创设了从中央到地方的完备司法体系,打破了幕府时代多轨制的复杂司法架构。江藤新平时代也为专业化的司法职业群体提供了制度基础,相对于德川幕府时期审判机关兼领搜查与起诉职能的状况,在新的司法改革中,法官与检察官的功能与界别被创设出来,也就为搜查、起诉与审判进行分离提供了前提基础。在法官的设置上,分为了"判事"与"解部"两类:判事作为高级法官,主要负责判决工作;而解部类似于助理法官,负责讯问当事人与制作法律文书。与此对应的是,检察官也分为"检事"与"检部"两类。在刑事案件的运作程序上,检事负责监督、指挥搜查逮捕罪犯的工作,检部负责搜查的具体工作,逮捕则由警察负责。判事负责调查与判决,检事还拥有对于审判的监督权,在法庭审判开展时采取纠问主义模式。②

尽管在司法人员的分类上,法官与检察官的职能分立已经被正式确定,但两者的职权相比较现代司法体系中的一般模式而言,仍有较大区别。在任命资格上,并没有关于法官与检察官的特别资格规定,而采用了自由放任的方式,同时司法省的行政官可以兼任检事。这就使得司法职业化的边界较为模糊,一般的行政官员完全可以通过任命的方式进入裁判机关中,担任法官或检察官的职务。

---

① 〔日〕真田芳宪:《日本的法律继受与法律文化变迁》,华夏、赵立新译,第92页。
② 同上。

第二章 司法制度与近代国家的建立——日本的司法建构

在司法省与裁判所的关系层面,《司法省职制及事务章程》明确规定了裁判所应当由司法省进行管辖,司法卿兼任司法省裁判所的所长,司法省不仅具备了司法行政的职能,还拥有自身的裁判机关司法省裁判所,并对各级裁判机关具有管辖权。各级裁判所之间的关系是上下隶属的行政关系,下级裁判所在履行裁判权时需要接受上级裁判所的指挥与监督。因此,尽管司法省的创设意味着司法独立行使职权的萌芽,司法权力在政府框架中大致取得了相对稳固的独立地位,但也意味着法官的独立审判并没有真正实现,行政关系式的权力依附关系自司法机构的初创期就已经颇具特色,改革之后的日本司法制度距离近代意义上的标准模式仍有差距。

在行政审判制度方面,根据1872年司法省的相关命令,当民众的权利遭受官员侵害时,受害者可以向地方裁判所或司法省裁判所提起诉讼以实现权利救济。在这项法令的背后,是江藤新平试图将地方行政事务尽量纳入司法权力的控制范围之内,以促进中央集权的效力并进一步完成国家政令统一的意图。① 这一规定也就此确立了法院对行政案件的管辖权,为后世的行政审判制度奠定了基础。行政审判制度的建立很快带来了大量的诉讼案件,在1874年,由于案件数量的不断增加,行政案件的管辖权从普通法院分离出去,初步形成了行政审判与司法审判的分离,日本的行政法院体系也在此基础上得以确立。②

在改革的过程中,作为新创的地方审判机构,府县裁判所面对着多重的压力。与所有法律移植变革的对象一样,新法令与新司法机制在传统社会中必然面对抵抗与阻力,但除了司空见惯的阻力之外,

---

① 〔日〕真田芳宪:《日本的法律继受与法律文化变迁》,华夏、赵立新译,第97页。
② 同上书,第98页。

中央政府部门之间围绕地方控制权也展开了博弈。在府县裁判所的设置过程中，原先掌握府县裁判权的地方行政官员，以及中央政府负责管辖地方事务的大藏省，都反对司法省新设裁判所的行为，并共同提出要求修改司法省在府县设立裁判所的计划。在大藏省的对抗之下，江藤新平的裁判所设置计划进展有限，终其在任的两年多时间里，在司法省裁判所之外，仅仅成功建立了 16 个府县裁判所。尽管面对着重重阻碍，江藤新平的改革仍为日本近代司法制度的创设与发展奠定了基调。①

1875 年，日本重新进行了司法制度的革新，作为国家制度改革的一环，政府对司法机关进行了重整，大审院的建立即是其中的一项主要内容。大审院按照法国最高法院模式建立，履行最高审判机关职能。根据《大审院诸裁判所职制章程》《司法省检事职制章程》《控诉上告程序》《裁判事务须知》等法令，建立起了大审院、上等裁判所、府县裁判所与区裁判所四级审判机制。

在首都东京，大审院的主要职权为受理对上等裁判所不服的上诉案件，同时具有撤销下级裁判所判决的权力。与法国体系的不同之处在于，大审院不仅有对下级法院相关判决的撤销权，也可以根据情况由自身进行审判，对国事犯以及重大的涉外案件有权力设立临时裁判所履行第一审职能，且为终审判决。

在大审院之下，是上等裁判所，分设于东京、大阪、长崎与福岛（后迁至宫城），其主要管辖范围为不服府县裁判所判决的上诉案件，并对死刑相关案件具有第一审的审判权。在固定的案件受理范围之外，上等裁判所按照规定应当每年度两次派遣判事到管辖区域内进行巡回审判的工作。在府县级别设置了府县裁判所，职级居于上等裁判所之下，

---

① 〔日〕真田芳宪：《日本的法律继受与法律文化变迁》，华夏、赵立新译，第 93 页。

主要管辖范围为民事案件以及惩役以下的刑事案件,但若事关终身惩役的判决则须报经上等裁判所审批。① 在三层级的主要裁判机关之外,根据后来制定颁行的《裁判支厅暂行规则》,各个府县可以根据自身情况设立裁判支厅,而裁判支厅在后来的历史中也逐渐演进为区裁判所,此时的裁判支厅可以审理争议额度在 100 日元以下的民事案件以及惩役 30 日以下的刑事案件,并且根据诉讼当事人的请求行使调解的职能。②

在司法人员的配置上,府县裁判所显现出了典型的过渡时期与混合制的特色,除了设有审判长之外,还设有判事、判事补等数个司法官名额。对于暂时未能设立裁判所的县,则由县令兼任判事。与中国在法律近代化历程中,县长兼理司法被视为地方官员扩大权力的机会而得以推行顺利的状况不同,在日本的实践中,相当数量的县令认为司法事务压力过大,以公务繁忙为理由予以推诿,乃至主动要求在县一级设立裁判所。于是,到 1876 年,日本政府决定在每两到三个县的区域内设立地方裁判所,并废除府县裁判所,地方官可以兼任裁判所判事的规定被予以撤销。在 1877 年,又进一步推进改革,彻底废除了行政官可以兼理审判事务的制度。

在明治维新的初期,日本的司法机构已经进行了两次重大的改革,从司法机构的构建与变动上,可以总结出其大致趋势:其一,在改革初期,作为中央政府机构的司法省管辖裁判机构,司法审判权实质上归于行政权力架构中,随后的改革中,将司法省所带有的裁判职能与审判管辖职能逐渐剥离出来,初步具备了近代司法机制的框架。其二,在审判机构的设置上,形成了以大审院、上等裁判所、府县裁判所与区裁判所

---

① 〔日〕真田芳宪:《日本的法律继受与法律文化变迁》,华夏、赵立新译,第 94 页。
② 同上书,第 95 页。

为主干的四级审判体系。其三,司法省的审判职能尽管在后续的改革中被剥离,但作为中央政府的直辖机构,司法省仍然保留了解释法律的相关权力,因此可以采用间接方式影响审判事务。其四,司法省具有任命司法官员的权力,在司法体系中仍可谓位高权重。①

在审判权的行使上,彼时的司法改革也作出了颇具时代印记的规定,即授予大审院院长与上等裁判所的判事长随时到各个法庭进行巡视,并代行审判长职权的权力,在下级裁判所进行审判工作时,亦需要接受上级裁判所的指挥监督。此种设置一定程度上干扰了法官的独立工作权限,但在司法人员短缺、地方司法机构草创的现实面前,由高级司法官进行巡视并代行审判职权,显然其主要意图是保证审判质量、促进司法权能有效行使。

在司法组织制度法规之外,程序法的编纂修订对于日本司法机构的建构也产生了重要的影响。以1808年法国的《刑事诉讼法》为蓝本,参照德国与奥地利的刑事诉讼法,日本在1882年正式颁行了《治罪法》(《刑事诉讼法》),在该法案中,对于法院组织作出了具体明确的规定,将司法机构分为高等法院、大审院、控诉裁判所、初审裁判所、治安裁判所等层级。

此次改革中,新设了高等法院,将上等裁判所改为控诉裁判所,地方裁判所改为初审裁判所,区裁判所改为治安裁判所。在此体系下,高等法院的管辖范围为国事犯罪、针对皇族的犯罪以及属于高级别官员的敕任官的犯罪。在审判方式上为一审终审制并不允许上诉。大审院的管辖范围为下级法院的上诉案件、再审案件以及关于审判管辖问题的相关诉讼案件。控诉裁判所的管辖范围为轻罪以及对于初审裁判所判决不服所提出的上诉案件。初审裁判所审理轻罪案件,治安裁判所

---

① 〔日〕真田芳宪:《日本的法律继受与法律文化变迁》,华夏、赵立新译,第95页。

专事管辖涉及违警罪案件。在此部《治罪法》的革新措施中,废除了上级法院对下级法院的审判监督权,进而使得审判独立得到了制度性的保障。①

但在《治罪法》的施行过程中,也体现了法律移植的痼疾,整体上效仿法国的制度体系,与日本的社会情况有所差距。法律移植带来的问题在法院的职能履行层面表现得尤为明显,以违警罪的管辖权为例,在之前的司法体制中违警罪由警察署管辖,而轻罪案件由区裁判所管辖。在《治罪法》的新体系中,治安裁判所取得了违警罪的管辖权,而初审裁判所获得了轻罪的管辖。对于当时的日本而言,司法机构的设置并非完备状态,只有主要城市与港口地区(东京、大阪、京都、涵馆、新潟、神奈川、兵库、长崎)已经建成治安裁判所体系,在其他地方只能将违警罪的管辖职能交予警察署代行。因为违警罪的相关判决无法上诉,所以警察署的权力在实际运作中得到了极大的膨胀,对于刑事审判程序而言可谓弊病甚多。②

此阶段的日本司法改革中,受到法国模式的影响较多,无论是司法行政机关的职权设置,行政审判机制的创立,还是审判机构的层级职权上,都具有明显的法国痕迹。但在明治维新的后期,随着立法学习的样本从法国向德国转变,德国法律制度对司法制度产生了更多的影响。1889年,在模仿德国模式的《明治宪法》最终颁行之后,司法制度不可避免地产生了变动。

明治时期的司法制度建构,本质并非基于保障民权的目标而推进的制度改革。新制度推行的背后,是中央政权重新整合权力的宏观背景。而司法制度因其先天具有的审级制度,天然具备了中央集权的政

---

① 〔日〕真田芳宪:《日本的法律继受与法律文化变迁》,华夏、赵立新译,第99页。
② 同上。

府机制所需要的层次设置与中央化属性,在明治维新时期的政府机制改革时期,得到了较多的关注与实质意义上的推进。彼时司法制度的推行,更多的是在重构国家权力机构,打破地方割据的意义上,为新宪制国家作准备。而随着《明治宪法》最终颁行,司法机构不再仅仅扮演着中央集权制的政府部门角色,逐渐成形的近代司法机制,伴随着司法职业阶层的生成,势必在新的宪制框架内展现出自身的独有功能。

第二节　新国家视角中的司法权能

一、宪法框架下的司法调适

《明治宪法》的核心是天皇主权原则,把立法、行政与司法的最高权力均置于天皇管辖范围之内。尽管在宪法中明确规定了"天皇应依宪法行使统治权",但无法改变天皇居于国家权力核心的事实,包括法院在内的政府机构需要对天皇负责,而天皇本人不受议会的实质制约。[1]在这部东方式君主集权理论与西方式宪制理论相混杂的宪法文本中,尽管在外部形态上确立了类似宪制体系的政府框架,但在公民权利的保障上却极为有限。

根据《明治宪法》第 57 条之规定:"司法权,由法院以天皇名义,依法律行使之。法院之构成,依法律规定之体系框架",日本的司法制度进行了重新组合。宪法第 61 条又规定:"凡因行政官厅之违法处分,致被伤害权利之诉讼,应属于另一法律规定之行政法院审判者,不在司法法院受理之限。"[2]根据此等条文之规定,普通法院受理民事与刑事案

---

[1] 〔日〕真田芳宪:《日本的法律继受与法律文化变迁》,华夏、赵立新译,第 118 页。
[2] 蒋立峰主编:《日本政治概论》,东方出版社 1995 年版,第 496 页。

件,行政案件纳入行政法院管辖范围的制度最终确立。在《明治宪法》颁布之后,在 1890 年,《裁判所构成法》与《行政裁判法》也相继颁布。

自此之后,普通法院与行政法院的层次框架被正式确立。普通法院自低到高,分为区法院、地方法院、控诉院与大审院四个审级。大审院作为最高审判机关,除了作为上诉法院职能之外,还拥有对于危害皇室罪、内乱罪等重大犯罪案件的一审也是终审管辖权。在审检机制上,采用了审检合一体制,在各级法院均设立了负责侦察犯罪、提起公诉和监督判决执行的检事局。

在行政法院体系上,更多参照了彼时奥地利的行政法院制度,在东京设立了一所行政法院,管辖范围为行政违法案件。在行政法院的受理条件上采用了申诉迁至原则,案件在提交予行政法院之前,须先向地方的上一级行政部门进行申诉并经过裁决。行政法院的审理在实际上是一审终审制,所有的行政诉讼都是抗告诉讼,而因行政机关的行为所导致的损害赔偿、损失补偿等案件都由普通法院管辖。在行政诉讼的机制设置上,行政法院的组织在理论上不属于司法省,而属于行政机构,但行政法院的审判人员在行使职权时原则上不隶属于天皇政府,因此被定义为准司法法院的地位。[①]

明治维新法律改革以制度上的全盘变迁成为了 19 世纪后发国家法律近代化的成功案例,对比同时期的沙俄、奥斯曼帝国与清政府,在结果意义上,明治维新的效果无疑是卓越的。但是明治维新的举措背后,统治精英的理念却并不清晰,举措上的坚定彻底与理念上的混沌不清,共同构成了明治维新法律改革的基本特征。以司法机制的构建过程为例,以国家的中央集权建构为核心理念,以欧洲国家的司法制度为基本参照模板,是日本推行司法改革的路径。此种路径,并没有强调司

[①] 何勤华、方乐华、李秀清、管建强:《日本法律发达史》,第 90 页。

法权应当起到权力制衡作用的理念,在学习对象上也是先后师从法德诸国,基本的出发点是尽快构建出一个强大的近代国家。日本在司法改革的开始,并非将其作为民权保障的基本制度,而是视为促使国家强大的制度工具。而在身份等级层面,尽管对原先的封建等级制度进行了改革,但明治维新并未消灭身份等级制度,而是将国民重新划分成为华族、士族与平民三个等级。① 与身份等级制度的改变相对应的,是国家的司法系统按照近代市民社会的基本原则理念进行了重组,在近代化的外观下,司法系统却仍然要去解决传统的问题。

但无论如何,到了 19 世纪末,日本已经建立起了近代化的法律体系,拥有了相对独立的司法系统、训练有素的司法职业人员以及较为完备的成文法典。在法律学说上,原有的传统大抵被抛弃,依照西方法律术语翻译而来的词汇构成了日本法律语言的主干部分,甚至有研究者称"没有一个传统术语能在转型中幸存下来"。② 与法典、法律学说类似,日本的司法系统也经历了彻头彻尾的重生,只是这种重生,在模仿西欧之余,也不可避免地具有明治时期的局限性。

二、国家功能视角下的司法构建

日本的改革与转型与其政治体制的复杂性有着密切的关系,当外来压力与内在矛盾叠加爆发之时,传统政体的政治权力机构进行了相应的调整,在明治维新前的两百年间,日本天皇具备了名义上的最高权威却统而不治,而并不具备形式上最高统治者地位的德川幕府大权独揽。当近代化的压力接踵而至时,德川幕府作为直接责任主体受到了冲击,乃至于权威逐渐衰亡。而另一个传统机构日本天皇则有效地延

---

① 〔日〕川岛武宜:《现代化与法》,王志安、渠涛、申政武、李旺等译,中国政法大学出版社 1994 年版,第 104 页。

② John Owen Haley, *Authority without Power: Law and the Japanese Paradox*, p.69.

续下来,获得了权力的扩张,也成为了在近代化过程中日渐强大的军阀集团的工具。[①] 因此,日本政治秩序的转变并不代表着旧秩序的完全衰亡,作为传统机制的幕府政府的覆灭,带来的是天皇机制的重新生长。新型的国家建构并不是脱胎换骨的新生,而是旧瓶新酒式的换装。

基于政治秩序的视角,也不难理解明治维新时期司法机制变动的大致意涵。尽管在机制形式上,新的司法制度更加接近于近代化的样板标准,但如果以天皇制度的重生与增强为视角,则会发现,中央集权化的司法制度强化了中央政权的权威与控制力。司法省在司法制度中所具备的强势地位,不单单是因为处于转型期的政府中亟需强有力的技术性指导,也是中央权力在与地方势力进行博弈过程中所作出的相应调整。司法制度因其独立性与技术性,往往被视为与政治权力争夺距离遥远的领域,但在转型期间的日本,司法制度的中央集权性因素被重新发现并刻意利用,成为了明治维新初期天皇所代表的国家机制增强其权威的重要工具。

在关于国家建构的理论视角上,民族国家的建立往往是以建立有效的财政税收系统作为关键性要素的,[②]而对社会资源的动员与汲取能力是衡量国家近代化程度的重要标记,[③]在司法制度建构层面,中央政权的效率与权威可以通过司法机构的创设与有效运行得到反映。明治维新时期的司法制度建构与政治制度的近代化密切相关,这种近代化并不是以民主政治或选举制度作为衡量标准,而是以单一性政治权威的有效构建为基准。在政治近代化的过程中,单一的、

[①] 〔美〕塞缪尔·P.亨廷顿:《变化社会中的政治秩序》,王冠华、刘为等译,第25页。

[②] Charles Tilly, Reflection on the History of European State-making, in Charles Tilly, ed., *The Formation of National States in Western Europe*, Princeton: Princeton University Press, 1975, p.40.

[③] Alan C.Lamborn, Power and the Politics of Extraction, *International Studies Quarterly*, Vol.27, June 1983, p.126.

世俗的、国家性的政治权威取代了包括传统、地方、宗教和家族在内的诸多政治权威。①

新型司法机构的建立,正是以强化单一性的政治权威为基本目标。相对于德川幕府时代复杂重叠、层次不一的司法机构,一套从中央政权伸展而出、整齐划一的司法机构被建立起来。这也意味着地方势力、宗教势力、家族势力在理论上无法再享有司法权,原先被视为地方治理的司法权,从此之后被有效地收归中央所有。

明治维新初期的司法机构创设,也意味着司法成为了新的专门性政治职能,从原有的政治功能中被分离出来并且被设置了专业性的机构与人员。与德川幕府时代的传统不同,司法人员的训练与任职资格被逐步确立,与一般意义上的行政官员的差别界限被建立,也为更加精细而复杂的司法机构提供了人员基础。专业化的分野不仅仅意味着功能上的区分与职权上的独立,也意味着在从传统转型而来的社会中,新的司法机构有了更加强大的能力去抵御其他势力的侵袭。无论是仍旧存在的世袭贵族,还是地方势力,在高度专业化的司法机构面前,因职权的界限与门槛,往往会望而却步而难于渗透操控。

随着司法机构的专业化,也很自然地能够构建出以专业法律教育与职业经历作为共同背景的司法官群体,这种群体的形成不再是以传统社会中所常见的亲属关系抑或乡谊联系为纽带,而将教育与职业精神作为共同体的连接内核。因此,司法制度的重新构建也改变了司法官群体的认同,在独立的机制与长期的专业教育被建立起来之后,原先的结社渠道已经不复其重要性,传统官僚体系的旧有规则即使没有被彻底摧毁,也无法在新的司法制度中得到整体性的延续。

在民众的视角上,新的司法制度的建构也有着特殊的意义。对于

---

① 〔美〕塞缪尔·P.亨廷顿:《变化社会中的政治秩序》,王冠华、刘为等译,第27页。

传统社会中的民众而言,较少有机会亲身经历诉讼与审判,在司法裁判采用不公开、司法官与行政官员混为一体的旧体系下,民众对于司法很难形成明确有效的认知。而中华法系式的大背景下所沿袭的息讼传统,更导致了民众对于司法机制的疏离乃至隔绝。在近代化改革之后,民众可以通过公开的审判、专门性的场所、专业化的人员以及借助大众媒体的普及更多地去了解司法案件的运作,在潜移默化之间能够感受到以新型国家为载体的司法权力。

在司法官的任职资格上,去除了身份等级制度作为官员的任职门槛之后,普通民众也有机会通过教育与培训的方式成为执掌司法权力的主体,原先遥不可及、高高在上的司法权力,此时已经为民众所触手可及。这种认知在很大程度上会改变民众的基本理念与认同感,以往被物理空间所束缚的民众,通过耳闻目睹司法的具体运作,能够不断强化自身作为国民的认同与认知,由此也会带来新国家体制下民众向心力的增强。

在社会的构建上,新的司法制度为社会利益的争夺提供了新式的平台。在传统社会与近代化之间所存在的诸多冲突,可以通过司法的平台公开予以调处。在急剧转型的社会中,社会团体之间不断进行重组,形成各种社会集团,当集团之间产生冲突时,司法机关介入解决也会成为国家权力对于社会结构进行有效干预的手段,进而将社会的转型与建构尽可能地纳入国家意志的指引之下。

明治维新时期的日本无从谈及民主政治,在从地方性政权所构建的松散国家向中央集权制的近代国家转型的过程中,民众的参与程度极低。但现代政体区别于传统政体的关键之处在于民众政治意识的生长与政治介入的幅度,传统的政体只要组织社会上的少数人参与,而现代政体却需要组织广大民众的参与。[1] 在日本的社会转型过程中,在

---

[1] 〔美〕塞缪尔·P.亨廷顿:《变化社会中的政治秩序》,王冠华、刘为等译,第68页。

缺乏民主政治的前提之下，司法恰恰以广泛性的参与和认知，成为了民众与政权之间进行有效互动的重要平台。

对于转型期的日本而言，近代化的第一层任务是挑战分散的、组织薄弱的封建传统体制，通过必要的权力集中对传统社会进行变革改造。当第一层任务完成之后，确立新体制的合法性，促进新体制的有效运转，在转变的社会中吸收不断浮现的社会团体，是让近代化机制获得生命力的根本方法。① 在司法制度的构建上，明治维新时期大致完成了建构框架的基本任务。

但近代国家建设的另一层意涵，在于国家权力之间的分立与制衡。司法权存在的目标，不仅仅是中央权力的展现与管制，更是通过司法机制的确立，能够有效对行政权力与立法权力进行制衡，通过权力之间的互相制衡机制，构建出理性运作的近代国家架构。因此，真正地让司法制度在宪法框架下获得生命力，则是明治维新之后的历史进程中所需要完成的使命；真正的考验，更在于司法权能如何在新的国家机制中保持独立的地位，并且在实践中维系自身的独立性。

三、司法与行政博弈视角下的大津事件

明治维新的司法制度之构建，在短期内即承受了重大挑战。发生于明治二十四年(1891年)的大津事件，在日本的司法沿革历史上起到了里程碑式作用，将新生的司法制度的影响力延伸到了政治、外交与社会层面，也成为研究日本司法演进历史的生动案例。

在《明治宪法》的结构框架下，依据宪法第 57 条之规定，法院的职权行使需基于天皇之名，且按照《裁判所组织法》第 135 条之规定，接受作为行政机关的司法省监督。而行使最高法院职权的大审院，并非是

---

① 〔美〕塞缪尔·P.亨廷顿：《变化社会中的政治秩序》，王冠华、刘为等译，第 161 页。

三权分立体系中的独立地位,而在政府序列中低于国务大臣,由此带来了司法权在行使过程中的独立性问题。尽管本着现代法律的精神与保障人权之目标,司法官对民众权利之保障有划时代意义的进步,但其仍处于被天皇体制所支配的窘境之中。如在战时曾任大审院院长的泉二新熊所言:

> 皇道精神的真髓,是以宇内无比的皇国国体为轴心之君民一体亿兆一心,并以和为本,遵守仁义,期待共荣共存。而皇国的立法及司法就需以此为重点而展开,所以若有背逆国体之思想犯,或是破坏当下的统制经济且危害圣战的进行及后方的共存等行为,除了有被特别宽容的情况下,应该贯彻法律的精神并处以严重的制裁。①

由此可见,宪法虽然规定了天皇是司法权力的最高拥有者,司法机关以天皇之名义行使职权,但是并无明文规定天皇可以直接指导案件的裁判。彼时的日本学界对于天皇在司法机关中的具体权能仍存争议,例如,战前持"天皇主权说"的法学家上杉慎吉即认为司法权不应当接受天皇的直接指令;而佐藤丑次郎则认为司法裁判并不是根据天皇抑或内阁的命令而行使;市村光惠认定司法权尽管是以天皇的名义进行运作,但法院实际上代理天皇而为,在裁判过程中应当依据法院的自身意愿,并不应当受到天皇的意思支配。② 在实践层面,天皇终结干涉案件的行径也可谓极为罕见。

在《明治宪法》体系中生长而出的日本新司法机制,在天皇对司法系统的权力含混不清的情境下,司法权的权属性质问题在大津事件中

---

① 〔日〕小林直树:《新版宪法下》,东京大学出版会1981年版,第298页。
② 〔日〕田冈良一:《新版大津事件的再评价》,有斐阁2001年版,第172页。

经受了直接的暴露与挑战。大津事件发生在 1891 年,时为俄罗斯帝国皇太子身份的末代沙皇尼古拉二世,以外交亲善之名义赴日访问,而恰值日本与俄罗斯在远东的利益纠纷增加、矛盾凸显的时期,日本官方的欢迎与民间所具的敌意,形成了社会情绪的基本底色。

针对大津事件的具体记载如下:

> 露国皇太子游滋贺县大津,游赏湖山之胜,午前与希腊国皇子乔治俱出京都旅馆,由威仁亲王导引……午后一时三十分回归京都旅馆,途中警卫前并无异状……经过京町筋下小唐崎,时任警卫的滋贺县巡查津田三藏突然走出,拔出带刀向太子两次挥斩,隔开帽子,伤及头部,太子匆匆下车而跑,三藏挥剑追之。希腊国皇子乔治斥喝下车,以竹杖挥打三藏背部,太子车夫向畑治三郎拉倒三藏双脚,三藏剑落,希腊皇子车夫北贺市市太郎执其剑斩三藏头、背,警官集结绑缚三藏。事出瞬间,在后方之随从、接待不知其变,只问前路喧嚣,忽传狂汉斩杀太子,众人疾驰现场围集,混杂骚乱涌现。太子由威仁亲王搀扶,倚靠于吴服商永井长助店头床几,流血淋漓而沾衣袂,并染红座布围,借亲王手巾擦拭血迹,随从医师做应急措施,太子神色自若,从容抽烟……①

大津事件中暗杀俄国皇太子的津田三藏,竟然是负责维系皇太子安全与地方治安的时任警察,日本政府在知晓凶手身份之后,更觉得干系重大,有必要与凶手做出切割。作为紧急情况的处理方式,天皇在得到消息后立即召集伊藤博文等重臣开会讨论应对方案。司法大臣山田

---

① 〔日〕宫内厅编:《明治天皇纪第七》,1891 年 5 月 11 日,第 810—811 页,转引自苏俊斌:《司法独立与国家安全的权衡:再检视明治时期的大津案》,载《成大历史学报》,第六十一号,2021 年 12 月,第 180—181 页。

第二章　司法制度与近代国家的建立——日本的司法建构　49

显义即提出了要以普通谋杀未遂与对皇室的罪两个方案进行预案准备，如果是普通谋杀未遂定罪，则顶格刑罚为无期徒刑，如果以对皇室的罪量刑，则有可能被判处死刑。在首相伊藤博文的主导下，以非常手段处理该案件成为官员中的共识，为了处理紧急状况并解决国家的现实危机，以加害皇室罪对案件进行定性，以死刑处罚津田三藏作为司法层面的处置方式，就此成为了政府的基本方针。①

案件的处理受到了明治天皇的直接影响。在事发后明治天皇与沙皇亚历山大三世的电文中，表达了自身的痛惜之意，更以敕语发布：

>　　此次朕所敬爱之露国皇太子来游，朕及朕之政府与臣民以国宾大礼欢迎，不料于途中在大津遭难，接此警报，令朕不胜痛惜，对暴行者应尽速惩罚，勿损毁善邻之友谊，以体朕意。②

在各种行径与干预背后，已经可以判断明治天皇从政治的立场出发，对于事件如何平息以及案件如何判决进行了积极的介入。在审判进行期间，明治天皇也下达了敕令，称："今般露国皇太子相关事件是国家大事，须注意而迅速处分。"③尽管未以明文明示的方式对案件的审判走向作出具体的干预指示，但在形式上已经在通过间接的方式影响案件的审理与判决，给政府官员留下了依据天皇意见进行扩大解释的空间。此时《明治宪法》施行未久，而宪法惯例并未确定，更加大了主观判断天皇敕令的空间。其时的内务大臣西乡从道便直接表示，如果司法官不将犯人判处死刑，则将会违背天皇的圣旨。④

---

①　〔日〕马场恒吾：《伊藤博文》，潮文社1942年版，第181页。
②　〔日〕宫内厅编：《明治天皇纪第七》，1891年5月11日，第814—815页，转引自苏俊斌：《司法独立与国家安全的权衡：再检视明治时期的大津案》，第182页。
③　同上。
④　同上。

在天皇至上、天皇权力神圣不可侵犯的原则影响下,天皇对于案件的指引已经从政府机构延伸影响到了社会层面。在当年的 5 月 16 日,日本政府颁布了紧急敕令 46 号,下令对报刊进行检查以避免有案件相关的不利报导传出,①由此直接挑战了《明治宪法》中保障言论自由的相应条款。在社会意见被压制、政治权力的主导倾向明显的境况之下,案件审理方所需面对的压力可谓毋庸置疑。

类似案件的处理在日本近代司法史上并不匮乏先例,在 1868 年,有针对英国外交公使巴夏礼的暗杀未遂事件,结果以涉案武士的切腹谢罪以及犯人的斩刑收场。此外,在 1890 年所发生的"吹田事件"中,尽管德国皇室人员违背日本政府的法令在禁止狩猎的地区游猎并且与当地警民发生了冲突,在法理层面占据优势的日方,仍然基于政治妥协、不扩大事端的立场,以日方谢罪的方式终结了这一刑事案件,因而带来了外交利益优先于法律秩序考量的先例。②

涉外刑事案件的处置,在日本近代史上一直有着较为惨痛的教训,也是招致不平等条约体系与治外法权在日本确立的直接原因。③ 对于明治政府而言,此时即便已经完成了近代国家机制的大体构建,但并未摆脱原有的思维,帝国主义弱肉强食般的侵略历史,在日本的统治者脑海中记忆犹新。因此,委曲以求全,通过行政权力的干预,迫使司法机关以死刑方式处死凶手,不仅是最为理性的选择,也是过往的历史记忆所带来的惯性思维。

---

① 参阅《东京日日新闻》,1891 年 5 月 17 日报导,转引自苏俊斌:《司法独立与国家安全的权衡:再检视明治时期的大津案》,第 183 页。

② 吹田事件是指当时的德国皇孙海因里希等人在访问日本的过程中,因为在禁止狩猎的小路村释迦池进行狩猎,从而与当地的农民与巡警发生了冲突,日本政府在处理的过程中不仅进行了道歉谢罪,还处罚了涉案的相关巡警。参见苏俊斌:《司法独立与国家安全的权衡:再检视明治时期的大津案》,第 186 页。

③ 〔英〕萨道义:《明治维新亲历记》,谭媛媛译,文汇出版社 2017 年版,第 59—70、331—362 页。

第二章 司法制度与近代国家的建立——日本的司法建构

问题在于,在过往的幕府权力体系中,统治者对司法机关的干预,乃至于直接决定案件的审理结果是顺理成章的。但此时的日本国已然改弦更张,近代司法机制初步成形,刑事法律也走上了近代化的轨道。再要以旧国家体制中的惯例方式处理类似的司法问题,必然会带来宪制体系中的权力冲突。因此,理解《明治宪法》框架下对于天皇权力的厘定,是诠释大津案件处理程序的首要前提。

《明治宪法》的核心要义,是在天皇主权学说的架构上,构建起了明治政府的合法性基础。相对于同时代其他宪法文件的权力构造体系,《明治宪法》并未采取"人民主权说"的基本理论,政权的合法性并非来源于法律的权威抑或民众的授权,而是建立在传统性的权力支配基础之上。由此,天皇神圣成为了宪法的基本精神,根据《明治宪法》第 3 条之规定,"天皇是神圣不可侵",这不仅意味着对身体的冒犯,即便对天皇的指责与议论也不是被许可的。[①] 在天皇神圣的背景之下,传统中华法系中的"不敬"与"大逆"罪名仍旧存在且被扩大化适用。

天皇主权学说的宪法体制与刑事司法中的特殊保护原则,给大津案件的处理带来了法律适用层面的挑战,即为保护日本天皇制度而制定的"加害皇室罪",是否可以被类推适用到保护俄罗斯皇室成员之上。在日本的封建时代,根据《唐律》中"不应得为"罪的理论预设,也规定了"断罪无正条"的法律条文。"断罪无正条"的意义内涵在于,即便在法无明文规定的情形下,仍然可以采用类似类推的方式进行扩大化解释,而基于情理创设处罚机制的"不应得为"原则,可谓具备了实践意义上进行类推解释的基础。当时所施行的刑事法律文件《新律纲领》中,仍

---

① 〔日〕伊藤博文著,日本国学振兴会译注:《新译帝国宪法义解》,日本国学振兴会 1938 年版,第 27 页。

未真正确立罪刑法定原则,因此,无论是实践传统还是现实立法层面,都具备了将"加害皇室罪"进行类推适用,从而将俄罗斯皇室成员纳入保护范围中的基础条件。①

在天皇进行干预的大背景下,此时尚且居于行政机构内部的司法机关,似乎也会服从于天皇所主导的立场。但出人意料的是,司法官群体的质疑与抗争,带来了大津事件司法审判层面的诸多争议,也借此机会确立了日本司法制度的众多原则。

四、大津案件中司法体系的抗争

看似万事俱备,判决势必走向天皇与政府官员所期望的结果之时,司法官的态度与明治旧刑法(1880年日本刑法典)的公布,却使得案件的处理受到了极大的争议。根据当时公布的刑法,尽管采取了重刑主义的导向原则,但是保留了作为学习模版的法国刑法中有关罪刑法定的规定。在明治旧刑法的第2条更是强调了"法律正条"来确定罪刑法定的原则,直接废除了旧律的"不应为条",援引与比附的方式也不被允许。② 因此,随着天皇的意志与政府官员的言论导向,要将刑法的罪名进行扩大解释时,新生的司法官群体中就掀起了反对之声,而代表人物正是最高司法机关大审院的院长儿岛惟谦。

在案发之后,时任首相与农商务大臣便将儿岛惟谦召至官邸进行劝说,声称要避免损害俄国的感情而引发国家大事,对于伤害俄国皇太子的犯罪嫌疑人,应当以刑法第116条的加害皇室罪进行处治。③ 儿

---

① 《明治宪法》第一章第一条"天皇是日本国的象征,是日本国民整体的象征",参见日本国政府编,日本驻华大使馆译,《日本国宪法》。
② 〔日〕高柳真三:《日本法制史二》,有斐阁1965年版,第204页。
③ 〔日〕宫内厅编:《明治天皇纪第七》,1891年5月19日,第836页,转引自苏俊斌:《司法独立与国家安全的权衡:再检视明治时期的大津案》,第189页。

岛的应对方式,首先是建议以紧急敕令的方式,将外国的皇族包含到日本皇族的范围内。儿岛的立场在法律技术上是可行的,既可以收到遵循刑法原则体系的效果,又能在制度层面为实现日本当局将津田三藏尽快处死的意图而铺平道路,但是该提议却遭到了枢密院、法制局的拒绝。①

在技术化的和缓式处理路径被堵塞之后,儿岛的立场发生了转变,拒绝将刑法第 116 条进行扩大化解释,其所持的理据大概包括:其一,在刑法条文中,提及天皇时,指向对象只能是日本的元首;其二,加害皇室罪在刑法中被放置在第二篇"公益相关罪"当中,此处的公益自然是指代日本的公益,对于日本皇室的危害正是侵犯了日本公益,但是对于俄国皇太子的伤害则是危害了俄国的公益,并不涉及日本的公益;其三,如果将加害日本皇室的刑罚条文进行扩大化适用,使得俄国皇太子也成为相关条文所保护的对象,则是有损主权、侵害日本国独立自主的行为。②

彼时的日本司法界,在大津案的立场上,大体上仍然保持了支持儿岛惟谦的立场,对于内阁以多种手段干预司法案件审判的做法表示了异议,尽管这种异议并非针对案件本身的处理方式,而更多的从反对干涉司法机构独立行使职权的层面出发。但在大津案的处理方式上,对于国家与法律的关系,法学界进行了重新的思考,如穗积陈重教授所言:

> 当时,我等法科大学同僚也将意见向上呈报,评论若以对皇室之罪处罚三藏之非。然而当局及元老政治家等意见是若不处死三藏以向俄国谢罪,国难将随即而来。是先有国家后才有法律,只拘

---

① 苏俊斌:《司法独立与国家安全的权衡:再检视明治时期的大津案》,第 189 页。
② 〔日〕田冈良一:《新版大津事件的再评价》,有斐阁 2001 年版,第 146 页。

泥于法文之利而忘却国家之重,不过学究之迂论,因此主张应活用法律以拯救帝国于危难之际。①

穗积陈重的陈述道出了日本司法界的主要争议所在,即在新生的国家与司法制度之间,应当以何种价值为先。初创的司法制度有赖于新型国家的框架方才得以奠基,因此,若是因为大津案的处理不周,未能平息俄国的不满而带来国家在生存层面的危机,无疑会动摇司法机制运作的根本所在。对于津田三藏的适用罪名争议不仅是单纯意义上的干涉司法部门独立行使职权,也可以理解为在国家生存危机面前,国家行使紧急权的一种逻辑。19 世纪末 20 世纪初的国际秩序中尚未建立起有效的和平机制,大体上仍旧是弱肉强食的丛林规则,作为新生国家的日本有此反应也是理所当然。

在案件的程序中,司法机关的独立职权成为了首要争议点,根据其时《裁判法》第 143 条之规定,法官在职务上的独立应当得到保障,根据政府的具体要求,以刑法的加害皇室罪来为津田三藏定罪,显然是对司法机关独立行使职权的侵犯。在对司法部门施加压力之外,日本政府方面也对大审院的承办法官施加压力,但在儿岛惟谦召集大审院法官进行讨论并得到共同结论认定"刑法中指的天皇只是日本天皇"之后,②分化法官的企图并没有实现。如果说政府对大审院所施加的压力以及与承办法官的沟通联系,已经触犯了司法机关独立行使职权原则的话,那么,法官独立行使职权的另一层含义,是法官同样不应当受到司法机关内部的压力与影响。儿岛惟谦的身份并非承办法官,却以大审院院长的身份,召集承办法官以一般杀人未遂罪的罪名为案件定

---

① 〔日〕穗积陈重:《法窗夜话》,有斐阁 1916 年版,第 26—28 页。
② 苏俊斌:《司法独立与国家安全的权衡:再检视明治时期的大津案》,第 192 页。

调，本身也是干预法官独立办案的行为。尽管儿岛惟谦本着维系司法权独立的名义行事，但在实际层面上侵害了法官的独立。

  如儿岛惟谦先前倡议，要依照法律的技术化路径实现死刑的判决，只有通过天皇颁布紧急敕令的方式，规定将俄罗斯皇室成员视为日本皇室成员予以保护，才能在技术层面上解决法律适用的难题。①紧急敕令的问题在于，它是以一种事后补救的方式，为判处津田三藏死刑而特设规定，不仅容易被外界视为以政府权力来干涉裁判，有损日本所欲打造的司法独立行使职权的形象，也违反"法不溯及既往"的基本原则。更重要的是，为了讨好外国、处死本国国民而改变规则体系，对于日本政府来说，确实在一定程度上有损国家形象。因此，在案件的审理过程中，尽管日本政府自始至终希望将津田三藏处死以平息事端，但并未通过紧急敕令的方式，刻意改变既有法律的规则体系。

  在案件的具体审理过程中，检方主张了对外国皇室的伤害会影响到国家的安宁，与伤害本国皇室所造成的危险在重大程度上并无分别，而刑法文本中"加害皇室罪"并未限定为日本皇室，因此，可以将罪名扩大适用。而辩护方的意见认为"加害皇室罪"在制定时的表意已经明确为日本皇室，即使法律条文存在不完备之处，法官也不可以为了弥补法律的漏洞而肆意扩大法律的适用范围。辩方亦举例指出，俄国沙皇亚历山大二世在1867年参加巴黎博览会时，也曾遭遇暗杀未遂事件，但事后的凶手仅以一般谋杀罪处罚，可见针对皇室成员的刺杀图谋在处置先例上不必然需要死刑。②

  大审院所作出的最后判决如下文：

---

 ① 〔日〕宫泽俊义：《大津事件之法哲学的意味》，载《宪法的裁判》，有斐阁1967年版，第222页。

 ② 苏俊斌：《司法独立与国家安全的权衡：再检视明治时期的大津案》，第199页。

被告三藏不顾当时任职滋贺县巡查身份,居然妄信此次露西亚国太子殿下来游我邦并非只是寻常之漫游,因此私下怀有不快之念。就在明治二十四年五月十一日殿下游览滋贺县之际,被告三藏正在大津町三井寺内担任警卫,竟在此际起意要将殿下杀害。于是窥探时机,被告三藏就在同所大字下小唐崎町负责警卫时,趁着该日下午一时五十分左右,殿下刚好经过该地,认为机不可失且不再有其他时间可达其目的,于是拔出佩剑向殿下头部连砍两次而造成伤害,却为殿下所闪避,于是被告为达其意而继续追杀,幸好为他人所阻,使其目的不能达成。右述事实是基于被告自白,证人向畑治郎之陈述,大津地方法院预审法官所做成的检证调书,证人北贺市市太郎、西冈太郎吉、医师野并鲁吉、巡查菊地重清之预审调书及没收之刀,因此证据充分。依照法律,其所谓市谋杀未遂犯罪。根据刑法二九二条、一一二条及一一三条,处被告三藏无期徒刑,犯罪所用之刀交付滋贺县厅。①

由判决书可以看出,津田三藏案件已经从地方法院转交给大审院的特别法庭进行审理,尽管在适用法律上并没有做出体系性的改变,但在审判层次与解释规则上,日本的司法机构已经在权能范围内尽最大可能,直接干预案件的审理。即使案件的最后结果是相对宽和的,但在程序意义上,大审院的直接提审,意味着津田三藏在司法体系中丧失了上诉权的救济。

津田三藏案件的判决,大体上让大津事件的处理告一段落。从结果意义上而言,案件的处理遵循了日本的法律,未曾有辱国格,而日本

---

① 大津地方法院之大审院法庭 1891 年 5 月 27 日判决,载〔日〕儿岛惟谦:《大津事件手记》,筑地书店 1944 年版,第 126—129 页。

国上下所惊惧的俄国军事威胁也并未发生。因此,案件的处置结果可谓圆满。而司法机构在处理案件的过程中,大体上保持了对既有规则体系的尊重,抵御了来自于行政权力与社会舆论的压力,实现了司法机构独立处理案件的制度预设。对于宪制国家而言,大津事件的处理结果,在事后看来具有里程碑式的意义,在所谓的国家利益与时局考量面前,司法的权能并未受到侵蚀,案件的审理仍然遵循了司法机关独立行使职权与罪刑法定的现代法律原则。

司法制度在大津事件的处理中,体现出了司法权能以技术化、中立化的手段解决社会问题的独特优势,有理有据的司法判决,也让潜在的俄国威胁与报复不复具有法理意义上的正当性,反而塑造出了日本司法机关独立行使职权的正面形象。在摆脱了政治权力的直接干预之后,司法机构反能以现行法律框架为理据,令人信服地解决了颇具争议的社会难题。尽管存在着司法程序适用上的问题,但瑕不掩瑜,政治权力的扩张与适用,在已然成形的司法机构面前遇到了阻碍。尽管日本在构建近代司法制度时,以国家的利益为首要着眼点,但近代司法机制所特有的功能设计,让司法权能够抵御国家行政权力的直接干预。日本之所以能够顺利废除治外法权体系,与司法制度的顺利流转也有着直接的联系。而在日本的司法制度演进史上,"二战"后的宪制国家建设与转型,与明治维新时期一道,成为了历史流变的关键时期。

第三节　战后司法制度之转型

一、《明治宪法》的反思

在战后日本制度的变革中,对于旧政府的重构成为了同盟国战后处置战败国计划的一部分。根据《波茨坦公告》的内容,对社会进行自由民主化的改革,将是战后日本政府的一项义务。为了履行此项义务,有必要使政府结构实现转型,建立司法审查制度也成为了日本政府兑现战后国际义务的可能途径。[①] 而在占领时期所颁布的《日本国宪法》也将完全不同的政府运作规则以合乎《明治宪法》修正程序的方式带到了新时期的日本。《日本国宪法》所宣示的人民主权原则,与《明治宪法》的天皇主权原则有着明显的不同,这种差异也是考虑了在当时的日本因政治民主化程度的不足,天皇特权过多,使得日本走上军国主义道路的历史现实。

在《明治宪法》规定民众自由的相应条文中,民众的自由并没有被视为人类固有的天赋权利,相反,被认为是仁慈的天皇赐予臣民的礼物。在宪法制定者的眼中,民众的自由是权利宣言,但这种权利不应当强大到压倒国家政策的地步。在国家本位主义和天皇主权论的背景下,民众的自由只能在"法律允许的范围内"得到保障。一旦侵犯民众自由的法律通过合法程序被制定出来,民众的权利可以用法律的形式合法地限制。换言之,"人民主权"的理念并未在宪法文本中得以实现。

在《明治宪法》所规定的国家权力体系中,国会尽管拥有立法权,但立法权也是表象化的,只有在天皇的授权许可前提之下,国会的立法权才能运行,天皇才是真正的最高立法权力拥有者。直至1925年,国会中的下议院方可由25岁以上的男子普选产生,而国会中的贵族院在毫无民主基础的同时保留了不亚于下议院的权力。此外,国会的民主程度不高,无法充分代表国民意愿,财富的分化与权贵阶层的合法垄断权力,都对20世纪上半叶日本政局的失衡造成了直接性影响。

在立法无法保障公民自由权利的境况下,司法部门对公民权利的

---

① Norikazu Kawagishi, The Birth of Judicial Review in Japan, *International Journal of Constitutional Law*, Vol.5, April, 2007, p.309.

保护力度也有限,在国家利益优先的主导思维下,行政部门的举措与公共利益直接勾连,个人服从于国家与公共利益成为惯常性思维。尽管有行政诉讼的程序来保障民众的权利,但在行政法院的受案范围中采取了列举案件类别的方式,实际上限制了行政诉讼的范围。①

在《明治宪法》中,并没有明确规定司法审查制度,当时的日本法学界对于司法审查也存在不同意见。一方面,有学者认为法院有权力对法规的程序性问题进行审查,但是这种审查并不应当涉及法规的实质内容;另一方面,保守派学者倾向于认为应当以天皇权力为中心对宪法的内容进行解释,因此即便有司法审查权,也是以强化天皇权力为着眼点,通过提升作为政府机构的法院的权力,来制衡更加具备民主基础的国会。在这种解释路径下,即便司法审查制度被运作起来,制度本身也无法成为民众自由的保障工具,反而会强化原有制度中的专制因素,与违宪审查的初衷相比可谓南辕北辙。

在大正时期的日本自由派法学学者美浓布达吉看来,如果在《明治宪法》的框架内设置司法审查制度,不仅不会起到权力制衡以保障民众权利的目标,反而会打击政治的民主化进程。美浓布达吉的观点认为,基于当时的选举制度,议会内阁制度是民众自由与福祉的最现实保障,立法权相较于行政与司法权,更能代表民意。在这种制度下,内阁的组成与延续是基于下议院的授权。因此,保障并提升议会权力,是促进社会民主化的最大可能。此时如果建立起司法审查制度,那么会导致法院权力的急剧膨胀,让本来并不强势但具备了一定民意基础的立法机关受到更多的钳制。② 而其他的政府部门,如元老院、贵族院以及枢密院,都是完全脱离了民众授权机制,通过委任制任命的方式而建立起

---

① Norikazu Kawagishi, The Birth of Judicial Review in Japan, p.314.
② Ibid., p.315.

来。因此,在自由主义法学家眼中,本着促进社会民主化的目标,宪法的解释应当由立法部门来推行,而不应当将违宪审查的权力赋予司法机关。

日本的法西斯化与随后的战争行为,直接导致了《明治宪法》所奠定的国家秩序的崩溃。就法律制度层面而论,日本法西斯化的直接原因是《明治宪法》并没有达成限制公权力、保护私权利的基本目标,在宪法框架中居于优势地位的政府可以凭借多种合法手段,对民众的言论自由以及其他个人权利进行压制。但在深层机理上,《明治宪法》失败的原因在于传统的专制制度与西方的宪制主义之间无法调和。日本传统式的专制制度的核心逻辑在于,强调国泰方才有民安,将国家的利益置于公民利益之前。而一脉相承的天皇是理所当然的统治者与主权拥有者,《明治宪法》的逻辑在于,天皇的主权不是由民众的授权与许可而来,而是从自己的祖先那里继承而来。理论意义上天皇的权力也受到限制,只不过这种限制来自于虚无缥缈的天皇祖先,从而满足了宪法在形式上对于权力的制约要求。在最高权力者按照血统继承的宪法框架下,所谓的制约只能是空洞无效的,也无法符合西方意义上的宪制理论。

《明治宪法》的失败,是因为将本应该被限制的政府权力留存了过多的空间,政府在实际运作过程中不仅宰制了权力,也垄断了对真理、道德等价值的判断权。因此,在战前的日本,决定社会政策事务的主体唯有政府,政府也从未面临合法性危机。而天皇本人作为国家与社会的最高统治者,其地位与权力由空泛的祖先授予,成为了宪法体制的最大漏洞。在总结《明治宪法》的失败教训基础上,国体问题的变革成为了新宪法的必然要求。天皇需要从宪法中获得合法性,但必须在新的宪法框架之内,更重要的是,新的宪法制度应当能够保护公民的自由与个人价值。

在冷战之后,宪制理论获得了长足的发展,对政治权力进行限制以确保个人自由成为了法治的职责目标之一。随着宪制理念的复兴,司法审查在现代法律发展史上变得更为显眼,法律移植的进程让越来越多的国家采用了司法审查的方式。

1946年,处于被盟军占领阶段的日本,在新颁布的《日本国宪法》第81条首次规定了"最高法院是决定一切法律、命令、规则和处分是否符合宪法拥有决定权的终审法院"。[①] 在此条文中,并没有对享有违宪审查权的法院层次进行具体的规定,因此在理论上授予了日本所有法官违宪审查权,只不过将违宪审查的终审权明确划归为最高法院。因此,各级法院的法官成为了拥有违宪审查权的主体。在该宪法第76条亦规定,"所有法官依其良心独立行使职权,只受本宪法和法律的约束",[②]对法官尊重宪法的必要性进行了再次强调。尽管司法审查制度的建立是以美国的相关制度为蓝本,但在日本的实践过程中不断改变,只有在制度史的意义上对其运作进行长时段的分析,才能充分把握司法审查制度所带来的影响与意义。

二、司法审查制度的构建

在战后,实行占领权的同盟国并没有直接管理日本民众,而是以间接指令日本政府的方式,对日本社会进行民主化管理。在当时的同盟国最高指挥部的监管与导引下,具备一定程度的自由裁量权与决策空间的日本政府,开启了再造国家的进程。对战争的反思与承诺接受《波茨坦公告》中的国际义务,带来的是对国家体制的改造方案。在战后初期,国体的问题并没有受到日本领导人的足够重视,在当时日本政府的

[①] 〔日〕真田芳宪:《日本的法律继受与法律文化变迁》,华夏、赵立新译,第201页。
[②] 同上。

方案中,对《明治宪法》进行修改补充,即可以达成《波茨坦公告》第 10 条"恢复和加强日本民众的民主倾向"的要求,但这就忽视了同一条款中要求"尊重基本人权"的规定,在原有的天皇主权国体中,要达成上述要求几乎是不可能的。①

因此,当时的日本政府所提出的方案只是小修小补,在日本宪法问题调查委员会所提出的改革方案中,仅仅是以宪法修正案的方式对民众权利保障机制进行些许填充。在《明治宪法》以及多年的国家至上意识形态的熏染下,原有宪法框架无法提供太多空间以实现对民众自由的体系性保护。于是,在同盟国最高指挥部的提案中,以制定新宪法的方式将司法审查等制度引入,从而保障日本民众的自由与政治秩序的民主。根据这份提案,日本政府也提交了相应的草案予以商讨。②

在对民众自由的概念定义上,日本政府的方案与同盟国最高指挥部的方案仍然存在差异。以关于言论自由的条文为例,在日本政府的草案中"言论自由、写作出版、集会和结社的自由将得到保障",但设定了"不与公共秩序相冲突"的前提条件。在日本政府看来,在例外情况下根据"法律的具体规定进行审查"是必要的,譬如对淫秽图片的审查。③ 但在占领军当局看来,例外情况容易被滥用解释,一旦审查制度被建立起来,那么就易于导致制度的滥用并最终侵蚀自由。如果按照日本政府的建议设立出版物的报告制度,即规定出版商向政府部门提交出版物的副本,政府有权出于维系公共道德与公共秩序的考量,禁止报纸、杂志和书籍的销售和发行,那么在实际的运作中,道德化的诉求所带来的管制很可能会湮灭自由发声的渠道,而在实质层面上压制自由。在与占领军当局的博弈中,日本政府在大体上处于弱势地位,通盘

---

① Norikazu Kawagishi,The Birth of Judicial Review in Japan,p.316.
② Ibid.,p.317.
③ Ibid.,p.318.

接受了他者所规划的宪法方案。

在人民主权的国家中,公民自由与权利的保护需要依赖于司法机构的功能兑现,因此,相对于《明治宪法》中的司法机构,新宪法中的司法权力被大大扩充,司法机构得到了独立性与独享司法权的宪法保障。而在新宪法的第 77 条中,规定了最高法院对程序性与实践性的司法事务有自主订立法规的权力,由此对垄断立法权的国会构成了重大挑战。

为了实现权力分立的政治原则,在战后的司法改革中,原先被归入司法省管辖的司法行政机关被彻底分离出来,从行政机构的序列转入了司法机构的序列,确立了以最高法院为最高司法行政机关的司法框架。旧有的司法机构体系,也由最高法院、高等法院、地方法院、家庭法院以及负责处理轻微案件的简易法院所组成。经过法律的授权,以最高法院为首的司法机构的独立性受到了保障,其相互之间的关系并不是行政机构般的上下统属关系,法院与法院之间,以及法官与法院之间都获得了相对独立的权力空间。在法院内部,院长并不再具有司法行政方面的决策权,而相关的决策由法院所辖的法官组成的法官会议集体行使。[1]

在法官任职资格上,无限期任职的规定以及脱离于行政机关的人事管理机制,让司法官的职业独立成为可能。在行政法院系统被废除的情况下,法院的管辖权超越了民事与刑事案件,将行政案件也囊括其中。[2] 这种安排在事实层面推进了对公民权利的保护,毕竟原有的行政法院系统与行政机关的联系太过紧密,很难称得上是独立的裁判机构。司法机构的独立性与体系性变革之外,对于实践自由价值来说最重要的变化就是引入了违宪审查制度。这意味着独立的司法系统可以

---

[1] 〔日〕新藤宗幸:《司法官僚》,朱芒译,译林出版社 2021 年版,第 24 页。
[2] Norikazu Kawagishi, The Birth of Judicial Review in Japan, p.325.

对政府行为的合法性进行司法控制,公民的自由与权利能得到比旧体制下更好的保护,这种制约也能提高政府部门的行政水准。

在法官的独立性上,相比先前类行政官僚的管理方式,战后的司法改革更加重视用制度保障法官的独立性与自主性。在新司法制度的设计理念中,认为如果法官之间存在着身份等级序列的差异,或者上位法官与下位法官的权属关系,那么公正的审判是无法获得相应保障的。换言之,司法权的独立行使,不仅依赖于法院系统的职能独立,也需要通过法官的自主行使职权方能实现。

相对于较易推进的司法行政机制的改革,违宪审查理念与制度的推行则要困难一些,基于理念上的差异,占领军当局与日本政府进行了意见上的交锋。在占领军当局看来,司法审查权是附着于人权保护宏观命题中的一个分支,当人民主权原则得以确立、国体最终变更之时,司法审查权的确立应当成为宪法文本中的必然趋势。在强势的占领军面前,日本政府接受了美国式的违宪审查理念,并将其注入了新制定的《日本国宪法》中。

《日本国宪法》的制定可谓是20世纪上半叶法律思想交汇的结果。一方面,麦克阿瑟所代表的占领政策对战后日本的政府架构影响巨大,如保留天皇制度、放弃战争、废除封建特权等,这些制度与英美宪制理论并无直接联系,只是反法西斯化的社会改革措施。另一方面,在美国占领之下,原先大正时期与昭和时期所无法公开倡导的美国式宪制理念,获得了公开宣扬倡导的机会,这种影响也体现在宪法文本的制定过程中。

此外,在宪法草案修订之前,《联合国宪章》等一系列国际文件的颁行也对宪法的内容产生了影响,譬如宪法第9条和平宪法理念的阐述,与当时的国际环境有着密切的关系。"二战"后违宪审查制度在全世界一百多个国家和地区得到推行,日本也在宪法变更过程中接受了这一制度。在违宪审查的模式选择上,大约分为美国式由普通司法机构解决宪法性纠纷的制度,以及欧陆式由专门设置的宪法法院或宪法委员会处理有关宪法适用的问题。美国的占领与直接影响,大约是日本采用美国式违宪审查制度的最重要原因。

在理论意义上,违宪审查权意味着将宪法解释的权力授予了司法机构;在实践意义上,违宪审查权意味着政治议题与争端可以通过司法机构的判决获得进展,从而可以为政治制度的完善提供捷径。但在现实层面,最高法院在获得违宪审查权之后,行使相关权力显现得极为克制,在数十年的时间内仅仅处理过个位数的相关案件。这种消极的权力行使,与违宪审查权作为外来移植制度的渊源大约有着密切的关系。在战后草拟宪法的过程中,美国占领当局向日本人灌输"司法至上"的理念,但日本法官在心理上并不习惯以宪法为理据直接推翻法律。[①]当然,也有解释认为,在冷战的大环境下,日本寻求政治制度稳定的心态决定了新移植而来的违宪审查制度无法被轻易启动。[②]

无论如何评价违宪审查制度的具体功用,不可否认的事实是,违宪审查制度的构建使得日本的司法框架与宪制政府的基本目标相一致,在运作理念与制度框架上,都摆脱了明治维新以来的固有路径。但日本的旧有轨迹与社会结构特点,并未从司法制度中彻底消匿,在新构建的最高法院事务总局的运作过程中,就体现出了鲜明的日本本土特色与文化影响。

三、司法行政化的回流

在战后的新宪法颁行后,形式意义上,司法权获得了相当程度的独立性,能够与行政权、立法权保持相当的距离并有了分庭抗礼的空间,

[①] David S.Law, Why Has Judicial Review Failed in Japan, *Washington University Law Review*, 88, No.6, 2011, p.1440.

[②] Ibid., p.1443.

但自近代司法改革以来的司法机构行政化问题并未得到彻底的解决。新的司法机制中反而继续培育出了行政化的机构与导向。

司法机构的权能与组织框架由宪法与1947年所制定的《法院法》厘定之后,最为重要的问题就在于法官的任命权。根据宪法条文的规定,最高法院院长应当通过内阁的提名后,由天皇正式任命,最高法院的法官由内阁任命并经过天皇的认证。而其他的下级法院法官,则由内阁根据最高法院所提供的提名名单进行任命。①

在此种体系中,内阁支配着最高法院的相关任命,而最高法院以下层级法院中的法官任命,则由最高法院提名并经过内阁进行任命。因此,尽管司法行政权从司法省转移到了法院系统中,并通过法律确立了法官的独立以及法官与法院之间的松散关系,但最高法院在实质意义上拥有的法官任命权,却带来了"司法的政治化"问题。②

在最高法院内部建立起了负责辅助法官会议的专门性行政机构事务总局。在事务总局的建构设想中,是将其定位为专门性的司法行政部门,以保障法官会议的职能顺利履行,进而保障司法权的独立。在涉及法官提名的问题上,理论上应当由作为最高法院决策机关的法官会议作出决定,但在实际的运作过程中,法官会议并没有决定权。作为常设性机构,事务总局在整体意义上掌握了法官的提名权,也成为了决定法官升迁的职能机关。③ 原本作为辅助机构而存在的事务总局,总揽了司法行政权力。在宪法体系中摆脱了行政权力束缚的司法机关,却无法回避在司法机构内部所建立起来的新的行政化机构。

最高法院事务总局负责提名法官候选人,决定法官的人事调动与

---

① 〔日〕新藤宗幸:《司法官僚》,朱芒译,第28页。
② 同上书,第29页。
③ 同上书,第31页。

薪酬事项,以及法官以外职员的任命、补职、工资、服务与研修等事务。① 这使得司法官服从与迎合上级机关的风气逐渐滋长,法官的独立性面对着可能的调动工作地点、调整薪酬、不再任命、升迁无望等多种手段的威胁,由此法官形成了迎合"上级"的"官僚性气质"。②

通过宪法的制度调适,战前司法省对法官的干预与影响已经不复存在,但是在最高法院事务总局替代了过往的司法省,可以决定法官的提名、任职、薪酬与升迁,并且在审判的运行、法律的解释方面也具有建议和指导的权力。如此变动,反而将原先应当作为最高法院决策主体的法官会议在实质上架空,构建出了司法机构内部的行政官僚化体系,带来了司法权力运作中的隐患。

在官僚制度的运作与管理过程中,官僚体系的顶层占有信息、制定规则,并且使得下级的机关具备服从的意识,从而形成体系化的运作方式。③ 而最高法院事务总局的实际运作职能,也恰好符合了官僚制度顶层的基本标准,使得法官无法摆脱体制性的桎梏而独立行使职权。战后的司法改革本意是将法官作为司法行政的掌控者,建立起全面保障司法独立行使职权的制度。而在人事管理层面所构建出来的等级化关系,则会不断催生促进司法行政机关的集权化趋势,使得本应独立行使审判权与司法行政权的法官群体逐渐成为服从上级的司法官僚。④

回顾日本的司法演进历程,无论是明治维新还是"二战"后的改革,对于司法制度都产生了体系性的影响,但此种影响并未使国民人格中内在化、固定化的法律意识产生急剧的变化,⑤也未对官僚机制的内在

---

① 〔日〕新藤宗幸:《司法官僚》,朱芒译,第39页。
② 同上书,第42页。
③ 同上书,第143页。
④ 同上书,第150页。
⑤ 〔日〕川岛武宜:《现代化与法》,王志安、渠涛、申政武、李旺等译,第199页。

根基造成体系性的冲击。日本的司法制度建构在整体意义上取得了巨大的成功，但也留下了诸多的隐患。在推行司法改革的初始阶段，政治性的功能就压倒了社会治理的考量，在政权发生变革的境况下，外在的列强压力促使日本政府推行法律改革，而内在的权力分散状况使得中央政权急于整合权力、强化权威。在内外两股力量的助推下，司法制度得到了迅速的发展。这种发展在外观的制度构建上固然成功，但在理念与社会基础上显得相对空泛，毕竟对于推行司法改革的中央权力来说，这是为了抵御帝国主义、强化新政权合法性而推行的近代化措施。而推动司法治理过程中本应具有关键性意义的社会基础与民众参与因素，在这套自上而下的改革方案中显得羸弱无力。即便是大津案件的司法机关拒绝行政权力之干涉独立行使职权，也是在诸多偶然性因素碰撞之下所产生的巧合，并非日本新式司法制度的独立宣言。

无论是明治维新所开启的司法制度近代化改革，还是"二战"后盟军占领时期所移植而来的违宪审查制度，都具有强烈的外来冲击因素。因此，日本的司法制度改革与移植过程中，本土的诉求改革相对弱势，由此也造成了司法制度运行过程中的种种问题。

日本的案例或许是一个代表，在构建现代民族国家的过程中，司法制度以重新创建的方式参与其中。但在整体意义上，后发国家的民族国家建构与帝国主义的冲击关系密切，也无从等待社会条件的成熟，因此以中央集权、自上而下的方式，对社会进行强制性改造成为了一种必然。近代化的司法制度，正是在这种大背景下与其他近代制度一道，略显生硬地被建立起来。

日本在明治维新时期的相对成功，部分可以归因于独特的社会阶层分布。相对于彼时的中国和朝鲜，日本并未建立科举制度以选拔官位，也就缺失了社会流动的途径，当世袭成为权威的基本来源之时，日本的社会理应处于凝滞保守的阶段。但封建制的社会阶层分布，与世

第二章　司法制度与近代国家的建立——日本的司法建构

袭制一道,为社会的改革提供了社会基础,在数百个传统世袭贵族家庭中,产生出了社会改革的主体,日本的政党制度正是在世袭贵族家庭的基础上建立起来。[1] 封闭的社会阶层,在幕府被推翻之后仍旧被延续下来,相对良好的教育背景与社会资源,反而让这些特殊阶层提供了主导社会改革的人才。在近代化的框架完成之后,社会流动的缺口才被慢慢打开,于是包括司法制度在内的众多新创制度都体现出了明显的精英主导、民众参与的路径。

但在行政主导、皇权至上的体系中,相比理想中的权力分立与制衡的景象,司法权更多的是以侍从主义的身份作用于政府框架之中。与抽象的法治政府的概念相比,日本的明治宪法框架中,统治者与国家并没有进行划分,[2] 而是采用了趋同化的处理方式。这不仅造成了公民权利保障机制的缺失,也让近代司法机制的展开空间变得有限。明治维新的经验与日本法律沿革的历史脉络,都证明了法律是上级强加于下级的概念,亚洲式的专制主义理念在法律移植的过程中反而成为了关键性的促成因素。因此,行政官僚式的思维逻辑长期存在于日本的司法官群体中也不足为奇。更重要的是,专制体制无法对统治者的权力进行约束,司法机制所应含有的权力分立与对抗精神也无从充分兑现。明治维新的表象性成功,亦是日本近代化历程注定遭受重大挫败的根本性原因。

在对明治维新以降的司法弊病进行反思的过程中,日本司法界人士就认为,明治时期的框架中将司法官视为次等官僚或许是司法界地位在政府框架中的真实反应。[3] 在违宪审查制度中,理论上应当倾向

---

[1] 〔美〕塞缪尔·P.亨廷顿:《变化社会中的政治秩序》,王冠华、刘为等译,第 140 页。
[2] 〔英〕塞缪尔·E.芬纳:《统治史》(第三卷),马百亮译,华东师范大学出版社 2014 年版,第 262 页。
[3] David S. Law, Why Has Judicial Review Failed in Japan, p.1437.

于通过此项制度扩大司法权的司法官群体却不甚积极,与司法官群体和司法部官僚的常规性调任有着密切关系。[1] 由此可见,明治维新时期所遗留下的司法机制问题,即便在百余年后仍然对现实的司法权运作产生了诸多限制。

---

[1] David S.Law,Why Has Judicial Review Failed in Japan,p.1457.

第三章　于殖民遗产中巩固独立
——印度司法制度的构建与改革

在"二战"后民族独立的浪潮中,印度国家的创立是一个标志性事件,它意味着英国所主导的殖民体系与帝国秩序的关键性解体,也是后发国家从西方列强手中重获自由与独立的典型案例。在去殖民化的过程中,新创的民族国家往往需要面对如何处理殖民制度遗产的问题,毕竟在现实层面,殖民者所创建的政治制度与机构已经在地方有效地运作了数十年乃至数百年。一方面,殖民者的制度遗留是民族屈辱记忆的来源;另一方面,推倒殖民者所遗留的制度有可能导致社会的不稳定与混乱。如何在两者之间寻求平衡点是大多数新独立国家所需要处理的棘手难题。

在民族主义思潮崛起的时代,新政权如何面对殖民法律与司法机构,也是一个重要的命题。在殖民法律的沿袭与继承问题上,印度可谓具有典型的意义。其一,印度的国家组成并非是在殖民时期之前就已经完成的,印度的概念构建实质上是由英国殖民者将南亚次大陆上数十个公国与土邦合并而成的产物。这也意味着,彻底否认殖民者的遗产会带来印度的自我认同危机,进而导致国家的彻底解体,因此,独立后的印度无法彻底抛弃殖民时代的制度构建。其二,英国式的殖民方式具有较为典型的特征,即允许殖民当局在地方拥有较大的自主权,根据地方的传统与习惯制定殖民地法律并予以执行,也就意味着殖民法律体系中吸收了大量地方的风俗习惯并且采用了现代法律的方式进行归纳整合。因此,殖民地的法律无法被轻易代替,相反,需要获得新国家统治者的重视与利用。其三,在印度的治理过程中,英国殖民当局尽管设置了统一的殖民当局,在印度总督负责下对印度进行统合性管理,但基于地方风俗、民情与宗教的巨大差异,在实践中则是采用了在地化与碎片化管理的方式。这也就意味着,印度各个地方的殖民当局在推行法律时并非采用统一化的法律文本,而是采用了地方化的规则体系与习惯准则。[1]

占据南亚次大陆大部分地区的印度,在传统社会的应对、殖民遗产的处置以及民族国家的建构上,都具备着典型的意义。对于印度而言,殖民的过往不惟是屈辱的历史,也是亟需处理的历史遗产。印度的过往与经验,对于全球视野下的司法制度变迁具有更大的典型意义。毕竟,绝大多数亚非拉国家都共享着殖民史的记忆,如何在司法制度的建构层面理解殖民的过程、诠释殖民的后果,进而在殖民的旧墟基础上再造新国家的司法制度,是本章内容所关注的重点。当然,殖民并非印度的国家起源,也不是其过往历史的全部内容,要理解印度的司法制度演进历史,仍然要回溯到莫卧儿王朝时期。

第一节 殖民时期的司法建构与问题

一、殖民之前的印度法律概况

无论印度的民族主义叙事如何进行,都无法否认一个基本事实,那就是在南亚次大陆的统治史中,从未存在过整齐划一的中央集权制国

---

[1] Marc. Galanter, The Displacement of Traditional Law in Modern India, *Journal of Social Issues*, Volume 24, No.4, 1968, p.66.

家。在印度的历史上,大一统的国家统治模式从未出现,社会权力呈现出多样化与分散化的特征。即便在幅员辽阔的莫卧儿王朝时期,其统治范畴也未能全部覆盖南亚次大陆。更重要的是,作为穆斯林的莫卧儿贵族,在统治方式上,高度依赖于地方的印度教徒与精英群体的配合,中央政权与地方精英的松散联合,构成了传统南亚次大陆的社会架构。

传统的影响,也带来了印度社会的组织形态特色,尽管统治权的更迭略显频繁,但在高层权力的遮蔽下,是基层社会组织的长期延续。由于最高统治权惯常性的委任统治措施,村社的自治成为了一种基本组织形态,也保证了无论政权版图如何变动,基层的社会结构始终保持着高度的延续性。

在殖民时期之前,印度尽管存在传统的成文法律,但是法律的执行需要依赖宗教权威的保护。而在长达数百年的时间内,宗教法官所积累下来的判例,也被作为先例继承。宗教机构与国家机制相互渗透,国家并没有发展成为独立运作的世俗机构。在莫卧儿王朝的皇帝、土邦的王公贵族、村社精英、宗教团体以及商人群体等层叠混合的社会权力分享者中,尽管权力等级存在着差异,但权力的分享体系却大致建立起来,即便是后来的英国殖民者,也没有改变这种社会结构,而是将殖民权力嵌入到了具体的架构之中。①

社会权力的等级化与差异化,同样体现在司法制度的建构层面。在莫卧儿帝国的司法权力架构中,大体可以分为三个等级。最高的司法权力归皇帝所有,这也是传统王朝的通用法则。皇帝规定每周有一天的早朝时间,专门用来处理司法事务。皇帝之下,在中央层次设立了司法部长(qazi-ul-quzat)职务,主要负责任命与监督下级的司法官员,并负责审理上诉的案件,兼有司法行政与司法裁判的职能。而司法架

---

① 陈西西:《印度殖民时期的法律变革》,载《清华法学》2022年第1期。

构的最基层,则是在各个省份、地区以及村社中所设置的地方司法长官卡迪(qazi),具体职能是负责审理辖区范围内的民事与刑事案件。① 卡迪法官实际上遵循的是伊斯兰教法,由中央政权提名任命。但随着时间的推移,官方的司法机制并未得到体系性的遵从与延续,地方家族势力的抬头、种姓制度的影响,都促使在基层司法的实际管辖中,乡村机构潘查亚特(Panchayat)成为案件的审判者。

所谓潘查亚特机制,实际意思为村社内部所设置的"五人议事会"或"五人长老会",是由年长者所组成的委员会式管理模式,而潘查亚特的司法处理方式,很大程度上依赖于对古老习俗的延续与新的习惯的确认,②从而构建出了一个相对独立于国家司法制度的地方性司法运行模式。实际掌控地方司法权的潘查亚特机构,带有鲜明的印度传统特色。在传统王朝的统治模式下,乡村的自治程度较高,官员极少干预乡村的管理,而基于氏族共同体所产生的印度村社,有着"公地私耕"的古老共有传统,村社的向心力与凝聚力也超越一般想象中的自耕农社群,司法事务由村社自治而非通过国家主导的司法机构进行干预,是由印度的社会结构所带来的必然结果。

地方司法权的自治化并非导致莫卧儿王朝司法体系紊乱的唯一原因,在民族与宗教群体混杂的南亚次大陆,习惯与宗教法是普通人所认知的社会规范的最基础组成部分。在村社制度与种姓制度滥觞的印度,国家的构建变成了一种表面现象而非整体性的机制。对于信仰伊斯兰教的莫卧儿王朝统治者而言,村社制度实际上让印度教的生活方式得以保存,形成了基层社会与统治精英平行共存的景象。因此,尽管莫卧儿王朝的统治者为穆斯林身份,但人口占据多数的印度教徒仍然

---

① 陈西西:《印度殖民时期的法律变革》。
② 陈王龙诗:《古代印度村社司法中的潘查亚特及其现代影响》,载《南亚研究季刊》2018年第4期。

秉持着自身所认定的习惯与宗教法律规定。① 由此带来了立法渊源的混杂与司法管理的现实困难。

更重要的是，在国家建构的立场上，种姓与村社制度的存在，使得公共服务大体上可以通过基层自行解决的方式得以实现。对于普通民众来说，国家是一个遥不可及的概念，而现实生活中，自身所属的种姓与村社，才是权力的重心所在。② 因此，庞大的莫卧儿帝国的表象意义远大于实质，组织的松散与统治的放任，既为殖民者的乘虚而入提供了可乘之机，也注定使建构高度组织化近代司法制度的愿景变得困难重重。

二、殖民时期的司法建构

殖民对于司法制度的影响之所以重要，是因为从经验主义的视角出发，会发现被征服与被殖民的历史，不仅让民族国家的运行模式被逐步推广到西欧以外的地域而普及，也使得起源于西方的现代法律制度得到了传播。在道德评判上，殖民的行为应当被视为侵略而予以谴责，但在现实意义上，殖民的进程重新塑造了国家制度的基本内涵，也带来了法律制度的巨大转变。印度的殖民历程，可谓法律殖民化的典型案例。有学者从人类学理论出发，对法律制度的形成过程进行阐释，认为战争极大影响了法律制度的建立。③ 从殖民地民众的角度来看，殖民过程所带来的体系性影响，可谓不啻于一场战争的作用。

印度司法制度在近代以来的建构历程，大抵可以分为三个阶段。

---

① 陈西西：《印度殖民时期的法律变革》。
② 〔英〕塞缪尔·E.芬纳：《统治史》（第三卷），马百亮译，第175页。
③ John R. Schmidhauser, Alternative Conceptual Frameworks in Comparative Cross-National Legal and Judicial Research, in John R. Schmidhauser edited, *Comparative Judicial Systems: Challenging Frontiers in Conceptual and Empirical Analysis*, p.38.

第一阶段,是 1772 年之后的殖民初期,随着殖民者在印度的殖民扩张,逐渐建立起以殖民城市为主的点状殖民地带,并渐次在孟加拉的偏僻地区设立起法院系统。在此期间,随着殖民者的权力体系逐渐稳固,殖民当局所建立的司法权能也逐渐展开,作为司法机构的法庭也在系统化建立司法制度的目标指引下得以确立。与司法机构的构建同时进行的,还有殖民当局渐进式的立法运作。

第二阶段,是 1860 年之后,英国殖民者完成了对南亚次大陆的征服,并构建起了印度的整体性概念。相比之前零散化、个体化的司法建构与立法工作,自此阶段起,法律以法典的形式颁行,而司法机构也逐渐构建起了层次分明的制度体系,更多的法律渊源被采纳进入了司法机构的裁判过程中。[1] 如果说前两个阶段是殖民者所主导的制度构建,分别代表了殖民时期的早期与印度殖民地整合阶段的不同政策。那么,印度司法制度发展的第三阶段,就是自印度取得独立之后,进一步将法律成文化与体系化的编纂工作,以及在新国家内部构建起能够覆盖印度全部国土的统一司法体系。

对于英国而言,如何制定印度的治理方略,是事关海外殖民地管理的法律框架与法律地位的大事,这不仅涉及殖民与扩张的利益问题,也是关乎帝国法律架构合法性的难题,是涉及英国的法律框架与宪制理念的重要问题。殖民法律体系的构建,无论对于殖民者还是被殖民者来说,都可谓是别样的探索。在英国对海外殖民地进行治理的过程中,至少在 1776 年之前,罕见在议会、政府层面对海外殖民地的影响与管制方式的讨论,殖民者假设了英联邦作为国家的领土延伸扩展,并不存在特殊的法律地位。无论在北美殖民地还是加勒比海地区,英国本土

---

[1] Marc.Galanter,The Displacement of Traditional Law in Modern India,*Journal of Social Issues*,Volume 24,No 4,1968,p.68.

的法律都被自然延伸适用到海外殖民地的治理当中。①

但在殖民印度的过程中,因为管理主体的不同,英国在殖民的初始阶段就面临着棘手的法律难题。作为殖民管理当局的,并不是英国政府所派遣的总督,而是东印度公司。东印度公司是否具有政府主体资格,成为了解决殖民过程中法律授权的首要问题。在实然意义上,随着殖民进程的推进,东印度公司已经具备了许多国家的属性,譬如可以发动战争、缔结和约、征收税款,并对自己的属员进行司法管辖,越来越多的印度人居住到了东印度公司所实际控制的土地上,使得公司具备了类似于领土、居民等国家主权范畴中的基本构成要素。至18世纪下半叶,随着南亚次大陆殖民版图的急剧扩张,东印度公司需要被赋予国家的权能方足以应对管理大片新征服土地的挑战,由此产生的扩权诉求,引发了英国本土对东印度公司法律地位的争论。

这场耗时颇长的争论,成为18世纪末英国政治界最富争议的问题之一。辩论的核心问题在于,基于国家利益的征服是否能构成国家主权的合法基础,殖民地究竟是应当被视为国家主权的延伸,还是另当别论,以治外法权与新的法律体系对殖民地进行管制。争论的对象不仅仅是殖民地的管制模式,也涉及殖民时代的前期对殖民行为的合法性叙事,毕竟北美殖民地的独立殷鉴在前,英国当局需要为殖民行为寻找道德理据并进行政策上的调整。

争论的结果,是在1785年确立了英国与东印度公司之间的新关系模式,即东印度公司可以用自身的名义管理印度的殖民地,但需要遵守英国议会所颁行的法律,议会有权对公司在印度的管理制度进行定期审查。在东印度公司的员工都需要效忠于英国皇室,但是在公司领地

---

① Bernard S.Cohn, Law and the Colonial State in India, *History and Power in the Study of Law: New Directions in Legal Anthropology*, edited by June Starr and Jane F.Collier, Ithaca, New York: Cornell University Press, 2018, p.132.

范围内的印度平民与本土统治阶层却并不需要对英国皇室效忠。①

在殖民的早期,东印度公司在印度所控制的范畴相对有限,主要集中在沿海的几个殖民点中。在司法机构的设置上,东印度公司在加尔各答、孟买与金奈三个殖民点设立了市长法院,按照属人主义的原则,殖民地内的英国人、穆斯林与印度教徒分别接受本民族抑或本教派的法律管辖,英国法律仅适用于居住在南亚次大陆的欧洲人。自1773年始,在婚姻、继承等个人事务方面,开始采用印度本地的法律与习惯作为判决依据。

在援引本地法律的判决中,殖民地法院采取了鲜明的属人主义立场,以伊斯兰教法适用于穆斯林,让印度教法适用于印度教徒。② 由此,在法律渊源上,英王的特许状、英国国会通过的法律、总督条例、枢密院的命令、参事会通过的法律、东印度公司的规章、英国本土的普通法、印度教法、伊斯兰教法以及地方的习惯法,都成为了司法机关可以援引的对象。③ 这种看似因人而异、灵活设法的做法,可以在短期内解决司法适用的难题,但长期而言,却难以构建出一个清晰有效的法律实践机制。

在司法层次设置上,如果对于市长法院的判决不服,也是上诉到由省督与参事会成员所组成的重罪巡回法庭,针对争议金额较大的案件,还可以再行上诉至英国枢密院。④ 在司法官员的任命上,殖民者并没

---

① Ananta Kumar Giri, The Rule of Law and Indian Society: From Colonialism to Post-Colonialism, in Pietro Costa & Danilo Zolo edited, *The Rule of Law: History, Theory and Criticism*, Dordrecht: Springer, 2007, p.591.

② S.D.Otter, Law, Authority and Colonial Rule, in D.M.Peers & N.Gooptu(eds.), *India and the British Empire*, Oxford: Oxford University Press, 2012, pp.168－190.

③ 陆洋:《英属印度的殖民统治、法律移植与民族认同》,载《内蒙古民族大学学报(社会科学版)》2020年第5期。

④ 同上。

有将司法权交予本地精英,而是设置了基督教信仰与英国公民权的前提性条件。

混乱的司法层次设置与专业性司法官员的匮乏状况,也使得法律的专业技能与职能培训不再是司法任命的先置性条件,实践中大量的东印度公司职员被任命为法官与陪审员。此种任命机制,尽管确保了司法机构对殖民当局的服从性,却大大降低了专业性与有效性。缺乏法律知识的外籍法官,自身对于地方事务的了解有限,在这种情况下履行判决权,甚至有可能将本地人完全陌生的英国法律原则运用到判决中,带来司法治理上的种种难题。而属人主义的法律管辖方式,在后续的殖民统治方式中也被贯彻,逐渐造成了印度两大族群之间的分立与对抗。[1]

早期殖民阶段的印度司法制度构建,有着鲜明的地方特色与殖民政策的影响,对于印度本地而言,原本混沌的权力阶层中增加了殖民者群体,殖民者的到来并没有带来更加体系化的法律治理措施,因地制宜与分权委托式的统治方略,使得印度本地司法权力的行使变得越发混乱。而对于殖民者来说,作为新兴殖民地的印度在英国法律体系中的地位不明确,此时的殖民统治是间接地通过东印度公司的代理来施行,即便要对殖民地的法律架构进行革新,也无从下手。但随着英国的政策转向与印度殖民地的重要性凸显,英国对印度的殖民政策从间接干预逐渐转向了直接管制。至18世纪末期,英国制定新法令,规定在孟加拉地区的殖民城市设立最高法院,法官不再由东印度公司选派,而改由英王直接任命,也直接适用英国法,最高法院的权限涵盖了东印度公司的既存司法机构之上,对于殖民地内一切涉及英国臣民的案件均具

---

[1] L.Lyer, Direct versus Indirect Colonial Rule in India: Long-term Consequences, *The Review of Economics and Statistics*, 92(4), 2010, pp.693-713.

有管辖权。

在上层进行司法机构改制的同时,东印度公司也在司法领域向基层延伸,大致建立起了包括乡村刑事法院与最高刑事法院的二级刑事法院体系,也构建了包括小额民事法院、乡村民事法院到最高民事法院的三级民事法院体系,这些新的司法机构可以根据印度本地的法律审理案件,其司法管辖权对象也从殖民城市扩张到了广大的印度农村地区。[①] 由此,在殖民地形成了由英王所指派建立的最高法院以及东印度公司所主导的基层法院体系的二元制。

印度在1860年之前的殖民时期可谓具备了最为庞杂的法律渊源体系,殖民当局所适用的法律不仅包括了来自伦敦的议会所颁行的法令与章程,也包含了殖民地专属的立法、东印度公司的相关规定、英国的普通法、印度教法、伊斯兰教法与习惯法等等。这些错综复杂的法律渊源也造成了殖民者在统治过程中的困扰。因为印度本地的宗教法律成为了司法判决的重要依据,无论是伊斯兰教还是印度教的经典文本,都被殖民者有计划地翻译为英文,成为了殖民当局司法机构赖以利用的本地资源。[②]

对印度本地法律与习惯的利用并不代表着殖民者真正地尊重本地资源,在殖民者的眼中,印度本地的法律是"无序而松散的,将模糊、愚蠢或难以理解的引文和格言汇编到一起的文件;从法律、宗教文献与文学诗歌中任意挑选出来的只言片语;这些文件只是增加了世间的荒谬与黑暗,不过是没有意义、不成体系的荒诞文本"。[③]

---

① 陆洋:《英属印度的殖民统治、法律移植与民族认同》。
② E.Giunchi, The Reinvention of Sharia under the British Raj: In search of Authenticity and Certainty, *The Journal of Asian Studies*, 69(4), 2010, pp.1119 – 1142.
③ D.Judd, *The Lion and the Tiger: The Rise and Fall of the British Raj, 1600 – 1947*, Oxford: Oxford University Press, 2004, p.38.

第三章 于殖民遗产中巩固独立——印度司法制度的构建与改革

在殖民者的认知中,欧洲法律近代化的路径应当可以适用于印度,而印度本土的宗教法律被视为类似欧洲教会法的存在。于是,梳理汇编一部统一性地适用于印度教徒的宗教法成为了立法者的初步目标。在对本地宗教法尝试分类整合后,殖民者试图将宗教法律中多样化与流动的宗教身份进行定义与分类,并将这种划分延伸到了伊斯兰教的领域。譬如,伊斯兰教在广义上可以分为什叶派与逊尼派。在逊尼派中,存在四种不同的教派,每个教派之下又有自己的分支教派。因此,在如此庞大混杂的宗教学说中进行编纂梳理,并且最后制定出统一法典,是不可能完成的任务。殖民者对宗教法的认知,大抵仍是欧洲式的,毕竟欧洲的宗教出自一元,而教会法经历了长期的演变发展,可以被整理编纂。但是印度的法律并没有类似的经历,与其说印度的传统法律是基于文本的法律,倒不如说是一套灵活变化的规则体系。①

在整合本地宗教法的尝试失败之后,英国殖民者又转向西方式的实证主义法律理论,试图通过为印度制定现代化法律的方式,体现殖民者对民众的负责,进而增强英国殖民统治的合法性。② 对于殖民者而言,制定成文法显然会让自己的行为受限,当权力拥有者为自身套上枷锁的时候,或许可以证明他们对殖民地的良苦用心。③ 关键性的转变发生在1858年,当英国皇室从东印度公司手中正式获得了印度的统治权之后,大规模的法律编纂活动就此开展。到1882年为止,英国殖民者已经为印度制定出了商法典、刑法典与诉讼法典,除了印度教法与伊斯兰教法之外其他法律都得到了整合,但是习惯法并没有被纳入成

---

① 〔美〕弗朗西斯·福山:《政治秩序的起源:从前人类时代到法国大革命》,毛俊杰译,第279—280页。
② D.Judd, *The Lion and the Tiger: The Rise and Fall of the British Raj, 1600 - 1947*.
③ E.Kolsky, *Colonial Justice in British India: White Violence and the Rule of Law*, Cambridge: Cambridge University Press, 2010, p.72.

文法。①

　　殖民者在印度编纂法律是为了实现韦伯意义上的形式理性,以确保殖民地的"秩序""确定性"以及"统一性",②而边沁的法治理念也推动了印度殖民地立法的相关进程。③ 相应的法律带来了立法意义上的统一秩序,但也成为殖民者用来镇压本地民众反抗的工具。在设立新法律的同时,印度原有的莫卧儿帝国的法院被废除,四分之三的贵族阶层被清洗。在对地方权力进行洗牌之后,英国式的官僚制度被建立起来。

　　殖民者的新法律对待宗教法的方式相较先前的基本认受方式,有了较大的变动。在刑法领域,宗教法的内容完全被清除出去,而在民法领域,宗教法的内容尽管被清除掉一部分,但仍旧予以了部分保留。譬如在1860年的《印度刑法典》中,尽管通奸与私通被认定为非法行为,但是原有的宗教法中对于妇女的身体刑罚已经被取消。而在其他条文中,通过增加对侮辱妇女行为的刑事处罚方式,殖民者有意识地提高了妇女的地位,试图改进传统的家长制与宗教制之下的女性地位。及至现今,相应的条款仍旧为印度、孟加拉国与巴基斯坦的刑法所吸纳沿袭。④

　　新法典中也带有大量的殖民制度痕迹,譬如根据1862年颁行的《刑事诉讼法》之规定,印度籍法官无权对英国人签发逮捕证或起诉,只有在英国出生的法官才能审判在英国出生的被告人的案件,如果英国

---

　　① Marc. Galanter,The Displacement of Traditional Law in Modern India,*Journal of Social Issues*,Volume 24,No 4,(1968),p.79.
　　② V.DeSousa, Strategies of Control: The Case of British India, *Sociological Viewpoints*, 2008,p.68.
　　③ E.Kolsky,*Colonial Justice in British India:White Violence and the Rule of Law*.
　　④ E.Giunchi,The Reinvention of Sharia under the British Raj:In search of Authenticity and Certainty,pp.1119-1142.

第三章　于殖民遗产中巩固独立——印度司法制度的构建与改革

人被指控的罪行可能被判处死刑,则应当成立陪审团审判,而陪审团的成员中应包括一半的英国人。① 此种规定下,殖民者的优越感与享有的特权规则显露无遗。很难想象,即便是以"文明开化"与"正义使者"自诩的殖民者,是否能够认为类似的规定能够体现法律所定当具备的平等与公义价值。

随着立法框架的厘定,在20世纪上半叶,英国殖民者加大了本土化管制的力度。一方面,在对本地人的任用选拔上给予了更多的空间,建立了印度公务员制度,通过印度人来统治印度人,将大量受过教育的本地人任命到官僚机构中去。另一方面,在处理法律与犯罪问题时显得相当无情,譬如,同性恋需要受到鞭刑的惩罚,部落需要为成员个体的犯罪行为承担连带责任等。在社会控制上,也通过新颁布的《印度出版法》规定了任何出版物,只要以煽动对英皇统治下的政府以及殖民当局的仇恨与蔑视为目的,就应当受到惩罚。②

在对言论表达权利进行限制的同时,殖民当局也在不断深化放权与自治的尝试。根据1909年颁行的新法案,在首都和各个省,印度人能够被选举进入殖民当局的立法委员会。尽管英国政府仍然可以提名相当比例的代表直接进入立法委员会,但是本地人可以通过选举进入立法机构的规定,无疑会在民族主义情绪高涨的环境下巩固本地人对殖民当局的认可与忠诚。③

自治权力的逐渐下放不代表从殖民到独立的自然过渡,在缺乏社会基础与民意咨询的情况下,权力的下放也有可能带来社会的动荡。1935年所颁行的《印度政府法》,将英国式的议会主权模式政府介绍到

---

① E.Kolsky,*Colonial Justice in British India：White Violence and the Rule of Law*.
② Aziz Rahman,Mohsin Ali,and Saad Kahn,*The British Art of Colonialism in India：Subjugation and Division*,p.15.
③ Ibid.

了印度殖民地,并允许殖民地民众进行选举。在1937年的选举中,印度国民大会党取得了全面胜利,这种胜利只是殖民当局在稳固权力的过程中释放出的部分自治权而已,对于印度的民族独立与建国并没有起到实质性的推动作用。但是相关的选举结果,却带来了穆斯林群体的惊恐,在殖民化逐渐退场的世界秩序背景下,穆斯林群体认为只要殖民者离开,作为少数族群的穆斯林势必要受到印度教教徒的压制。① 由是,新法案的颁行不仅未能带来理论上的权力过渡与自治效果,反而加速了印度的分裂与族群对立。不过在立法模式上,无论是印度还是巴基斯坦,在独立之后,都以1935年的《印度政府法》为雏形,制定了自身的宪法文本。由此可见,在行为效应上,殖民当局对于后殖民时代国家的法律建构会起到关键性的影响作用。在讨论殖民者的立法进程之后,下一个要理解的问题,大约是殖民体系下司法机构的实际运作效果。

三、扭曲的新式司法

在了解与吸纳印度本土的法律的过程中,英国殖民当局发现,印度的习惯法渊源并不充分,也不足以为本地法庭的司法工作提供足够的理据支撑。因此,为了填补习惯法的空缺,英国的法律被译介到印度使用。而在司法实践的过程中,由殖民当局的教育制度所培养起来的本土法官以及由殖民者直接任命的英国法官都更加倾向于在有选择的情况下,优先适用英国法。② 因此,在司法实践模式的影响下,印度本地法律已经逐渐从社会生活中退场,体系化的英国法逐渐成为了殖民统

---

① D.Judd, The Lion and the Tiger: The Rise and Fall of the British Raj, 1600 - 1947, p.149.

② Marc.Galanter, The Displacement of Traditional Law in Modern India, Journal of Social Issues, Volume 24, No 4, 1968, p.79.

治下的司法机构所依赖的主要法律渊源。当然,站在殖民者角度,印度本土法律的缺陷、重合以及自相矛盾之处甚多,导致了在司法实践中无从予以顺利适用的现实,由此,英国法的取而代之成为了殖民者不得不为的方式。①

但是这种叙事可能存在诸多的问题。在科恩(Bernard S.Cohn)对印度北部法律制度变迁的研究中,采用了高种姓的塔库尔人(Thakurs)在英国殖民统治前后的法律适用与司法机制的变化作为案例。研究结果表明,在英国殖民统治之前,塔库尔地区的统治模式并不仅仅是由贵族进行管制,在地方的管理模式中也包含了农村的中上阶层。在塔库尔的地方治理中,法律与司法机构起到了工具性质的作用,贵族阶层认为既有的争议解决程序有利于保持自身在政治与经济上的特权。因此,在高种姓塔库尔人之间的法律冲突中,倾向于采用快捷的诉讼方式来解决争端,在塔库尔人与低种姓印度人,如查玛尔人(Chamars)的法律争端中,则以家长制的传统方式而非法律方式予以解决。所有低种姓的印度人都是塔库尔人的仆人,其地位"比奴隶好一点"。②

在殖民者到来之前,塔库尔人重视调解,以保证低种姓人能够安心于劳作奉献。当英国人的殖民统治在18世纪末扩展到塔库尔人居住区的时候,原有的法律与司法体系在殖民体系下逐渐瓦解,英国人设定出新的法律体系用以维系社会稳定。③ 在殖民统治之下,塔库尔人的经济优势地位得到了维护,但是在政治与军事方面的话语权被削弱,也

---

① Marc. Galanter, The Displacement of Traditional Law in Modern India, *Journal of Social Issues*, Volume 24, No 4, 1968, p.69.

② Bernard S.Cohn, *Structural Change in Indian Rural Society, 1596-1885*, Wisconsin: University of Wisconsin Press, 1969.

③ John R. Schmidhauser, Alternative Conceptual Frameworks in Comparative Cross-National Legal and Judicial Research, in John R. Schmidhauser edited, *Comparative Judicial Systems: Challenging Frontiers in Conceptual and Empirical Analysis*, p.39.

没有对塔库尔人的种姓优势地位进行刻意的维护。当塔库尔人丧失了本地治理的政治权力之后,其族群对待诉讼的方式产生了极大的变化,原先倾向于采用传统的调解或简便快捷的诉讼方式解决法律争端的塔库尔人,将司法程序作为了与对手进行消耗性较量的手段。这种做法实质上是发现了英国式的法律程序更加耗费时间与金钱,对于塔库尔人来说,新的司法程序成为了可以利用经济优势压垮对手的方法,而将诉诸公义的要求放置到了脑后,只要遇到在经济上更弱势的对手,那么拖延案件的处理程序就成为打击对手的最佳方式。因此,英国式的司法制度产生一种意外的效果,那就是塔库尔人"为了让对手在经济上快速破产,最快捷的办法就是把对手拉入一场诉讼当中"。① 在这样的运作模式中,先前作为统治阶层的塔库尔人已经不再把法律作为一个纠纷解决机制使用,而是作为一种经济意义上的武器。②

与殖民者在设定新司法机制时的雄心壮志相比,微观的案例研究证明了殖民当局的司法框架并没有能够起到原先设想的作用,西方式的诉讼程序并未在印度的传统社会中带来公平、正义与效率。相反,在民众依照族群、种姓高度分化的特殊境况中,西方式的司法制度被利用,造就了与设计目的南辕北辙的实际效果。很难想象,殖民者对于新司法机制被滥用会充耳不闻,在相关研究中,从殖民者角度解读,或许殖民者建立法律制度是为了能够"充分且定期地为征收土地税提供依据"才是较为合理的解释。③ 换言之,殖民者在法律制度的移植中,并未体现出对殖民地民众现实利益与感受的关切。

进而言之,在以英国殖民当局为主体的论述结构中,研究者往往容易将关注重心放置在征服之后的新法律机制对于社会管控起到何种作

---

① Bernard S.Cohn, *Structural Change in Indian Rural Society*, 1596 – 1885, p.154.
② Ibid., pp.158 – 159.
③ Ibid., p.153.

用的问题上来,但少有从当地社会的视角去审视一个贸然被移植过来的异域制度会产生何种问题。① 类似的殖民主义式思维在 19 世纪晚期到 20 世纪初期的比较法研究中极为常见,在布赖斯(James Bryce)的研究中,以历史进化论的方式对英国在印度的军事征服与法律移植进行相应的解读。在相关论述中,大英帝国将普通法引入印度的举动,可以与罗马帝国时期罗马法的传播等量齐观,都是高人一等的"文明"国家对后发地区的恩惠。英国普通法所具备的优越特征,使得法律移植成为了"文明"国家赐予未开化地区民众的礼物,种族歧视论在相关的论述中可谓常见。② 在"平等"尚未实现的殖民地,公正的司法机制自然没有生存的土壤,只能成为装点殖民当局合法性的工具。

在社会结构上,殖民者依靠本土精英进行代理统治的模式,导致了殖民者离开之后的权力真空。在最高政治权力不存在之后,地方的各种派系开始进行斗争,而殖民时期平衡地方势力从而维系殖民统治稳定的措施,在印度独立之后成为了社会矛盾不断激化的重要原因。由此,自印度建国之初,中央政府就面对着极为强势的地方势力,在施政过程中,中央政府不得不承认地方的现状并且分权予地方势力。建立国家会带来较为强势的中央政府的现象,并没有出现在印度案例中,相反,独立之后的印度一直为地方势力的尾大不掉所困扰。在印度独立之后的政府施政中,中央政府尽管由民选产生而带来合法性基础,并推行了诸多革新措施,但在地方势力的抵抗之下效用极为有限,③吸收与

---

① John R. Schmidhauser, Alternative Conceptual Frameworks in Comparative Cross-National Legal and Judicial Research, in John R. Schmidhauser edited, *Comparative Judicial Systems: Challenging Frontiers in Conceptual and Empirical Analysis*, p.40.

② James Bryce, *Studies in History and Jurisprudence*, London: Oxford University Press, 1901, pp.90 – 97.

③ Archana Parashar, Family Law as a Means of Ensuring Gender Justice for Indian Women, *Indian Journal of Gender Studies*, Vol 4 Issue 2, 1997, pp.199 – 229.

改造习惯法的努力也基于相似的原因而宣告失败。①

第二节　独立后的法律愿景与困境

一、新政权的立法难题

殖民者的离场并不意味着印度现代国家的成形与构建,在殖民时期,印度从传统中予以变革,在诸多层面达到了近现代社会的标准。但是,在种姓制度稳固存在、宗教派别对立的情形下,殖民者并没有借着近现代转型的契机对印度社会进行改造。相反,在以笼络社会上层作为稳固殖民统治基本手段的情况下,印度传统社会的问题根本无从予以解决。

当印度于1947年从殖民统治中独立出来时,族群、种姓与宗教的矛盾立即在新的国家内部爆发,给新国家的建构与运转造成了极大的困难。在印度领导人尼赫鲁看来,要建立一个统一的现代国家,只有在遵循包容与世俗化原则基础上方能实现。故而,将宗教、族群与种姓的差异尽量抹平,让每个国民在法律意义上真正获得平等的权利地位,是印度国家建构过程中的首要任务。② 在民事立法的意义上,构建出统一而平等的法律机制,进而让民众产生对新国家的认同,是彼时印度政治领导人所关注的重点问题。因此,压制传统的旧机制,并以一整套新的规范与制度保障所有公民的权利能力地位平等,成为了立法者的使命。③

---

① Kenneth W. Jones, *Social-Religious Reform Movements in British India*, Cambridge:CUP, 1989. Rob. Jenins, *Democratic Politics and Economic Reform in India*, Cambridge:CUP,1999.

② J.Nehru, *Jawaharlal Nehru's Speeches*, Vol.II. New Delhi: Ministry of Information and Broadcasting, Government of India, 1963, pp.518－519.

③ Yuksel Sezgin, Legal Unification and Nation Building in the Post-Colonial World: A Comparison of Israel and India, *The Journal of Comparative Asian Development*, Fall 2009, Vol.8, No.2, p.285.

第三章 于殖民遗产中巩固独立——印度司法制度的构建与改革

殖民时期的遗产此时发挥了积极的作用,在 19 世纪时,英国已经在印度的司法机制上实现了整体性的统一建构。① 尽管立法的渊源显得混乱庞杂,但在司法实践中,已经实现了由国家指派世俗化的法官在民事法院任职进行裁判,在具体的裁判过程中,法官对宗教法与习惯法均予以采纳运用。因此,对于新政权来说,法律框架的整合已经具备了一定的基础,在司法统一于国家政权的基础上,只要制定一部统一的民法典,就可以通过法律的方式对社会进行改造,废除不平等的身份等级制度,并且在领土范围内重新塑造印度国民的国家认同与自我认知。② 由是,在 1950 年所颁布的印度宪法中,第 44 条明文规定了"为了保障公民的需要,在印度全国范围内之颁行一部统一的民法典"。③

在主张制定统一民法典的群体眼中,民法典是潜在的可以弭平社会对立的工具,在印度的特殊社会环境中,要造就共同的国家认同,只有通过法典化的方式允许不同族群、不同宗教之间的民众通婚共处。但是在印度的制宪大会上,居于少数派别的宗教代表与部分右翼的印地族群代表都对统一民法典的想法做出了激烈的反对姿态。④ 对于穆斯林代表来说,一旦统一民法典成为现实,宗教法律就不复存在了。因此,他们不仅反对宪法第 44 条的草案,还警告政府,如此大幅度的立法会加剧不同族群之间的紧张与对立情绪。

反对的声音所造成的结果,就是让宪法第 44 条成为了一条抽象的原则,即政府仍然将宪法第 44 条的规定作为执政立法的目标,但是公

---

① S.K.Mitra,A.Fischer,Sacred Laws and the Secular State:An Analytical Narrative of the Controversy over Personal Laws in India,*India Review*,Vol. 1,Issue 3,pp.99 – 130.

② Yuksel Sezgin,Legal Unification and Nation Building in the Post-Colonial World:A Comparison of Israel and India,*The Journal of Comparative Asian Development*,Fall 2009,Vol.8,No.2,p.285.

③ M.P.Raju,*Uniform Civil Code,a Mirage*? Delhi:Media House,2003.

④ Yuksel Sezgin,Legal Unification and Nation Building in the Post-Colonial World:A Comparison of Israel and India,p.286.

民个人不能将此条文引入庭审过程中,在法庭上主张民法意义上的权利义务体系应当完全对等。在对印度制宪的研究中,一般认为这是时任总理尼赫鲁考虑到安抚穆斯林群体的情绪,而在此问题上所做的技术性妥协措施。①

因此,在建国之初,尽管印度领导人有通过立法手段实现国家实质统一的想法,但是在少数族群与少数派宗教团体的压力下,这种想法最终没有变为现实。既然无法撼动少数派的意见,印度政府就将注意力转向了占据人口多数的印度教教徒,希望通过国会立法的方式实现印度教教徒的世俗化与平等化。在此种设想下,《印度教法案》(Hindu Code Bill)的改革在1955年正式开始,这部法案的最初设想是作为统一民法典的限缩版本,如果说统一民法典的既定目标是实现全体印度国民的平等化,那么《印度教法案》的目标与之类似,但范畴有所不同,那就是在占人口多数的印度教教徒内部实现平等化。

本着建立平等权利保障机制的目标,《印度教法案》对印度教的传统法律渊源进行了整合与世俗化,试图将包括印度教、锡克教、佛教以及耆那教的民事相关法律进行整合汇编。② 但在立法进程尚未完成时,印度的领导人意识到一个问题,那就是一旦《印度教法案》被颁行,就会成为一部适用于固定族群而不是全体国民的法律。由此会带来多重性问题:其一,该法案无法适用于非印度教教徒;其二,在颁行该法案之后,会为印度教教徒与非印度教教徒之间的通婚带来法律上的明确障碍,由此更加导致族群的分裂对抗。更重要的是,在可预见的未来,统一民法典的编纂颁行可谓是遥遥无期。对于致力于推动族群通婚融合、构建世俗民主国家的印度政府来说,《印度教

---

① Yuksel Sezgin, Legal Unification and Nation Building in the Post-Colonial World: A Comparison of Israel and India, p.286.

② Ibid.

法案》如若被付诸实践,只会带来更大的社会鸿沟,与先前的想法可谓是南辕北辙。①

　　印度领导人的最终选择,是在 1954 年制定颁布《特别婚姻法》(Special Marriage Act),这部法律对全体国民生效,规定了国民在婚姻的法律适用上可以选择不采用自身的族群法律,并可选择通过法律登记的方式缔结婚姻。该法案将世俗化的、非宗教化的婚姻模式提供给了民众,只不过这种世俗化的婚姻模式并非排他性的存在,政府只能引导民众采用此种模式而无法强制施行。此外,根据该法案,婚姻中的个人财产之认定也是以 1925 年殖民当局制定的《印度继承法》(India Success Act)为准绳,而拒绝采用族群法律相应的规定。《特别婚姻法》的意义在于,当局为跨越宗教的婚姻提供了一种合法的保护框架,并且在实际上开启了族群与宗教群体之间的法定婚姻渠道。在某种程度上,《特别婚姻法》的存在不亚于一部微型的统一民法典,②经由此法的颁布,族群之间的对立与隔阂至少在婚姻层面被慢慢消解。这也是印度建国之后,第一部能够适用于所有国民的民事法律文本。而在长期的实践效果上,《特别婚姻法》的施行也能帮助印度政府实现将社会逐渐世俗化的目标。

　　时至今日,在宪法第 44 条被正式颁行七十年后,印度仍然没有一部可以适用于所有民众的统一民法典。在法律的来源上,仍然是多元化的。在民事性的法律纠纷中,印度法官仍然需要根据不同诉讼主体的宗教背景与族群归属来确认可以适用的法律概念与规定。但印度政府也为民众提供了一条脱离既有族群法律与宗教法律的路径,以在形式上造就出一个世俗的国家。

---

　　① Yuksel Sezgin, Legal Unification and Nation Building in the Post-Colonial World: A Comparison of Israel and India, p.286.
　　② Ibid., p.287.

二、失败的司法调适

在司法机构的建立问题上,1950年的印度宪法按照英国的司法模式组建出了现代化的国家司法机制。① 但是此种司法机制的运转,同样因为族群的法律适用问题而受到诸多限制。在亨廷顿关于变化中的社会政治秩序研究中,曾经指出,机构的权威是否有效需要依赖于合法政治秩序的建立以及有效的政治社群的运作。在印度司法机构的案例考察上,政治秩序欠缺有效合法性与支持度以及社会的分裂现状,对司法机构的有效运转构成了极大的挑战。

在1985年的一桩判决中,印度最高法院认为,根据《刑事诉讼法》(Criminal Procedure Code)第125条之规定,案件中的穆斯林丈夫在宗教所规定的离婚后的禁止结婚期(iddat)内,应当为无力支付生活费用的前妻提供生活来源。此项判决挑战了伊斯兰教法的相应规定,被印度国内的穆斯林群体视为破坏宗教法律,伤害穆斯林的身份认同,进而导致了印度全国境内的抗议与骚乱。

在宗教团体的强大压力下,当时的印度总理拉吉夫·甘地(Rajiv Gandhi)做出了妥协,并且在1986年制定了《穆斯林妇女离婚权益保护法》(Muslim Women Protection of Rights in Divorce Act)。在立法的过程中,政府咨询的对象并非全民,而是保守派的少数宗教群体,并且完全无视了建国之初所制定的建设世俗化国家的远景目标,在立法过程中甚至直接让少数派宗教团体起草了法案内容。因此,该法案最后成功地让穆斯林丈夫规避了《刑事诉讼法》第125条之规定,并且推翻了最高法院先前的判决。此后,在离婚后的禁止结婚期内,穆斯林丈夫

---

① Marc.Galanter,The Displacement of Traditional Law in Modern India,p.79.

第三章　于殖民遗产中巩固独立——印度司法制度的构建与改革　93

的责任范围被大大限缩,①而且规定了如果丈夫在离婚后的禁止结婚期无力支付前妻生活费用的情况下,治安法官应当命令前妻的亲属或者国家的救助部门负责前妻的基本生活开销。

从最高法院的案件判决到最后的立法变动,在一桩案件所引发的社会骚乱与立法乱象背后,是印度政府对于个人权益保护的无能为力与无原则让步,意味着国家法律在族群与宗教势力面前可以低头让步,民众的最终归属并不是国家,而是原有的族群。新法案的颁布施行可谓是对于印度建国以来世俗化、平等化努力的无情嘲讽。

更重要的是,在此之前,《刑事诉讼法》第 125 条可以无条件、无差别地适用于所有印度公民,但随着新法案的颁行,印度政府原先所坚持的将国家法律置于族群法律之上的政策也正式告一段落。进而言之,印度自建国以来,期望通过立法与司法的方式实现国家统一的理想,以及用世俗化法律逐步取代族群法律的方案,到此为止即使不是宣告死亡,也是重大挫败。② 在普通国民眼中,国会已经成为了倾向于少数宗教群体的立法机构,对于全民的代表性价值已经大大减弱。在作为立法机构的国会角度,宪法第 44 条所制定的未来愿景已经是遥不可及,立法上的乱象与法律渊源的混乱只能带给司法机构更大的压力,由此加剧了司法机构与立法机关之间的紧张对立情绪。③ 而少数族群所直接带来的倒退性立法,也加剧了社会中已然激化的族群对立情绪,在政党轮替的过程中,民粹主义的方法被不断运用,进一步恶化了印度的政治生态。

在此后的印度政局中,宪法第 44 条制定统一民法典的相关规定被

---

① See Z.Pathak,& R.S.Shahbano Rajan,*Signs*,14(3),1989,pp.558-582.
② Yuksel Sezgin,Legal Unification and Nation Building in the Post-Colonial World:A Comparison of Israel and India,p.290.
③ Ibid.

政党论争予以无限拔高,成为了当局是否愿意履行世俗化的既定路线,是否能够实现国家的实质统一的重要标杆。而相关的论争,更成为动员各个族群参与政治的最佳口号,也不可避免激化了族群之间的矛盾。在立法与司法的实践中,尽管印度政府一直期待实现国家法律的统一化,但在现实的压力之下,却被迫默许身份制度的存在以及国家法律的进一步分裂。

在印度具备了包容性的世俗政权中,建国之初的领导人致力于废除族群之间的隔阂,并颁行统一性的法律以取代原先属人主义的族群法律。但相较于殖民时期较为顺利的立法进程,在独立国家建构之后,政治领导人不可避免需要面对来自少数族群的激烈抵抗。即便在宪法第44条生效后的大半个世纪里,印度民众对于该条款的看法仍然是两极分化的。至今,印度政府未能说服少数族群接受一部统一民法典,而在政局动荡中,少数族群中的保守派又迫使政府在既定法律框架中不断退步,原本就不统一的法律规范体系被进一步撕裂与分化。

印度的法律难题并不仅仅是建国后方才浮现的,当殖民者对于南亚次大陆进行整合之时,他们的出发点并非给这片土地带来真正的文明进步,而是希望建立起一套效益最高的经济掠夺机制。在数百年的殖民历史上,印度并没有成为殖民地的样本,社会的近现代化也是浮于表面。当族群、民族与种姓制度的对立未能在殖民时期予以妥善解决时,民族国家的整合与建立更加放大了矛盾,并且催生出诸多的额外问题。

印度的法律难题,不仅仅归咎于殖民时期的措施缺位,也在于当面对多元化的法律之时,国家的能力范围相当有限。对于不同法律体系的统一整合始终是一个难题,印度的特殊性在于国家在建构之时采用了民族国家的样本,因此其进行有效治理的前提是单一民族成员的高度认同与向心力,由此为国家的现代化进程提供有效的动员与支撑。但在多民族、多族群的背景之下,印度被殖民者捏合为一个国家,在殖民的暴力手腕与怀柔政策之下,原先的社会问题尚且可以被压制。一旦民族国家建立起来,先天性的族群对立就足以破坏政府建立现代化法律国的愿景。印度的经验表明,族群对立的问题带来的不仅是治理的乱象,也让国家的法律机制在实质上空转而无法达到既定目标。

不可否认,英国所带来的实证主义法律理念与法律体系化的编纂方法,对于南亚次大陆的后续法律改革与社会发展起到了重要作用。但是对于殖民时期的法律遗产评价,可能会有更复杂的结论。一方面,英国的殖民活动彻底打破了印度本地的既有统治方式与法律模式,尽管原有的本土法律用现代的尺度来衡量显得简陋,但能够以便捷的司法纠纷解决机制化解相应的社会矛盾,也获得了本地民众的认可。另一方面,本土的法律也可能是落后原始的,特别是在妇女的权益保护上,宗教性的法律不但没有尽到保护的义务,相反将女性禁锢在经过法律强化的不公平秩序当中。因此,殖民当局的立法与司法建构,以体系化与理论化的方式,重新建立了一套近现代化的社会规范体系,并且用高度官僚化的机制取代了原有的地方化司法机构。在一定意义上,殖民当局的法律改革对南亚地区的法律发展产生了深远的影响与社会效应。

但是殖民当局的法律改革终究是在殖民主义的体系框架内运行,最终的核心目标并非给南亚民众带来福祉,而是保障殖民统治的顺利进行。不论是对于言论与表达自由的限制,还是以法定暴力的方式压制社会运动,殖民者在事关秩序稳定的问题上并无任何妥协退让。而在身份地位上,殖民者与本地民众之间的鸿沟明显,即便有着近现代化的法律予以调和,也终究无法突破两者之间的壁垒。而殖民当局长期对不同宗教群体的包括法律适用在内的分而治之策略,是南亚次大陆此后动荡不安的根本原因之一。

而在司法制度的移植角度,原本司法制度的程序正义原则与法治社会的分权制衡是构建维系法治化的现代国家的必由之路。但制衡与程序的要求,反而会在特定的环境下被放大利用,进而成为阻碍法治社会建设的症结。① 在当代印度,冗长的司法上诉既可以作为手段以拖垮竞争对手,又可以作为用来对抗拖延政府的改进动议。印度的问题可能并非缺乏法律制度,而是司法程序的烦琐带来了机制的失灵,法庭案件的堆积如山,案件处理的进程缓慢,以至于常常出现案件开庭时原告已经去世的境况。在印度的最高法院堆积的案件数量,竟然达到了六万件之巨。② 各式的司法诉讼,已经成为政府行政决定的最大阻碍之一,使得政府无法投资于基础设施建设,遑论社会整体制度的重新构造。

三、公益诉讼的改革愿景

如果说司法制度的基本使命之一,是给民众带来平等的权利保障与救济机制,那么印度民众的权利根基,为种姓、村社、族群、宗教等传统因素所限制,以司法制度的一般性体系框架很难解决现实中的身份政治问题。当立法进路迟滞不停时,在现代印度的司法制度演进史上,以司法判例的方式,保障并提升民众的基本权利,成为了一种演进路径。

在精英主义所主导的印度最高法院运作中,以公益诉讼的方式,对社会平等与公正的价值进行伸张维护,成为了打破凝滞的印度司法实践的重要手段,也成为了提升司法机构地位,强化最高法院在政治生活中地位的举措。③ 在实践方式上,最高法院并没有直接与最高行政当局进行对抗,相反,对政府的社会经济政策予以了支持。譬如,在1980年,最

---

① 〔美〕弗朗西斯·福山:《政治秩序的起源:从前人类时代到法国大革命》,毛俊杰译,第246页。

② 〔美〕弗朗西斯·福山:《政治秩序与政治衰败:从工业革命到民主全球化》,毛俊杰译,广西师范大学出版2015年版,第47页。

③ Manoj Mate, Public Intertest Litigation and the Transformation of the Supreme Court of India, in Dianan Kapiszewski, Gordon Silverstein, and Robert A. Kagan edited, *Consequential Courts: Judicial Roles in Global Perspectives*, Cambridge: Cambridge University Press, 2013, p.265.

第三章　于殖民遗产中巩固独立——印度司法制度的构建与改革

高法院在加格诉印度联邦案(R.K.Garg v.Union of India & Ors)中,最高法院支持了印度政府的《特别无记名债券法令》(Special Bearer Bonds Ordinance Act),该法令规定了用未正式申报纳税的收入购买无记名债券的个人可以免受《所得税法》的管辖,并且禁止对这些未正式申报纳税的收入进行任何调查。案件的原告对该法令提出了质疑,认为该法令实际上助长了黑钱投资者的利益,而违反了印度宪法第14条关于平等的基本原则性规定。面对质疑,印度最高法院并没有支持原告,而是裁定该法案与宪法第14条并不冲突,支持了政府努力将黑钱引回社会生产中,以促进经济增长的意图。最高法院裁定,在审查政府的经济政策时,应采用合理的审查模式而无须去质疑特定立法的道德正当性。[①]

尽管在部分案例中,最高法院对行政当局保持了相当程度的理解与合作,但在人权与政府监督层面,最高法院通过公益诉讼案例的处理,对政府的非法行为进行了相当程度的纠正。在1979年的卡图恩诉比哈尔邦(Hussainara Khatoon V.State of Bihar)案件中,法院回应了原告律师的诉求,认可了原告所提出的候审被告人因为无力支付保释金,审前拘留期过长,在许多案例中,被告人实际失去自由的期限要大大超过应得刑期的事实。最高法院中的最终决定是允许律师代表审讯中的被告人提出人身保护申请,有效地降低了保释的门槛,同时也扩大了最高法院在诉讼过程中对案件进行监督、适时干预的权限。与此类似,最高法院对其他涉及囚犯权益、狱政改革、儿童保护与精神病患者权利的案件都做出了积极的回应。[②]

在公益诉讼的主体资格上,最高法院也放宽了条件,将个人、记者

[①] Manoj Mate, Public Intertest Litigation and the Transformation of the Supreme Court of India, in Dianan Kapiszewski, Gordon Silverstein, and Robert A.Kagan edited, *Consequential Courts: Judicial Roles in Global Perspectives*, Cambridge: Cambridge University Press, 2013, p.274.

[②] Ibid., p.273.

或者其他团体的申请书视为宪法第 32 条所规定的"法律请愿书"(legal petitions),最高法院的法官对此的解释是:

> 当涉及社会中的弱势阶层时,……本法院不会坚持要求热心公益的个人提出常规的书面请求。……本法院甚至对这种从事无偿公益行为的个人所写的信件也会做出回应。诚然,本法院制定了一些规定,规定了根据第 32 条向本法院寻求救济的程序,并要求申请人履行各种程序性规定。但不能忘记的是,程序只是正义的助手,绝不允许任何程序上的技术性问题阻挠正义的事业。……今天,司法程序正在发生一场巨大的革命;法律的舞台正在迅速改变,穷人的问题正在成为法院所关注的焦点。①

在社会弱势群体的保护议题之外,在公益诉讼的参与者的帮助下,最高法院通过环境方面的一系列司法案件判决,确立了一系列环境保护议题层面的侵权法判例,并且在实质意义上改写了原有的印度环境法律框架。② 经过 20 世纪 80 年代以来的公益诉讼与扩权,相对羸弱的印度司法机构从行政机构手中夺取了相当程度的权力,并在平权运动、环境政策、教育与发展权利等领域的政策制定过程中发挥了主导性作用。以公益诉讼为契机,最高法院对印度宪法所规定的权利内容进行了更加切实的保护,实质上对违反宪法的环境保护、土地规划、发展权、教育权与平等权利等内容进行了干预,将司法机构在社会治理层面的权限与作用进行了扩张,③相对于建国之初司法机构权力有限的景

---

① *Bandhua Mukti Morcha v.Union of India*,(1984)3 S.C.C.p.161.
② Manoj Mate,Public Intertest Litigation and the Transformation of the Supreme Court of India,p.275.
③ Ibid.,p.284.

象,当下的印度司法机构已经逐渐扩张了自身的权力体系,司法机构的重要性也日益凸显。

当然,公益诉讼推动下的印度司法改革并非尽善尽美,最高法院尽管以公益诉讼的案例改写了社会规范的实质内容,但仍旧是个案化的处理,终究无法如立法框架一般起到普适性的规制作用。此外,在与行政当局的关系中,最高法院对于政府的政策大多采取了支持与认可的处理方式,并没有发挥制度设计中本应蕴含的权力制衡作用。如果细细对印度的公益诉讼成功案例进行检视的话,对地方政府的干预以及强化底层民众的保护措施,才是公益诉讼推动下司法实践的真正着力点,最高法院在实质上回避了自身与行政、立法机构进行相互制衡的原本使命。换言之,印度的司法革新路径尽管在 20 世纪 80 年代以来展现出了以最高法院的判例引领革新的方式,但是这种进步更多的是以社会精英群体的理念变化、大众传媒与非政府组织的壮大为前提条件,在精英治理的思路下以司法实践改革社会。最高法院的改革并没有得到行政当局的配合与回应,司法权力在社会政治中尽管更加积极,但仍旧扮演着侍从者的角色。更重要的是,南亚次大陆的社会结构并没有发生革命性的转变,在精英治理的思路下,司法机构的权能作用终归有限,印度司法机构理想愿景的实现仍然是遥遥无期。

第四章　社会转型中的司法建构
——西班牙佛朗哥时期的司法制度

佛朗哥政权在西班牙的统治是现代政治史上极为罕见的案例,在统治时间上,从1936年掌权到1975年退出历史舞台,佛朗哥掌控西班牙长达40年。在其执政期间,世界秩序发生了重大变化,但佛朗哥始终与传统意义上的西方秩序保持着密切却又有距离的关系,在"二战"期间,佛朗哥政权与德国、日本关系密切,但又保持了与同盟国的和平关系。在冷战秩序中,尽管被欧洲国家孤立,佛朗哥政权又与美国维系着密切的盟友关系。在社会背景上,当佛朗哥执政之初,西班牙在整体意义上尚是一个农业为主的国家,当佛朗哥政权终结之时,西班牙已经转型为典型意义上的工商业社会,成为了工业化的中等发达国家。[①]而在佛朗哥政权终结之后,西班牙的政治转型较为平顺,并没有出现大规模的社会动荡。佛朗哥政权在时代的变迁中展现出了高度的适应性,成为西班牙历史进程中不可回避的重要部分。本章所要解读的问题在于,当政治权力被垄断、原有的共和政体被推翻的前提下,司法机构与佛朗哥政权之间的关系如何,在专制的压力之下司法机构如何自处,以及在社会变迁的过程中,司法机构起到了何种作用。

在法律与社会发展的研究文献中,一般会倾向于认为高质量的立

[①] See Kerstin Hamann, Civil Society and the Democratic Transition in Spain, *Perspectives on Political Science*, Volume 27, No 3, Summer 1998, pp.135–141.

法与司法体系将有助于经济增长,而经济增长又为政治的转型提供了基础与支持。在时间纬度上,西班牙的案例在结果意义上似乎符合经济增长与政治转型的因果关系理论。但问题在于,司法机构在其中的角色与作用为何,佛朗哥政权是否有意识地利用司法机构为经济发展做出相应的贡献,司法的现代化对社会转型的作用究竟几何。①

第一节 独立而受限的司法制度

一、游离的司法

在理论意义上,政治的民主化与司法的独立运作是相互依存的关系,前者被认为是司法独立行使职权的必要条件但并非充分条件。政权对司法体系的运作与构建有着直接性的作用关系。② 如果依据此理论进行推断,佛朗哥政权之下的司法职业群体应当对政权有着高度的认同,也有着较为一致的意识形态。但是在西班牙的实证研究中则有着完全不同的结论。

要理解司法机构与佛朗哥政权之间的相互联系,需要回溯到佛朗哥政权上台之初的历史情境中去进行理解。在合法性的建构上,佛朗哥并没有声称将推翻原有的宪法框架,相反,他以对于宪法秩序的另类解读来反对民选的共和政府。在历史基础层面,西班牙内战之前,基于共和国对包括司法制度在内的基本政府框架已然确立并保持有效运行多年,所以佛朗哥政权并没有机会去新创司法机制,对于内战中保持了

---

① See T.Carothers, *Promoting the Rule of Law Abroad: The Problem of Knowledge*, Washington, DC: Carnegie Endowment for International Peace, 2003.

② J.J.Toharia, Judicial Independence in an Authoritarian Regime: The Case of Contemporary Spain, *Law and Society Review*, Vol.9, No.3, 1975, p.475.

消极角色的司法职业群体也没有理由进行大规模的清洗与重新安排。因此,新政权在掌权之初对司法秩序的影响较为微弱。

在人事选拔层面,司法机构在人员选拔、技能培训、人事晋升、职位的分派与任期的确定方面,与行政部门是不同的轨道。因此,即便在佛朗哥政权之下,司法机构仍然有选拔新法官的人事自主权,而法官的任职是由每年一次的竞争性考试作为先决遴选条件。① 因此,选拔法官并不是将对于佛朗哥政权的忠诚作为先决条件,也并非按照其所属政党与意识形态作为标准,而是完全以法律知识与司法技术作为基本门槛。在司法机构内部,由法官遴选委员会负责新法官的选拔任命,尽管在少数情况下,政府可以通过对法官遴选委员会的成员施加压力或游

---

① 在西班牙的法官遴选考试制度中,包含了四种不同的测试内容。第一项测试,是要求考生在两个小时的时间内撰写一篇论文,论文的题目通常由考试委员会确定,大体为法学的基本知识议题。第二项测试,是让考生就随机选出的五个命题进行回答,这些命题是从固定的题库中抽选而出,题库的内容包括了 115 个民法命题,91 个刑法命题以及 56 个商法命题,考试的时间为一小时。第三项测试是口试,考生被要求回答五个问题,而这五个问题是从 227 个问题的题库中随机抽选而出,题库内容包括了 91 个程序法问题,43 个司法组织法问题,25 个劳动法问题,45 个行政法问题以及 15 个国际司法问题。测试的时间一般设定为每个问题可以花费二十分钟的时间进行作答。第四项测试是最终阶段,要求考生就某个世纪法律问题提出解决方案。四项测试并非同步进行,一般而言,大部分的考生在前三阶段就会被淘汰出局,而最后一项考试中淘汰的几率几乎不存在。考试的通过并不意味着确定可以拿到法官的任职资格,在每年的考试中,对于考生的名次会进行排列,只有排名靠前的考生才能依据当年司法机构的缺额入职。在 1961 年到 1965 年期间,西班牙法官职位的考录比是二十比一,因此考生的竞争是非常激烈的。在对于法官来源的调查中,发现了两个基本趋势,第一,因为遴选考试的竞争激烈,所以大部分能够被录用的法官都有过专职准备考试的经历,也就是说,这样的遴选考试因其难度,造成了偏向于家境较好的中产阶级子弟。第二,因为考试的难度,所以考生需要花费大量的时间进行记忆与准备,这种考试制度在实际运作中会倾向于记忆力较强、有较多时间进行考试准备的青年学生,而对于具备了社会经验与法律实践的职业群体并不太友好,因此,在对于法官任职前的经历的调查中发现,有三分之二的法官在入职前没有经历过任何意义上的法律实践。当然,随着西班牙经济的发展,法官职位的受欢迎度在佛朗哥政权的末期有所下降,一般意义上认为,经济发展给年轻人提供了更多的就业前景,使得更少的人愿意去花费大量时间准备一项通过率很低的职业资格考试。See Daniel E. Murray, A Survey of Civil Procedure in Spain and Some Comparisons with Civil Procedure in the United States, 37, 1963, *Tulane Law Review*, p.399.

说的方式,迫使司法机关接受某个政府属意的候选人,但在整体意义上,新法官的遴选与任命是不受政府干预的。① 而且西班牙的社会形态还给司法机构的自主权带来了另外一种影响,那就是在司法机构自主的选拔机制下,法官职业阶层存在较多的世代继承现象,譬如,在对20世纪70年代的西班牙法官家庭背景的调查中,发现有26%的法官来自于法官或其他司法职业群体。而相比之下,法国法官的同比数据是13%,意大利法官的同比数据是16%。②

在职业培训层面,通过法官遴选委员会的考试,新的法官会被要求在司法学校进行培训,这种培训通常为期一年,只有在培训结束后才能获得正式的委任。司法学校的创建时间是1944年,但是在实际运作中似乎并不受法官群体的欢迎。在对法官的意见调查中,通常对司法学校的评价较低。③ 司法学校的不受欢迎,或许可以从侧面证明法官群体与政权的疏离关系,毕竟司法学校的创设与运作都在佛朗哥政权之下,法官能够公开表达不满意见,多少证明了法官群体的相对独立性。

在职位的选择上,西班牙的法官职位选任制度采取的是自愿申请,以职位空缺为基本导向的制度。在职位申请程序上,司法部每年会公布现有的职位空缺,供适格的法官申请。如果空缺的职位只有一人申请,则司法部会根据规定自动让申请人任职。如果数个申请人竞争同一个空缺职位,那么由司法部的高级官员来决定任职的最终人员。一旦被任命之后,法官是享有类似终身制式的待遇,其职位受到

---

① J.J.Toharia, Judicial Independence in an Authoritarian Regime: The Case of Contemporary Spain, *Law and Society Review*, Vol.9, No.3, 1975, p.482.

② Ibid.

③ 在调查中,有58%的年轻法官对司法学校的运作方式与培训效果给出了消极的评价。在所有受访的法官中,有88%的受访者认为司法的培训应该超越纯粹的法学技术知识,而应当更多地涉及心理学、社会学的内容,只有21%的受访者认为司法学校提供了充分的培训。See J.J.Toharia, Judicial Independence in an Authoritarian Regime: The Case of Contemporary Spain, p.484.

稳定的保障。①

在晋升机制上,只有在涉及最高法院的法官、刑事初审法庭的庭长以及民事上诉法院的院长等重要职位时,才需要通过最高法院的司法委员会进行任命,而任命的最终决定权把控在政府手中。② 一旦进入最高法院的序列,具体法庭任职的法官也会由政府进行决定与任命。从整体意义上来说,法官的晋升机制大体上保持了自身的独立性,只有在少数重要职位上的晋升才会受到政府权力的直接干预。即便在最高法院法官的晋升道路上,在佛朗哥政权执政期间,并没有出现强制任何在任的最高法院法官退休的情况。如果说司法人员的更迭是政权有效掌控司法机构的途径之一,那么西班牙的案例中,司法机构为法官所设定的 70 岁的退休年龄更加迟滞了政府进行干预的可能。

相比于制度上的自主独立,法官的意识形态问题或许更能影响司法权的实际运作。在理论上,佛朗哥政权掌权 40 年,有着充足的时间与精力对法官的理念进行重塑。但在政权所倡导的意识形态之外,作为身处司法机构的独立个体,法官的理念也更容易受到自己职业经历的影响。在针对法官的社会调查中,法官们的表达显得意味深长。在面对关于严苛的刑事制度的意见调查上,没有法官支持严苛的刑事制度,且均表示刑事制度的首要目标是避免对无辜者进行处刑。在对死刑的态度上,大多数法官反对死刑的存在,约三成的法官认为死刑只应当存在于法律条文中,而不应当被付诸实现。只有约二成的法官认为死刑应该存在且按照法律的规定予以严格执行。③ 一般意义上,废除

---

① See J.J.Toharia, Judicial Independence in an Authoritarian Regime: The Case of Contemporary Spain, p.485.

② 一般来说,针对以上的职位空缺,司法委员会提出三个候选名单,由政府在候选名单中进行选择。J.J.Toharia, Judicial Independence in an Authoritarian Regime: The Case of Contemporary Spain, p.485.

③ Ibid., p.479.

或者限制死刑的态度是典型的自由主义观点,西班牙法官的意识理念倾向,显然与执政的佛朗哥政权有着相当大的差异。

死刑之外,另一个具有西班牙特色的调查议题是法官是否赞成在法庭上使用地区语言(即巴斯克语以及加泰罗尼亚语),在对分离主义进行严格打压的佛朗哥政权时代,在法庭上拒绝使用西班牙语而使用地区语言往往会被判藐视法庭罪。在这个议题上,大多数的法官也赞成允许在法庭上使用地区语言,只有约三成的法官对此表示了明确反对。[①] 大致而言,在意识形态与行事理念上,法官群体与政权的差异可谓巨大。这种差异在司法机构保持相对独立地位的情况下,会加剧司法机构对政权的离心主义趋势。

在总体意义上,司法机构在政府框架中拥有较高的独立地位,只有在涉及最高层的职位晋升时,政府才有决定权,而相关职位的候选人资格也由司法机构自主确定。因此,司法机构大体上保有了自身的独立地位,问题在于,司法机构在强势的佛朗哥政权之下,能够保持相当的独立地位,固然是自身的制度特点所致,而对于政权来说,司法机构存在何种功用,大约是需要检视的另一个话题。

二、特别法庭的设立与运作

一个完全自主独立的司法机构,显然无法胜任佛朗哥政权对于社会控制的要求。在解读西班牙法官所享有的独立与自由之时,关注的重点不应当放置在对佛朗哥政权宽宏大量的赞颂上,而应该检视在司法权力的行使上,解读在既有的司法框架内,普通法官究竟能起到何种作用,政权是否有特殊的渠道来实现自身对司法权力的操控。

[①] J.J.Toharia, Judicial Independence in an Authoritarian Regime: The Case of Contemporary Spain, p.481.

在西班牙的案例中,司法机构保持独立的另一面,是因为其管辖范畴被大体限定在私有权的争议案件中,但在事关公共的议题中,司法机构的作用则显得相当有限。佛朗哥政权在对社会进行司法掌控的过程中,设定了一系列的特别法庭,以此对政治性议题或者事关重大的司法争议进行直接管辖。

因此,在佛朗哥政权下的西班牙司法机构展现了不同层面的影响,在一定意义上来说,普通法院享有高度的独立与自治,也构成了司法机构的绝大部分;但另一方面,特别法庭以少量的机构与人员对事关社会重大议题的法律纠纷直接管辖,政府对特别法庭拥有紧密的控制权。[1]

在特别法庭的设置上,与一般军人政府直接从军队或者行政官员中选拔法官并独立运作的方式不同,佛朗哥政权从普通法院中选拔法官来填充特别法庭的职位。这种选拔方式会保证特别法庭法官对司法技术的熟稔掌握,而选拔与免除职位的权力都掌握在政府手中的机制,又会让法官更倾向于听从政府的指令。更重要的是,特别法庭法官的选拔与免职并无制度性规定,而将自由裁量权放置在行政机关手中。因此,在制度层面,特别法庭的机构设置更加接近于行政机关而非司法机构,在任法官对政府长官的服从大致会优位于对法律与正义的追求,普通法院所具有的独立性与自主性大抵也无从出现在特别法庭中。

特别法庭与普通法院的分立,意味着在整体意义上,西班牙并不具备一个统一的司法机制。在历史上,西班牙王国在进行治理的过程中,也曾经针对不同的社会阶层而设定不同的司法机构,但这种为了治理便利而推行的司法分立的方式,与佛朗哥政权生硬地将现代化司法机

---

[1] J.J.Toharia,Judicial Independence in an Authoritarian Regime:The Case of Contemporary Spain,p.487.

第四章 社会转型中的司法建构——西班牙佛朗哥时期的司法制度

制予以分立有着本质的不同。佛朗哥政权的主要目标，显然是通过建立并掌控少量特别法庭的方式，来制衡相对独立的普通法院。① 在特别法庭的设置上，则是依据不同的功能类别，分别设置了民事、商事与刑事方面的特别法庭。

在民事特别法庭方面，主要的构成是劳动特别法庭，该特别法庭的建立彻底取代了原先处理劳动法律关系的司法机制。劳动特别法庭的人事选任是在劳动部的直接领导下，从已经在普通法院体系中任职五年以上的法官与检察官中拣选而出，②一旦赴任，法官与司法部的人事关系就正式宣告终结，其职业生涯也从司法机构被转移到了行政机构。劳动特别法庭所提供的优势条件不仅仅在于高额的薪酬与工作在城市的便利，还给予了法官职业晋升的可能性。根据当时的规定，如果劳动特别法庭的法官意图回到司法系统中，其有权自动恢复为普通法院法官的身份，且在劳动特别法庭的任职经历会带来在普通法院系统中更多晋升可能。

在工作量层面，劳动特别法庭相对于普通法院而言一度较为清闲，但随着西班牙工业化进程的发展，在佛朗哥执政的后期，劳动特别法庭的案件处理量已经高出普通法院平均案件量约 30%。③ 从案件处理量上进行观察判断的话，会得出一个结论，那就是劳动特别法庭的设置并非基于工业化、城市化所带来的处理更多劳动争议的诉求，而是佛朗哥政权既定的政策所致。这种政策的具体决策过程无从考量，但如果检

---

① J.J.Toharia, Judicial Independence in an Authoritarian Regime: The Case of Contemporary Spain, p.487.

② 值得注意的是，对于劳动特别法庭法官的选任权力，是放置在政府的劳动部中。劳动特别法庭因其远远高出普通法院的薪水，以及驻地在城市的优势，而对于普通司法人员颇具吸引力。根据调查统计的结果，发现在适格的普通法院法官中，有大约 80% 的比例尝试过申请在劳动特别法庭任职。J.J.Toharia, Judicial Independence in an Authoritarian Regime: The Case of Contemporary Spain, p.488.

③ Ibid.

视西班牙内战的历史会发现,工人群体与左翼政党社团对佛朗哥政权的仇视,以及害怕劳动纠纷所可能带来的社会不稳定,大约是佛朗哥政权将劳动争议案件的管辖权从普通法院体系中抽离出来的主要动机。通过劳动法庭的创设,能够有效监控劳动权益争议,进而对劳动组织与左翼政党的活动进行严密的控制,可能是佛朗哥政权特设此机构的部分动机。

在经济法律方面,佛朗哥政权创设了三个分立的特别法庭,分别是反不正当竞争特别法庭、货币犯罪特别法庭以及关税与税收特别法庭。在西班牙的司法权力行使与经济发展中,这三个特别法庭都曾经起到过重要的作用,与劳动特别法庭稍显不同的是,这三个特别法庭的法官任命尽管是由行政部门所决定的,却不需要以在司法系统中担任法官职务作为先决条件。三个特别法庭的创设都发生在佛朗哥政权统治的中后期,与当时西班牙的经济转型与贸易发展有着直接性的联系。

反不正当竞争特别法庭设立于1963年,其主要使命是对经济活动中可能危害自由竞争的行为进行惩罚与制止。此种法庭的设置对于西班牙的经济转型可谓有着标杆性的意义,因为佛朗哥政权长期依靠的是位于农村的地主阶层,在经济政策上一直采用的是封闭性的运转模式,国民经济在20世纪50年代之前都受到政权的高度管控。[①] 而走向市场经济的改革路径,不仅意味着西班牙经济模式的重大转变,也昭示着在社会治理方式层面,佛朗哥政权即将进行的重大改变,曾经被政权所攻击的资本主义形态,此后正式成为了官方认可的经济社会模式。而反不正当竞争特别法庭,可以被视为解决从管控型经济模式到自由市场竞争的经济模式转型期问题而设。

---

① 〔美〕斯坦利·G.佩恩、〔西〕赫苏斯·帕拉西奥斯:《"爱国的"独裁者——佛朗哥传》,李永学译,上海社会科学出版社2019年版,第293页。

在实际运作上,反不正当竞争特别法庭的影响远远低于其象征意义,从1965年被创设开始,在八年多的运作时间里,该法庭仅仅受理了98桩案件,对比同时期西班牙经济的迅猛发展,案件受理数量之低更是出乎意料。若要找寻运行欠佳的原因,大约需要从特别法庭的内部机制出发。在设置反不正当竞争特别法庭的政策考量中,并没有授权其直接调查不正当竞争行为,而将调查权交给了商务部所属的反不正当竞争部门。因此,只有当反不正当竞争部门完成相关的调查并认定相关案件已经确凿无疑地违反了竞争法时,才会将案件交由特别法庭处理。在这种运作模式下,特别法庭主要受理反不正当竞争部门所提交的案件,自身也无法主动干预市场经济中所可能出现的不正当竞争行为。而一旦反不正当竞争案件涉及刑事责任的问题,则需要将案件移转到普通法院。在案件的处理结果上,特别法庭的表现也难以让人称道。在全部受理的92桩案件中,只有14桩被认定为违反了竞争法规定。[①]

货币犯罪特别法庭设立于1938年,是在内战尚在进行时,为了压制发生在首都马德里的物价紊乱而设立的。在内战结束后,该法庭的运作就成为了一种非常规的状态,尽管法庭机制一直存在,但是很少处理相关的案件。该特别法庭的法官由政府直接任命产生,法官大多是从商务部或经济部的官员中进行选任。[②] 关税与税收特别法庭成立于1944年,隶属于经济部,其成员由政府在公务员系统中选拔任命。

与劳动特别法庭不同,涉及经济事务的三个特别法庭并没有从普通法院系统中直接获取数量可观的案件进行司法管辖,但是特别法庭的存在至少提供了一种可能,那就是当政权对普通法院不满之时,完全可以将案件移交给特别法庭处理。这种外在的威胁与竞争,在实际意

[①] J.J.Toharia, Judicial Independence in an Authoritarian Regime: The Case of Contemporary Spain, p.490.

[②] Ibid.

义与心理作用上会限制司法机构的行为,使之更加服从于政权。

经济方面的特别法庭受理案件数量之少以及公共影响程度之低下,并不意味着西班牙的经济问题较少,以至于法庭无案可审。恰恰相反,在上世纪五六十年代,西班牙经历了经济的转型与高速发展,伴随着经济活动的活跃,案件的数量应当是急剧上升的。要解释这种悖论,大概可以从特别法庭的职能设置上进行分析,毕竟这些特别法庭直接隶属于政府部门,更多的代表政府的利益与政策导向,并不是以严格执法作为基本使命。佛朗哥政权设立这些特别法庭,本身的目标就是为了促进对经济的监管,将相关的案件管辖职能从普通法院中分立出来,直接置于政府的控制之下,由此来增强政府的社会控制力。①

相比其他军人政权,佛朗哥政权治下特别法庭的管辖范围更为宽泛,包含了劳动、经济法律事务,超出了一般想象中的政治案件与刑事案件范畴。而军人政权所惯常利用的军事法庭,也出现在佛朗哥政权中,并且起到了重要的作用。在西班牙的军队传统中,军事法庭的管辖范围是那些犯了军事罪名的职业军人与服兵役人员。但是在西班牙的近代化过程中,军事法庭的管辖范围在不断扩张,在1890年所颁布的《军事司法法》中,就规定了干犯特定军事罪名的主体,不论其身份是否为军人,都应当受到军事法庭的审判。② 而在该法案中所规定的特定罪名中,包括了攻击与污蔑军队这类没有明确的定义,但完全可以由军事法庭进行扩大解释的罪名。在1906年所颁布的《司法管辖法》中,更是授权军事法庭对攻击、污蔑军队的案件进行审判,而攻击、污蔑的手段包括了文字、图画、漫画甚至隐喻。③ 因此,在佛朗哥政权上台之前,

---

① J.J.Toharia,Judicial Independence in an Authoritarian Regime:The Case of Contemporary Spain,p.490.

② Ibid,p.491.

③ Ibid.

军事法庭就已经拥有了更多的解释权与管辖空间,而佛朗哥政权在继承这些法令与司法机构之后,完全可以在无需改弦更张的基础上,通过扩大解释的方式将更多的社会议题纳入军队直辖的军事法庭管辖范畴内,利用既有的机制对社会舆论与民众自由进行压制。

西班牙的特殊政治形势也助长了军事法庭管辖权的扩张,巴斯克与加泰罗尼亚的分离主义趋势一直是国家统一的主要威胁。在1923年,根据新法令的规定,军事法庭拥有了对任何同情、支持与参与分离主义案件的管辖权限,尽管当时立法的动机在于压制巴斯克地区与加泰罗尼亚地区的民族主义者。但毫无疑问,军事法庭的权限在持续扩充的同时并没有受到应有的制衡。尽管在第二共和国时期,军事法庭的管辖权被法令予以限制,回到了只能管辖干犯军事罪名的军队人员层面,[①]但过往的长期实践,无疑已经为军事法庭管辖权的随时扩张做好了铺垫。

在佛朗哥政权治下,1945年新的《军事司法法》被颁行,该法令规定了所有对军队或军队象征符号的攻击与污蔑行为都可以纳入军事法庭的管辖范围内,而对西班牙国旗与国歌的攻击侮辱行为也被纳入军事司法的管辖中。更有甚者,经过对恐怖主义的重新定义,把包括抢劫银行与绑架政府外交官员在内的行为都纳入恐怖主义的范畴,并且规定了军事法庭负责恐怖主义相关案件的管辖。由此,无论是左派民众对军事当局的抗议与批评,还是分离主义者的行为,经过一系列法律的制定与修正之后,佛朗哥政权所最为惧怕的内部不稳定因素,都对号入座式地进入了军事法庭的审判轨道。[②]

在实际的运作中,军事法庭定罪对象中的平民数量或许是理解其

---

① J.J.Toharia,Judicial Independence in an Authoritarian Regime:The Case of Contemporary Spain,p.492.

② Ibid.

作用的关键指标。在1955—1958年期间,大约有40%由军事法庭所判决案件的定罪对象为平民,这个数字到了1963—1966年间降低到了24%。[1] 尽管比例有所降低,但毫无疑问的是,和平时期竟然有大量平民为军事法庭所定罪,已经是出奇的现象。可以想见,普通法院的管辖权在制度意义与实践意义上都受到了军事法庭的侵蚀。

概而言之,在佛朗哥政权的体系之下,法官拥有相当程度的独立性,但司法权的行使受到了相当程度的限制。法官之所以独立,司法机构之所以大体自主,主要的原因并不在于佛朗哥政权有意识地去遵守宪法秩序以及维护司法独立行使职权,而是建立了另一套机制在实际上代行司法权。相比普通法院,政权所掌控的特别法庭不仅可以用来打击政敌、维系专制统治,而且可以用来贯彻政府的经济政策。

佛朗哥政权的司法制度设计可谓精妙,通过维系司法机构的独立自主营造了尊重司法的表象,与此同时又以少量的人员控制与机构操纵,实现了关键领域司法权力的掌控。下一个问题在于,在司法建构的路径上,佛朗哥政权的考量以及司法机构的内在特性固然起到了重要作用,但随着经济与社会的转变,以及佛朗哥政权的最终退场,司法在新的经济与政治格局中如何发挥作用。

第二节　社会转型中的司法检视

一、司法保障下的社会转型

在佛朗哥政权的管制下,一个去政治化的权力天幕被打造出来,司

---

[1] J.J.Toharia, Judicial Independence in an Authoritarian Regime: The Case of Contemporary Spain, p.493.

法机构与法官不存在干预现实政治的任何空间,行使权力的方式与范畴受到政权的严密控制,但其整体的独立性与基于法律知识的培训选拔机制得以完整保存。但在20世纪50年代之后,佛朗哥政权的政策发生了明显的变化,而这种变化在很大程度上源自于新的经济环境与地缘政治的考量,并且渗透影响了司法机构的发展与运作。

在1945年之后,随着"二战"的结束,西班牙在欧洲的外交环境并不理想,基于佛朗哥政权与纳粹德国的密切关系,英法所主导的战后欧洲秩序中并没有为西班牙留出空间。当西班牙被排除在欧洲的多边经济协定之外时,双边贸易成为了其经济发展的主要动力,而如何吸引外来投资成为了西班牙在法律改革时所考虑的重点问题。在与欧洲邻国关系冷淡的现实中,佛朗哥将与美国的外交关系视为重点。此时的美国不仅通过马歇尔计划对欧洲的经济重建起着至关重要的作用,也主导着欧洲的政治安全,与美国的交好不仅可以带来国家安全上的保障,也能吸引更多的外来投资以促进经济发展。① 在多方面的考量之下,佛朗哥放弃了本人高度管控、中央集权、自给自足的经济政策,开始向自主与外向型的市场经济进行转变,②西班牙从50年代开始逐渐转变为工商业社会,并且立即收获了经济上的迅猛发展。③

在经济的转型与社会结构的变化下,为了适应新环境,佛朗哥政权对政治架构做了大幅度的改变,以吸引新的精英群体参与到政权中来。④ 政权从封闭式运作逐渐向商业精英开放的标志之一,就是政府

---

① 〔美〕斯坦利·G.佩恩、〔西〕赫苏斯·帕拉西奥斯:《"爱国的"独裁者——佛朗哥传》,李永学译,第316—317页。

② 同上书,第383页。

③ Kerstin Hamann, Civil Society and the Democratic Transition in Spain, *Perspectives on Political Science*, Volume 27, No 3, Summer 1998, pp.135 - 141.

④ John Higley & Richard Gunther edited, *Elites and Democratic Consolidation in Latin America and Southern Europe*, Cambridge: CUP, 1992.

内阁中越来越多的重要位置留给了商界人士,而在立法机构也大量增加了社会精英群体的比例。① 因此,有研究者认为在佛朗哥政权的统治晚期,西班牙的政体已经转变为一种政权主导下的国家公司制(state corporatism)。②

即便经济高速发展与社会控制略微松动,在整体意义上,20世纪70年代中,西班牙的政治权力仍旧为专制型的军人政府所垄断。当1975年佛朗哥死亡之后,西班牙的政治权力实现了平稳过渡,并且很快进入了民选政府阶段。在这个转变中,司法机构如何进行应对,法律在其中起到了何种作用,是本部分内容所要继续解答的问题。

在佛朗哥政权的法律政策与司法导向中,仍旧可以清晰地看到内战与政治高压所留下的痕迹。在内战期间,法外审判与处刑成为了内战人员死亡的主要原因之一。而佛朗哥在掌握军事权力之后,将军事法庭的权力无限扩大,不仅在1936年创设了军事司法最高法庭,在占领马德里之后甚至以陆军占领军军事法庭的方式对首都民众进行无情镇压。③ 尽管随着内战局势的逐渐稳定,军事法庭的判决数量与处刑程度都有了明显下降,但是在内战后长达十年的军事管制期内,大量的司法权力为军事法庭所有,直到1948年才最终结束了军事管制期。④

在内战所带来的阴影与合法性危机的焦虑影响下,佛朗哥政权对特定的法律事件予以了异乎寻常的关注。譬如,因为内战往往被形容成一场阶级战争,所以佛朗哥政权对劳工组织的领导人极为忌惮,任何

---

① Miguel Jerez, Business and Politics in Spain: From Francoism to Democracy, *Working Paper*, n.52, Barcelona 1992.

② Salvador Giner and Enrique Sevilla, Spain after Franco: From Corporatism to Corporatism, in Allan Williams, ed, *Southern Europe Transformed*, London: Harper and Row, 1986, p.130.

③ 〔美〕斯坦利·G.佩恩、〔西〕赫苏斯·帕拉西奥斯:《"爱国的"独裁者——佛朗哥传》,李永学译,第190—191页。

④ 同上书,第192页。

第四章 社会转型中的司法建构——西班牙佛朗哥时期的司法制度

试图组织工人结社或罢工的举动都会受到不成比例的严厉惩罚。① 而为了填补工会被禁止所带来的权力真空,佛朗哥政权在各个行业创建了由国家直接管理的从业者组织,来防范潜在的工会抗争。这种国家对于各行业从业者组织的直接管理,最终演变成为了政府与工商业经营的密切联系。

在50年代的经济转型期,面对越来越多的社会运动,1959年西班牙议会通过了新的《公共秩序法》,在这部法律中,规定了即使行为被裁定为颠覆或者政治破坏,相关案件都应当在普通法院进行诉讼处理。在此之前,这类行为完全由军事法庭管辖。② 司法管辖上的变迁证明了佛朗哥政权有了进一步放松社会控制的意愿,这种意愿应当有基于经济发展所带来的政权自信,也有当时的西班牙社会中抗议行为越来越多,再利用军事法庭进行管辖可能会带来更多不稳定因素的考虑。

以上的司法调整与法律修订,都证明了伴随社会环境的转变,工商界精英与政权进行了合流。但是,在政权内部,包括司法官僚在内的精英官僚群体如何面对政权的移转是非常重要的问题。在核心政治权力发生了转变的前提下,司法官僚重新设定了自己的角色,以适应变化的外在环境。

首先,司法系统在佛朗哥政权之下的主要功能设置就是处理经济事务。在60年代到70年代的经济高速发展期,司法机构的重要性随着诉讼案件数量的急剧增加而不断凸显。尽管佛朗哥政权在政策导向上是不鼓励民众进行诉讼的,但是因为市场的活跃与中产阶级人数的

---

① Salvador Giner, and Enrique Sevilla, Spain after Franco: From Corporatism to Corporatism, in Allan Williams, ed, *Southern Europe Transformed*, p.72.
② 〔美〕斯坦利·G.佩恩、〔西〕赫苏斯·帕拉西奥斯:《"爱国的"独裁者——佛朗哥传》,李永学译,第316页。

急剧膨胀,诉讼案件的数量增长不可避免。① 而各个地区法院案件数量的增长比例与本地工业化的程度成正比,但随之而来的也有对司法机构的解决新式纠纷能力不足的大量抱怨记录。②

随着市场经济的冲击,以及西班牙融入欧洲一体化的进程,司法机构内部的问题被逐渐放大。在法官群体中,原先被固定化的职业空间被大大扩展,由此也带来了多元化发展的可能。在外界的冲击下,司法机构与司法职业群体的重新建构成为一种必然。随着诉讼案件数量的急剧增加以及新的案件类型对司法技术的挑战,原先老旧保守的法律体系显然已经无法跟上社会发展的脚步,而作为自由职业的律师群体在司法运作上的重要性必然会增加。③ 在外来投资与经济活动增加的环境下,初来乍到西班牙的外国人在面对法律问题时都会首先寻找律师进行咨询。因此,原先以法官为主的司法机制彻底改变,这也证明了在内部结构不变的情况下,仅外来法律文化的冲击,也会影响甚至改造一国的司法运行模式。④

在不断进行改革的政府内部,基于社会的需求,法律专业人士所占的比例也在不断增加。在胡安·林茨(Juan Linz)对西班牙政府内阁成员中具有法律背景的人数比例的调查中,发现在内战前仅仅存活了 5 年的第二共和国,大约有 56% 的内阁成员有法律专业的培训经历,而在存

---

① J.Toharia,The Spanish Judiciary:A Sociological Study.Justice in a Civil Law Country Undergoing Social Change Under an Authoritarian Regime,Dissertation,Yale University,1974,p.465.

② Ibid.,p.494.

③ Carl F.Pinkele,The Interaction between the Legal System and Political Change in Francoist Spain,*International Political Science Review*,Vol.13,No.3,Courts,Judges,and Political Change.Tribunaux,juges,et changement politique(Jul.1992),p.297.

④ J.Schmidhauser,The Circulation of Judicial Elites:A Comparative and Longitudinal Perspective,in *Does Who Governs Matter? Elite Circulation in Contemporary Societies*,(M.Czudnowski,ed.),DeKalb,IL:Northern Illinois University Press,p.38.

续了40年的佛朗哥政权中,相应的比例达到了42%。① 考虑到佛朗哥政权期间法官群体的封闭性,以及工商业精英在政权内部的活跃程度,很有可能在如此高比例的法律专业人士中有着比重较高的职业律师。

法律职业群体在社会中的影响不断增加,还体现在60年代之后,虽然参加法官考试的人数大大降低,但是与此同时,选择法律作为大学专业的学生数量并没有减少。这也就意味着在司法机构之外的各个社会部门,越来越多的法学毕业生参与到了新社会的塑造过程中。在司法机制无法产生巨变的情况下,更具灵活性的律师群体占据了风气之先,成为了改变法律职业生态、促进社会转型的重要力量。②

律师的作用不仅体现在其专业技能与政府参与程度上,律师的政治理念带有明显的职业特征,根据西班牙在1970年的一项社会调查,在各个社会群体中,律师与大学生对政治参与的热情最为高涨。③ 后佛朗哥时期的权力更迭,恰好为蓄势待发的律师群体提供了大量的机会。

在司法权力被政权用各种方式予以限制的西班牙,随着市场经济的到来与社会结构的转变,律师群体作为新生力量填充了新经济秩序与政治权力所带来的空间,促成了西班牙的社会转型。在西班牙旅游业日渐兴盛、欧洲一体化进程不断深化以及国家贸易日渐增长的背景下,负责经济的技术官僚群体以及在私有领域和国有公共领域精通国际法律与本地司法的法律专业人士,共同促成了经济与政治秩序的转变。佛朗哥政权的司法天幕并非完美,基于控制司法机构以及限制法

---

① J.Linz,An Authoritarian Regime:Spain,*in Politics and Society in Twentieth Century Spain* (S.Payne,ed.),New York:New Viewpoints,1976.p.192.

② Carl F.Pinkele,The Interaction between the Legal System and Political Change in Francoist Spain,*International Political Science Review*,Vol.13,No.3,Courts,Judges,and Political Change.Tribunaux,juges,et changement politique(Jul.1992),p.298.

③ De Miguel,A.Spanish Political Attitudes,1970,in *Politics and Society in Twentieth Century Spain*,(S.Payne ed.),New York:New Viewpoints,1976,p.216.

官权力所打造的机制,并没有针对司法活动中最具自由程度的律师群体做出预防性的设置。

二、独特的西班牙司法转变

在理解西班牙司法制度与司法职业群体的独特命运之后,可以得出如下结论:其一,司法机构的整体性保留会为社会的转型提供极大的便利,现代司法的精要之处不仅仅在于其制度意义上的独立,也在于其教育、培训、选拔、晋升等一系列机制上的独立自主。即使政权以专制的方式压制了司法机构的权力范畴,只要在整体上保留了司法机构的基本框架,那么随着时代的发展与外部环境的变化,司法机制一旦获得扩展的空间,就能以专业技术的方式对社会的进步与秩序的转型做出独特的贡献。

其二,专制政权上台之前的旧有司法模式极为重要,在典型的军人政权下,因为军人缺乏施行统治所必须的专业技能,所以必然会寻求与技术官僚的合作利用关系。作为广义上技术官僚群体的一部分,法官能够以自身的专业性技能为政权服务而不至于被全盘取代,由此来确保司法的基本形态与权力空间。一般而言,军人政权并无能力全盘打造出新的政府框架,对于前政权所遗留下来的政府机构需要予以保留并尊重,由此带来了对旧政权司法模式的路径依赖。从佛朗哥政权的作为来看,在获取具体的经济利益目标之前,政权对于司法机构一直采用的是极为严格的限制措施,但恰恰因为司法机构延续了第二共和国时期的现代化框架样本,方有能力在压迫之下保持相对的独立自主性,也为后续的司法权力扩张提供了坚实的基础。

其三,司法权力的弱势性与消极性是其得以在佛朗哥政权下获得生存空间的重要原因。相比于行政权、立法权等可以体系性地主动干预社会生活的权力,司法权只能被动地通过诉讼的方式予以启动,且在权力行使时采用的是一案一理的处理手段,对社会生活所产生的影响相对有限。正是这种弱势性与有限性，使得施行高压统治三十多年的佛朗哥政权能够包容司法权力的存在而不予以过多干涉，兼之政府手中拥有的行政与立法权能够为其打造出直属于自身的特别法庭机制，能够有效地绕开司法机构，让司法机构无法干涉。在这种弱势的平衡中，司法权得到了系统的生存空间与保留余地。

其四，佛朗哥政权的案例有其特殊之处，在"二战"后欧洲经济重建、经济全球化开启的时代，佛朗哥政权以追逐实利的目标开启了市场经济改革。在成功完成了经济形态转变之后，社会对司法有了更多的需求，法律职业群体也在新的社会经济条件下被催生壮大，成为了重要的社会治理与政治参与力量。这种案例的存在需要长期稳定的政权，以及良好的外界环境的保障。但对于大多数军人政权来说，这一前提条件可谓特例。

西班牙的案例有着极为典型的意义，在军人颠覆共和政府之后，原先建基于共和政体之内的司法制度却得到了完整的保留。对于佛朗哥政权来说，司法制度的存在不仅能够促使其实现对于社会的管理功能，其被动干预的特征也较易于把控。通过军事法庭管辖权的扩张解释，以及不断建立特别法庭的方式对于社会事务进行管辖，佛朗哥政权完全可以实现以司法手段掌控社会秩序的目标。特别法庭与普通司法机构的分割却保留了西班牙的职业化司法阶层，并随着经济的发展与社会的转型，进一步壮大了法律职业阶层。相对于为军人所直接把控的司法部门，一般意义上的司法机构与法律职业群体，在法律理念上仍然是按照共和国时期的既定路线与全球秩序影响下的法律教育轨迹所运行。

佛朗哥政权对司法机构采用的分而治之策略，恰恰为其后的社会转型保留了适格的司法机构与法律职业人员。尽管佛朗哥政权的道德合法性不应基于统治的绩效而予以肯定，但其对司法机构的有限度保留，确实为后世的西班牙社会转型提供了相当程度的便利条件与制度层面的铺垫。

第五章　国体的转型
——土耳其的司法建构与改革

对土耳其案例考察的时间段将集中在20世纪上半叶,此时的土耳其法律改革存在诸多特殊之处:首先,新生的土耳其共和国继承了奥斯曼帝国的衣钵,在丧失了大部分旧有属地的境况下仍需要处理古老帝国留下的错综复杂问题;其次,共和国与帝国的差异决定了世俗政权需要处理帝国领地内的宗教遗存。因此,在新创国家的同时如何面对旧政权的司法遗产,如何构建新国家的立法框架与司法机制,是本章所要探讨的主要问题。此外,现代法律的理性主义形式如何将传统的问题以科学化的方式进行处理,也是法学理论领域经久不衰的命题。① 身处近东的土耳其是第一个大规模推行世俗化的伊斯兰教国家,在20世纪直至现今的历史进程中,如何在宗教社会推行世俗化,现代法律如何适用于转型期的宗教社会,已经成为更具现实意义的策论性议题。因此,土耳其的案例研究,也可以作为在传统社会推行世俗化司法机制的典型。

---

① Calvin Woodard, The Limits of Legal Realism: An Historical Perspective, *Virginia Law Review*, Vol.54, No.4, 1968, pp.689 – 739.

第一节　旧帝国的法律症结

一、旧帝国制度下的混合型司法

位于小亚细亚半岛的土耳其共和国,是奥斯曼帝国瓦解后,在帝国的核心区域所新创的民族国家。尽管在领土与人口构成意义上,土耳其只是继承了奥斯曼帝国的部分遗产,但是在法律制度的演进与社会结构的基础层面,奥斯曼帝国的遗留影响可谓重大。土耳其所在的小亚细亚半岛,恰恰是奥斯曼帝国的核心统治区域,因此,奥斯曼的旧制度留存与既有社会结构,是新生的土耳其共和国所无法回避的重要问题。

对于奥斯曼帝国而言,内核与外延高度同一化的以领土疆界为界限,对境内的国民采用平等化的法律地位进行治理的近代民族国家模式并不适用。地处欧亚非交界的奥斯曼帝国,既无稳定边界,亦无主权概念,在统治范围与方式上存在很大的模糊空间,而作为其治理工具的法律,也透射出多元化色彩。在历史传统层面,商业与移民频密的地中海沿岸有着悠久的法律自治传统,这种传统不仅出现在基督教区域,也同样为阿拉伯人所沿袭。[1] 当奥斯曼帝国征服地中海东岸并将其作为统治的核心地域时,保留阿拉伯人所遗留的传统,不仅能带来统治的便利,也有助于维系原有的商业运行机制。[2]

在法律适用层面,皈依伊斯兰教的土耳其人,沿袭了伊斯兰教法中关于宗教法只能适用于穆斯林以及涉及穆斯林的案件,但不能适用于异教徒之间的法律争端的规定,除非异教徒自愿接受伊斯兰教法的审

---

[1] Alex de Militiz, *Maunel des Consuls*, Part I, II, 1837, p.500.

[2] Nasim Sousa, *The Capitulatory Regime of Turkey, Its History, Origin, and Nature*, Johns Hopkins Press, 1933, p.36.

判,否则无法将伊斯兰法进行扩大化的适用。由此,造成了多民族、多宗教的奥斯曼帝国在法律管辖上的巨大真空。① 对于不信任伊斯兰教的非穆斯林的管制问题,奥斯曼帝国采取了与之前的阿拉伯人相近的措施,允许非穆斯林依据自身所信仰的宗教来处理内部的法律争端与社会问题。尽管奥斯曼帝国的统治者们并非此种法律自治模式的发明者,但是他们将其系统化与制度化。允许境内的非穆斯林依其旧俗与习惯法自治,成为奥斯曼帝国解决法律管辖症结的自然选择。

在统治理念层面,奥斯曼帝国所具备的古典帝国框架,决定了其管制方式的弹性化。与民族国家边界清晰、整齐划一的管辖范围不同,帝国并非简单意义上疆域辽阔的大国,而是由核心统治区域与附属区域构建起来的、边界不断变动的多元化统治主体。② 帝国所长期推行的"米勒特"(Millet)制度,即让占人口多数的非穆斯林族群各依自身习俗与旧法自治,③在米勒特的社区内部,建立起了包括教育、宗教、社会救助、慈善与司法等诸多职能的社会机构。④ 奥斯曼帝国的统治者并未消灭各个族群之间的差异,相反将这种差异融入自身的政治系统中。⑤ 米勒特的制度涵盖了东正教徒、犹太人群体与亚美尼亚人的社区,除了这些大规模的异教徒之外,其他诸如亚述人、天主教徒等帝国境内的少数群体也获得了相同的自治权力。⑥ 因此,在奥斯曼帝国统治者的认知中,法律上的自治权不仅是因袭旧俗,也是宗教结构与帝国体制所决定的。

---

① Nasim Sousa, *The Capitulatory Regime of Turkey, Its History, Origin, and Nature*, Johns Hopkins Press, 1933, p.36.
② 〔美〕克里尚·库马尔:《千年帝国史》,石烁译,中信出版集团2019年版,第14页。
③ 同上书,第98页。
④ 〔英〕塞缪尔·E.芬纳:《统治史》(第三卷),马百亮译,第143页。
⑤ 〔美〕克里尚·库马尔:《千年帝国史》,石烁译,第73页。
⑥ 〔英〕塞缪尔·E.芬纳:《统治史》(第三卷),马百亮译,第143页。

第五章　国体的转型——土耳其的司法建构与改革

由是,在多元化治理作为历史惯性与理性选择的奥斯曼帝国,现代法律的一元化框架并不具备先天土壤,法律体系的自治倾向成为奥斯曼帝国的必然路径。多元化的治理体系之外,即便在伊斯兰教法的运用执行上,也存在着多元性的渊源。对于奥斯曼帝国最高统治者苏丹而言,伊斯兰教法是超越于世俗政权之上的法律规定,而苏丹所能颁行的律令被称为"卡农"(cannon),不得违背伊斯兰教法的基本原则与通行条款。因此,即便在穆斯林所适用的法律层面,也存在着二元化的体系,世俗政权的立法与司法权限需要受到宗教权的制约。[1] 多元化与竞争化的法律机制,成为了奥斯曼帝国法律框架的底色。

多元的法律渊源,却没有造就出多元的司法机制,在奥斯曼帝国,卡迪法庭不仅执行伊斯兰教法,也执行了苏丹所指定的卡农法。从苏丹到各地的总督与警察长官,再到基层的卡迪法庭,在奥斯曼帝国内部的司法系统,可谓井然有序,成为了一套统一的司法等级制度。[2]

在奥斯曼帝国时期,与日本德川幕府时代类似,如何打破旧有的封建体制与社会结构,依照西方的民族国家模式建立一个强大的国家,是统治者所需要解决的问题。奥斯曼帝国的最高统治者苏丹也尝试过重新整合帝国,试图加强中央政府的权力,但改革的基本方案仍旧是振兴旧的政治秩序而非新创现代政治秩序,通过旧传统的复兴来解决新时代的难题,显然无法达成有效的成果。包括巴尔干半岛在内的帝国边缘地区,因自治而带来的地方分化问题,随着19世纪欧陆民族主义的思潮不断传播,已经成为了帝国的主要内患。

在马哈茂德二世(Mahmud II)统治时期,一度确立了将权力集中到君主手中的基本政策。被西方称为"奥斯曼帝国的彼得大帝"的马哈

---

[1] 〔英〕塞缪尔·E.芬纳:《统治史》(第三卷),马百亮译,第144页。
[2] 同上书,第148页。

茂德,在改革中的主要措施之一就是致力于铲除在首都与地方的权力中介机构,在他的宏观愿景中,所有源于世袭、传统、习惯或是地方人士的权力都将被压制,在帝国之内,唯有君权才是权威的唯一来源。① 只不过在内忧外患的境地下,已经沦为"西亚病夫"的奥斯曼帝国并没有现实能力完成中央集权化的目标。

二、新政中的法律革新

马哈茂德二世之后,新苏丹阿卜杜勒·迈吉德一世(Abdülmecid I)在1839年开始了著名的新政改革(Tanzimat,又称坦志迈特改革),但这场改革的结果之一,是导致了反对派"奥斯曼青年党"(The Young Ottomans)的诞生。奥斯曼青年党创设于巴黎,其领袖纳米克·基马尔(Namık Kemal)以孟德斯鸠式的愿景为蓝图,希望将奥斯曼改造成为宪法体制所主导的现代国家。吊诡之处在于,在基马尔的改革方案中,由于找不到任何可以抗衡苏丹的现代化因素,转向求诸伊斯兰教传统,希望通过提升伊斯兰教地位的方式来限制世俗的君主。② 这种看似南辕北辙的方案也是中东国家百余年来现代化改革的缩影,19世纪的奥斯曼青年党故事,也不断在20世纪乃至21世纪的历史进程中重演,而其社会根源大抵接近,在解决政府治理问题的过程中,需要动员社会资源进行政治机制的全面改革,而可供动员的庞大资源在于传统宗教而非现代社会,于是改革者们的革新目标往往会落入宗教社会的陷阱之中,现代法律在宗教化社会中的命运,大抵如此。

19世纪欧洲的法典编纂运动达到顶峰,而此时的奥斯曼帝国已经明显走向衰落。作为欧洲世界的近距离观察者,奥斯曼帝国的历代苏

---

① 〔美〕塞缪尔·P.亨廷顿:《变化社会中的政治秩序》,王冠华、刘为等译,第129页。
② 同上书,第133页。

丹均期待按照欧洲的样板对国家进行重新塑造,以提升奥斯曼帝国的治理能力与发展水平。在阿卜杜勒·迈吉德一世的统治时期,就开始颁布欧洲式的新法令,以图在不论民族或宗教轩轾的前提下,为奥斯曼帝国的臣民提供平等的人身与财产保障。① 同时期欧洲国家的法律在学说与法典化进程不断加快,为体系化的移植继受提供了技术条件与学说基础。在1856年之后的改革中,奥斯曼政府对司法系统以及立法体系进行了通盘改革,在刑法、商法、民事诉讼、合同法与侵权法等领域颁布了程序法与实体法,但在家庭法的领域,宗教法庭仍然是不容挑战的管辖权主体。②

与立法革新所配套的,是在司法领域建立欧陆式法院的尝试,奥斯曼帝国第一次建立了过往在伊斯兰社会并不存在的世俗法院体系。基于理性的西方式司法理念正式被引入了奥斯曼的社会体系之中。于是在奥斯曼帝国的法律机构中,除了多元化的法律自治模式之外,帝国直辖的司法机构也出现了二元化的趋向,宗教法院与混合法院的并行不悖,让接受了欧陆法律体系的新创司法机制显得混杂凌乱。移植而来的异域制度,很难适应古老帝国的社会情况。

新政改革结束了宗教法的垄断地位,开启了两种完全不同的法律体系共存的历史。但在严格意义上,这场以欧洲为样本的模仿却注定失败。其原因颇为明晰,奥斯曼帝国成立的前提是帝国内部的臣民具有身份等级上的差异,正是由于等级上的差别所带来的权利义务体系,构成了社会规范体系的主要内容,法律在身份等级社会中的作用就显得极为有限。而欧洲国家的法律是民族国家的社会规范体系,民族国家以国民的平等为基础构建而成,法律调整的是理论意义上地位平等的

---

① Herbert J.Liebesny,Impact of Western Law in the Countries of the Near East,*The George Washington Law Review*,Vol.22,Dec. 1953,No. 2,p.130.

② Ibid.,p.131.

国民之间的社会关系。因此,即便奥斯曼帝国以近水楼台的优势能够近距离观察、接触并吸收欧洲法典化运动与司法改良的成果,其固有的社会框架也决定了新式的社会规范与裁判机制在古老的帝国土壤中缺乏生命力。换言之,现代法律的框架需要社会结构的支撑,在帝国的政治与社会制度之下,除非彻底颠覆帝国旧体制,否则强令推行的现代法律只能沦为表层的装点。

作为最早学习西方式法律的后发国家,在奥斯曼帝国所兼行的新旧法律之间,不仅是法律文本与条文的优劣竞争问题,而且是统治理念、社会价值体系的混杂。随着政治权力的不断移转,法律的变革实际上成为了象征性的标尺而非现实的社会变化产物。以宪法为例,1876年,奥斯曼青年党曾经成功推翻了苏丹并且迫使继任者颁行了一部以1831年比利时宪法为模版的宪法文件,但仅仅一年之后,新的苏丹阿卜杜勒·哈米德二世(Abdülhamid II)就解散了议会并重新建立起容纳了改革因素的专制政权。[①] 在权力斗争不断的新政体系下,很难想象一个稳定的现代法律体系能够被持续性地建构出来并发挥实效。

新政改革的目标,是效仿欧洲国家建立资本主义秩序与官僚制度,在奥斯曼帝国内部重新整合的过程中,社会与政治结构的桎梏限制了新制度的生长。尽管存在内在性的社会变动,以及外在的帝国主义压力,但这两种变化性因素并没有在奥斯曼帝国的政权内部形成推动彻底变革的合力。在传统与新生力量的斗争中,不仅有苏丹政权与西方国家的明争暗斗,也存在着新生社会阶层与传统政治特权的争夺,更重要的是,在民间拥有巨大组织动员能力的宗教势力,并没有在新环境下产生本质性的松动。曾经被视为保守主义代表的苏丹,已经逐渐开明化,愿意接受外来事物,但是面对宗教社会的庞大力量与安于现状的政

[①] 〔美〕塞缪尔·P.亨廷顿:《变化社会中的政治秩序》,王冠华、刘为等译,第133页。

治特权阶层,政治制度的改革在整体意义上仍然显得举步维艰。

新政改革并非全无成绩,1858年《土地法》的修订,实现了将国有土地转交给个人所有的目的。而伴随着欧洲式的法典与司法体系对社会的优先规范作用,以及政府所倡导的相对自由的经济政策,奥斯曼帝国内部也催生出了有限的资本主义与中产阶级。中产阶层的基础不在于商业或工业,而在于土地所有权。中产阶级的出现与社会的逐渐开放,提供了培育非官僚体系下知识阶层的温床,也为国家的转型提供了基础。

在试图建立现代的行政国家体系的过程中,奥斯曼帝国的统治者也意识到了政治上的忠诚是建立现代国家的必要条件,于是效仿西方式的理念,以公民与国家之间的权利义务关系来构建国民认同。但是,西方式的现代国家是以单一民族作为主体进行构建的,在多元化、多宗教的奥斯曼帝国之内,此种方式不仅无法有效催生出国民对于国家的忠诚,反而加强了信仰基督教民族的独立倾向。但在土耳其的穆斯林群体中,这种政策构建出了以穆斯林为主体的土耳其知识分子群体与民族主义意识形态。奥斯曼式的民族主义未能达成,以民族划分为基础的各式民族主义反而在帝国内部逐渐扩大了影响。[1] 西方式的民族主义,不仅未能强化奥斯曼帝国的统治效能,反而以民族主义动员的效果强化了帝国内部的分离倾向。

新政时期的奥斯曼青年党崛起,成为现代化的民间先驱。该组织试图在宗教社会的政治传统与奥斯曼政府机构的基本框架内,为创设出中央集权式的政府机构提供思路与方法。作为接受了新兴教育、受西方理念影响深厚的群体,奥斯曼青年党对于通过现代化的理念改造王权政治,引入宪法秩序与民意立法机构颇为热衷。[2] 奥斯曼青年党

---

[1] Kemal H.Karpat, The Transformation of the Ottoman State, 1789 – 1908, *International Journal of Middle East Studies*, 3(1972), p.254.

[2] Ibid., p.262.

影响最为深远的理念,是以国家认同的方式,为奥斯曼帝国的臣民创造一个新的身份,即"土耳其人"。在新的身份形式下,宗教、种族与地域的划分将不复存在,国家与个人之间将建立起更加紧密的价值与身份认同。[1] 而国家的未来生存最大的危险,是以治外法权为代表的外来侵略、欧洲国家的干涉,以及本土官僚与地主阶层的腐化堕落。在民族主义思潮的指引下,对外反抗侵略,对内重新整合社会结构,成为奥斯曼青年党的基本政治理念。

奥斯曼帝国的难题并没有随着帝国的瓦解而消逝,20世纪上半叶,在中东地区,新独立的民族国家大多是奥斯曼帝国的旧属地,也遗留了奥斯曼帝国的难题。相比奥斯曼帝国将世俗权力与宗教权力二元化的处理方法,中东地区的不少国家反而落入了宗教社会的窠臼。[2] 而作为帝国的核心区域,土耳其共和国的建立势必面对重重困难。但无论如何,新政的法律改革与社会变动,已经为社会转型提供了一定的基础,而奥斯曼青年党的理念,使得"祖国"的概念、政治身份的认同、国家的基本理念已经在奥斯曼帝国的核心区域具备相当的基础。

第二节　新共和的法律愿景与实践

一、新创共和的蓝图

在19世纪末奥斯曼帝国的统治危机中,奥斯曼青年党在奥斯曼建立现代国家的理念并未有机会付诸实践,而随着民族主义情绪的逐渐升温,新的政治团体青年土耳其党(The Young Turks)于1889年成

---

[1] Kemal H.Karpat,The Transformation of the Ottoman State,1789 - 1908,International Journal of Middle East Studies,3(1972),p.263.

[2] Herbert J.Liebesny,Impact of Western Law in the Countries of the Near East,p.134.

立。在成立之初,青年土耳其党是以争取自由、恢复 1876 年宪法为目标的秘密团体,但其理念已经从奥斯曼民族主义转向了土耳其民族主义。青年土耳其党的政治动员方式,是希望将土耳其从身份认同转化为政治认同,进而在此基础上建设现代国家。① 在 1908 年到 1909 年的革命中,青年土耳其党人以军事政变的方式废黜了奥斯曼苏丹,在实质上接管了奥斯曼帝国的政权。在执政期间,青年土耳其党以世俗化与西方化的方式对社会进行改造,最终为 1923 年土耳其共和国的建立创造了条件。尽管新共和国的执政者已经从青年土耳其党人转变为了土耳其国民运动,但两者之间有着高度的理念延续关系,而奥斯曼帝国的遗留问题,也最终留给了土耳其共和国予以调处。

作为土耳其共和国的创立者,穆斯塔法·凯末尔在共和国建立的初期并没有采用推倒重来的全盘改革方案,而是采用了费边式战略,以技术性的改革逐步为改革愿景提供支撑。彼时的土耳其共和国面对着多重性的问题:在民族问题上,原先多民族共存的奥斯曼帝国已经瓦解,但在土耳其共和国的领土上,仍然存在着尖锐的民族矛盾与宗教纠纷;在国体问题上,已经用共和国的形式作为建国方略,原有帝国的世袭特权阶层无法予以保留,而现代化世俗政治的展开需要以国民平等作为基础,因此如何将政治权利平等化,如何弥合不同宗教、不同族群之间的权利差异以动员其参与到共和国的政治生活中,是极为严峻的挑战;在社会与文化经济层面,世俗化国家的模型已经建立,如何使已然习惯了等级制度、族群政治、宗教阶层的国民群体增加国家认同,服从于新型政府的管理,亦是亟需解决的问题。②

在凯末尔的改革策略中,他并不指望通过一次性的全盘变革解决

---

① Kemal H. Karpat, The Transformation of the Ottoman State, 1789 – 1908, p.280.
② 〔美〕塞缪尔·P.亨廷顿:《变化社会中的政治秩序》,王冠华、刘为等译,第 290 页。

国家与社会中存在的种种痼疾。相反,他采取了相当耐心的措施,将建设现代国家的任务分解,循序渐进地将其逐步消化。凯末尔的任务清单中,居于最优先级别的是如何处理民族共同体以及国家的边界问题,在以西方为样板的民族国家模式确立之后,则着手国家制度的构建。于是在凯末尔的改革方案中,实现现代化的进程按照"实现国家统一——巩固政权权威——促进国民平等"的顺序渐次展开。[①]

而奥斯曼帝国的瓦解,恰恰为凯末尔改革的顺利推行提供了前提条件。复杂的多元民族所构成的庞大帝国,是奥斯曼时期无法推进现代国家建设的关键性因素。而帝国的瓦解与大部分领土的丧失,让帝国的核心区域小亚细亚半岛具备了建立一个相对统一的民族国家的基础条件。原先在多元化、等级化的帝国中无法适用的现代法律,被适用在一块重新界定过的土地上,在新的国家版图内,领土范围内的主体民族已然明晰,初步具备了适用于欧洲民族国家所构建而出的现代法律的条件。但另一层面,面对帝国内部的封建特权阶层与宗教权力架构,平等的公民关系尚且无从实现。欲要推进改革,就必须改变国内的社会阶层与权力分布。

在针对奥斯曼帝国苏丹制度的解决方案上,凯末尔做了巧妙的分类,将建立民族国家的斗争与反对苏丹政体的斗争进行了切割。在他的论述中,民族主义运动的目标并不是针对苏丹本人,而是要将苏丹从英法势力的控制下解救出来。凯末尔从不攻击苏丹本人,但将矛头指向了苏丹周边的大臣,指责他们为外国势力代言,破坏奥斯曼帝国的国家利益。[②] 通过这样的方式,凯末尔以民族主义诉求来动员社会舆论与力量,以解决旧的政体问题。在苏丹制度被废除之后,国家主权的形

[①] 〔美〕塞缪尔·P.亨廷顿:《变化社会中的政治秩序》,王冠华、刘为等译,第290页。
[②] 同上书,第291页。

式被移转到国民议会,由此完成了政治上重建国家的工作。为了与旧政权的各个利益团体拉开距离,凯末尔甚至放弃了数百年来一直是帝国首都的伊斯坦布尔,而选择了小亚细亚半岛中心地区的小城市安卡拉作为首都。[1] 在一系列精心的安排下,传统帝国的政治制度为共和国的政治机构所取代,凯末尔所领导的民族主义政党也获得了绝对意义上的政治权力。

凯末尔改革理念的最终目标,是在奥斯曼帝国的旧墟上建立一个与过往毫无关系的"文明"社会。而这个"文明"的概念,是欧洲国家在塑造19世纪政治共同体的过程当中创设的,并进一步成为了构建国际法关系的核心概念。[2] 在"文明"概念的指引下,以"文明""半开化"与"野蛮"的分类,作为衡量世界其他国家是否可以跻身国际法秩序的标准,唯有进入"文明"序列的国家,方可被纳入国际法体系平等相待。[3] 对于有着近代以来屈辱历史记忆的土耳其人来说,对西方模式的追求是实现现代化的唯一途径,西方化与现代化并无本质差别。而西化意味着在社会、文化、价值观与政治层面的全面改变,因此,对于凯末尔政权来说,"文明"化进程是对社会心态、生活方式乃至世界观进行彻底改变的一场社会革命。[4] 而在此过程中,传统宗教社会的政治与社会特征势必被抛弃。在新旧交替的历史阶段,民族主义与世俗主义将取代宗教社会,成为新社会的价值基础。因此,通过语言与文化层面的改革,构建出新的民族意识,是宗教社会消退之后的必然填充手段。在新

---

[1] 〔美〕塞缪尔·P.亨廷顿:《变化社会中的政治秩序》,王冠华、刘为等译,第292页。
[2] 〔德〕巴多·法斯本德、安妮·彼得斯主编:《牛津国际法史手册》,李明倩、刘俊、王伟臣译,第911页。
[3] 尽管"文明论"出现在18世纪,但是直到19世纪下半叶,才成为国际法的主流话语。同上书,第911、914页。
[4] Aylin Özman, Law, Ideology and Modernization in Turkey: Kemalist Legal Reforms in Perspective, *Social & Legal Studies*, 2010, 19, p.71.

共和国成立之后,一系列的改革措施就被颁布,以图建立一个与宗教历史传统相分离的新国家,这些措施包括了关闭宗教学校,禁止穿戴奥斯曼式传统头巾,采用罗马字母创立新文字,提高妇女地位以及取消国家性的宗教机制,等等。

在新国家的构建过程中,法律与司法层面的改革显得尤为重要,因为这是主导现代化的精英们在构建西方化与世俗化的社会机制过程中最关键的工具之一。在共和国的领导精英看来,只有凭借法律的力量,才能实现自上而下的全面改革。在宏大的改革愿景中,法律势必将实现世俗化的目标,通过世俗化的法律革新重塑社会,将民众从臣民与教民的身份中解放出来,成为平等的共和国新公民,进而实现民族国家的实质性构建。因此,尽管法律在土耳其的社会改革中扮演的是工具化角色,但却是极为关键的改革手段。

二、法律革新与司法重组

在凯末尔宏大的社会系统工程中,法律与司法层面的革新措施从来不是社会发展水到渠成的产物,而是以现代化的世俗社会取代传统社会,从而建立并巩固新共和国的手段。土耳其的法律现代化经验中,并没有强调法律所应当具备的公正、理性等价值,也没有将人民主权理念作为改革的基本精神。在19世纪下半叶滥觞的法律实证主义成为土耳其法律改革中的核心理论支撑,制定法律的最终权力属于立法者,权力在国家机构之间进行划分且不受到民意的直接限制。在形式理性的法律体系下,法律的价值并没有被放置在高位阶予以考虑。凯末尔在法律改革中并没有将发展资本主义列为目标,但是在资本主义体系上生长而出的现代法律形式框架下,集中政令、统一国家与世俗化社会的努力均为资本主义的发展扫平了道路。

在新生的土耳其共和国的法律议题中,本着实证主义的理论,对官方意识形态所塑造出来的"新国家"的维护成为了法律体系的核心。此种新国家并非天然而成抑或逐步演化而来，而是随着共和国的构建搭建起来的大致框架，在具备了预设前提与框架之后，法律作为改造社会的工具而非社会现实的反映，被逐步制定出来。

在土耳其共和国立法改革的起初阶段，法律就被赋予了为政权所追求的目标服务的任务。新政权的立法动机，不仅仅在于取代旧政权的社会规范体系，也在于将法律作为社会改革的手段。在旧制度残余大量留存的现实面前，如何在不招致激烈动荡的情况下循序渐进地实现改造社会的目标，[1]不得不成为立法者的主要考量。从民族国家建构角度来看，编纂新法无疑为执政者提供了以新社会规范重新规训国民的契机，[2]经由这一过程，新生国家合法性得以确立，民族国家之建构得以完善。[3] 而从立法进程中所呈现出的法典形态，可以辨析出投射于其中的统治精英之基本认识和意识，并可体察到社会习惯与新纂法典相互作用的具体历程。[4]

在立法改革上，凯末尔政权所做的首要工作是将法律世俗化，在1924年三月，凯末尔宣布废除了通行数百年的沙里亚法（Shari'a Law），而将瑞士在1912年颁布的《瑞士民法典》作为基本样本，并在1926年十月正式颁行了民法典。这部民法典的特色在于，其内容不仅

---

[1] See Stephen Jacobson, Law and Nationalism in Nineteenth-Century Europe: The Case of Catalonia in Comparative Perspective, *Law and History Review*, Vol.20, Issue 2, July 2002, pp.307 – 347.

[2] See Peggy A. Rabkin, The Origins of Law Reform: The Social Significance of the Nineteenth-Century Codification Movement and Its Contribution to the Passage of the Early Married Women's Property Acts.24, *Buff.L.Rev.*(1974 – 1975), p.684.

[3] See Maillet, The Historic Significance of French Codification, *Tul.L.Rev.*, Vol.44, 1970.

[4] See Rosalind Thomas, Written in Stone? Liberty, Equality, Orality and the Codification of Law, *Bulletin of the Institute of Classical Studies*, Vol.40, 1995, pp.59 – 74.

包含了欧洲国家民法所常见的合同编与侵权编,也包含了家庭、婚姻与继承方面的内容。凯末尔政权之所以选择《瑞士民法典》作为样本,是因为相较更为知名的《法国民法典》与《德国民法典》,《瑞士民法典》编订的年份更近,含有更多的现代法律理念,而且行文简练、条理清楚。①

民法典的路径选择几乎是土耳其立法改革的一个缩影,即寻找最为先进、最为发达的立法样本,并在翻译之后略加修改,快速通过立法流程并予以颁行。在1926年,《土耳其刑法典》被制定颁布出来,其原有的架构是依照《法国刑法典》的模式而来,随后又因新颁布的《意大利刑法典》的影响,做了相当幅度的调整。土耳其政府与过往做切割的决心可谓昭然,以《土耳其民法典》第一条为例,该条文对《瑞士民法典》的原文做了改动。《瑞士民法典》的原文是"法官在法无明文规定的情况下,可以根据习惯进行裁判,在习惯没有相应规定的情况下,可以依据为社会所认可的原则或传统进行裁判",而土耳其的立法者明显认为援引"传统"进行裁判会导致旧制度的复活,因此将相应的表述改成了"依据为社会所认可的学术研究与司法判决进行裁判"。②

在对欧洲的现代化法律体系进行吸收的策略上,相比19世纪时期以法国法律为主要学习对象的策略,土耳其共和国接纳吸收了多国体系的法律文本,但大体上仍旧停留在大陆法系的领域内学习。当然,20世纪的欧洲法律发展已经与19世纪不可同日而语,经历了19世纪法典化运动的欧洲,已经不再只有一部《法国民法典》可以学习,意大利、瑞士以及德国都在19世纪完成了国家的统一,在立法过程中也糅合入更多的先进学说。于是,在土耳其的法律编订运动中,《民事诉讼法典》按照1925年《瑞士民事诉讼法》的文本翻译改编而成,《刑事诉讼法》依

---

① Herbert J. Liebesny, Impact of Western Law in the Countries of the Near East, p.135.
② Ibid.

照德国的对应法律编纂而出。在《破产法》的制定上,同样模仿了瑞士。而土耳其政府在立法时的技术性处理却与奥斯曼帝国时期颇为接近,对于舶来的法典只做些许修改即改头换面予以颁行,放弃了重新梳理法律学说、调查社会情况以制定符合国情的法典的机会。① 如果说主要法典的制定过程显得仓促而草率,单行法规的立法过程则显得更加简单直接。以文字出版法律为例,1928年11月1日立法机关方才通过了关于土耳其新字母的法律规定,在1929年1月1日起即要求开始执行,缺乏必要的过渡期。尽管立法过程仓促,但至少可以看出土耳其政府利用法律改造社会的决心。

在大规模引介西方式法律的基础上,土耳其的法典体系被建立起来,但却显得庞杂而体系混乱。在实用主义主导下,通过简单化的法律移植,土耳其的立法体系被迅速框定,问题是欧洲化的法律体系如何在土耳其的社会中发挥作用。立法活动可以脱离社会现状而进行前瞻性的指引,执行法律的司法系统如何面对纷繁复杂的社会现实才是更大的挑战。

在现实效果层面,自上而下型的法律改革路径并没有直接改造社会,新颁行的法典因其脱离社会现实而少有被践行。以《土耳其民法典》为例,因其大致照搬了1912年《瑞士民法典》的内容,导致与土耳其社会情况脱节的大量条文被原封不动地移植。1955年,当《土耳其民法典》付诸实践近三十年后,在一项针对司法判决书的调查中发现,在民法典总计937条条文中,仅仅有335条被司法机关真正作为判决依据援引过。② 换言之,在社会文化背景不同的境况下,移植而来的《瑞士民法典》在本土的效果可谓不佳,约有三分之二的法条内容没有在社

---

① Herbert J.Liebesny,Impact of Western Law in the Countries of the Near East,p.136.
② Dora Gildewell Nadolski,Ottoman and Secular Civil Law, *Int.J.Middle East Stud*. 8.(1977),p.537.

会生活中起到实际规范的作用。同样,即便在家庭法领域土耳其政府进行了大刀阔斧的改革,但是依赖政治权力的新规范体系终归缺乏社会生活土壤的支撑,形成了新法令浮于表面、旧法令即使被废除之后依旧是相关领域主要规范体系的怪状。① 问题在于,立法机关是由政权主导,而制定出诸多现代因素充分但缺乏国情支撑的法令。而司法机关与政权之间的关系如何,大约会直接影响到司法实践的效果。

三、被改造的法律职业群体

在司法机构的变革上,1924 年所颁布的《司法改革法》废除了宗教法庭,也将因治外法权体系而设置的,对居住在奥斯曼帝国境内的外国人法律案件具有管辖权的混合法庭予以废除。如果说宗教法庭是旧社会势力的代表,那么混合法庭则是帝国主义破坏土耳其司法主权的象征,两者的废除在新的共和国体系下几乎是一种必然。而新司法机构的创立,也延续了奥斯曼帝国时期借鉴学习法国模式的传统。②

在司法机构的大致框架抵定之后,司法人员的培训与任命成为了新司法机制运行的关键性因素。在传统的奥斯曼帝国中,法官群体因在不完备的法律体系中具有解释权而有较大权力,旧法官群体对新共和制度并没有太多认同感,而长期以来形成的宗教认同使得旧法官群体对于立法与司法的巨大变动抱有较深的成见。③

而相形之下,律师群体对新政权的态度则更为复杂。作为新政时期新创的职业群体,律师在诞生之初就是现代化的法律理念与培训教

---

① See Ihsan Yilmaz, Secular Law and the Emergence of Unofficial Turkish Islamic Law, *Middle East Journal*, Vol.56, No.1, Winter 2002, p.127.

② Aylin Özman, Law, Ideology and Modernization in Turkey: Kemalist Legal Reforms in Perspective, p.71.

③ Ibid., p.74.

育所造就的人才,他们天然对现代化的法律与西方式的价值观有着认同。在土耳其的现代化进程中,律师与军官、政府官员以及记者一道,构成了推动社会进步的主要职业群体。因此,凯末尔的改革之于律师无论在现实利益还是观念价值上,都会是正向的。另一方面,律师面对的是一个实行高压式统治、以实用与工具的态度利用法律的政权,政权在现实中的过度干预,很可能挤压律师群体赖以生存的自由空间,进而直接损害律师的基本利益。此外,在政权一味强调民族主义的背景下,律师群体也因其族群分布产生了分裂与对立。以成立于1876年的土耳其最古老的律师协会伊斯坦布尔律师协会为例,在民族主义情绪感染下,原先在帝国时期团结一致的律师协会不复存在,从中单独分立出了希腊律师协会和亚美尼亚律师协会。

　　在共和国的初期,在律师协会中也出现了诸多反对民族主义的成员,对司法界的改革产生了一定的消极影响。因此,即便存在着过往的联系与政见上的牵连,法律职业群体对新政权的效忠仍然是不可靠的。凯末尔就曾说过,因为"过时的法律专业人员"对共和政体的敌意,他们将被视为"共和国政权最大也是最狡猾的敌人,等待着时机去攻击共和国的基本原则"。[①]

　　对旧体制与法律职业群体的不信任,促使凯末尔设立了独立法庭,这一临时性的机构尽管只在1920年到1926年之间运行,其被赋予的使命却带有法国大革命时期革命法庭的踪迹,即通过非常规的司法机构设置来清除政治上的敌人。独立法庭在运作之时并不受其他司法机关制约或领导,而直接向国民议会负责,在主审法官的人员上,也不考虑法律职业群体,而是以效忠共和制度为前提条件,直接从议员中选拔任命。[②]

　　[①] Aylin Özman, Law, Ideology and Modernization in Turkey: Kemalist Legal Reforms in Perspective, p.75.
　　[②] Ibid.

新共和国对司法制度的实用主义倾向,不仅仅表现在临时性创设出的独立法庭上,对于律师的辩护权与审判参与也常常进行干预。虽然新政权没有系统性剥夺律师在案件中的辩护权,但是经常拒绝刑事案件的被告人聘请律师的要求,甚至出现过律师因为给被指控犯有反政府罪的被告人提供辩护,而直接在法庭上遭到拘留的现象。① 可以说,凯末尔政权对司法制度的态度是全面工具化的,司法制度的现代化外观建构是为了符合新政权对"文明"的社会机制的追求,但形式上的现代化结构并没有带来司法独立行使职权、职业化与正当程序原则。本着共和国的名义,司法制度的内在价值不断受到压制与侵害,国家的统一与民族的利益,被列为法律制度的核心价值。1938年所颁行的《土耳其律师法》明显受到了德国模式的影响,旨在实现律师职业的现代化同时,能为国家的发展做出相应的贡献。在德国,法律职业群体承担了作为"德国民众在政治道德方面的教育者与领导者"的角色,凯末尔政权也显然乐见土耳其的法律职业群体能够起到类似的作用。②

凯末尔政权对法律职业群体的管制,无疑有着双重的标准。其一,以共和国的立场而言,他们需要尽忠职守,确保新国家的利益与民族主义在司法实践中得到保障;其二,在专业领域他们需要以脱离宗教理念的专业技术,在新的体制中进行中立性的服务。这种双重要求展现了世俗政权以新的意识形态对现实司法政治的操控,法律职业群体既需要在政治层面服从政权,又需要在专业层面保持独立性与技术化。看似矛盾的两种要求,却在政权的高压之下成为了现实管理的出发点,也对政权的管控水平提出了较高要求。

为了实现精细化的操控,在根本上需要重新改造法律教育体系,于

---

① Aylin Özman, Law, Ideology and Modernization in Turkey: Kemalist Legal Reforms in Perspective, p.76.

② Ibid.

是，在凯末尔政权主导下，土耳其复制了 19 世纪末德国在统一过程中所建立的法律教育模版。欧洲化的法律教育体制与政府的直接干预控制同时出现在了新建的法学教育体系中。一方面，大量的法科学生与政府官员被派往德国、法国等国学习，并在归国后获得司法部门的关键职位；另一方面，忠于政权时时刻刻被用作本土法律教育的首要原则。①

在律师群体的应对上，因为律师职业自由流动的属性与社会根基的深厚，加上土耳其独立战争时期以及共和国初期律师的反民族主义与反对凯末尔的倾向，凯末尔政权对其缺乏基本信任。因此，重组律师群体、重新建立律师协会成为了新政权将律师职业打造成为"国家与民族"服务的新职业的举措。在政权刚刚巩固的 1924 年，《律师法》颁行，该法要求在法令生效后的两个月内，对所有的律师协会成员进行调查，以检查他们是否符合该法令所规定的资格。根据新法令，要成为律师并加入律师协会的前置条件是身为土耳其公民并完成必要的法律培训，如果说以上标准尚且属于客观门槛，新法令又附加了要求律师必须拥有"良好的声誉"，如果被政府判定为"不合格"，则律师资格将被褫夺。"良好的声誉"属于主观判断，而非客观标准，在法令中对"声誉"的判断标准添加了两个特别因素：叛国和违反职业道德。前者是旨在取消从事反对凯末尔政权或者反对民族主义的律师的执业资格，而后者则是宽泛的判断标准，完全有可能被用来作为定点打击的手段。在现实中，律师行业确实遭受了沉重的压制，以伊斯坦布尔律师协会为例，在其原有的 805 名律师成员中，有 374 人在新法颁布后丧失了律师资格。②

原先拥有自治权力与职业门槛认证的律师业，在新法令颁布后已经丧失了自主权限，成为高度依附于政权的社会组织。③ 尽管律师业

---

① Aylin Özman, Law, Ideology and Modernization in Turkey: Kemalist Legal Reforms in Perspective, p.79.
② Ibid.
③ Ibid., p.77.

基于专业主义的立场对政府的法令发表了抗议且一度表现出长期的抗拒态度,在全国最大的律师协会伊斯坦布尔律师协会中,反凯末尔主义者从1920年起连续八年当选为会长,但这种抗议在政权的高压手段与决心面前注定无法长久,在部分政府官员眼中,律师应当与公务员一样受到政权的直接控制,在1938年颁行的新《律师法》中,政府对律师行业的控制被进一步强化。依据当时的土耳其司法部长的言论,按照共和主义的原则对律师业进行重组,是完成法律现代化改革的至关重要环节。①

经此改造,律师与律师协会不再作为独立的社会力量,而被纳入了新政权维护国家稳定与民族团结的整体机制之中。律师的社会角色被定位为专业化的公共服务提供者,也就意味着律师在审判程序中的角色已经发生了重大转变,在律师所涉及案件的类别上,已经受到了明显限制。律师从制衡、对抗公权力的主体,变成了法官在解决案件过程中的专业助手。尽管律师的薪酬仍由客户支付,但凭借着加强律师公共责任的名义,政府强化了针对律师群体的惩戒手段,从而在控制律师的进程上取得了重大进展。自此之后,土耳其的律师被迫在国家与市场之间的夹缝中求生存。②

改革之后,律师逐渐从司法领域被推入了政治领域,律师协会不再是职业的自治共同体,而成为了受到国家监督的专业人员协会。在共和国早期,对律师协会式的职业组织尚且有一定的宽容,但随着政权的稳固与中央集权的推进,奥斯曼帝国时代的强化控制也重新出现在凯末尔政权的统治下。

在现代化的司法机构被构建的同时,伴随着立法按照欧洲样本大

---

① Aylin Özman, Law, Ideology and Modernization in Turkey: Kemalist Legal Reforms in Perspective, p.79.

② Ibid., p.80.

规模被颁布的进程,在官方所指引的意识形态之下,新的司法职业群体被不断培训出来,以填补新体系所造就的空白。但在此种体系下,新共和国的司法官群体与律师群体都与政权有着极为密切的联系,与韦伯所提出的法律制度的形式主义有着明显的差别。[1] 在国家主义与威权主义的影响下,土耳其的司法建构体现出了自身的特征。

四、土耳其司法改革路径之再评价

法律和司法改革为土耳其共和国推行世俗化的改革进程发挥了重要作用。在韦伯的理论框架中,经此改革,政权合法性的来源从"传统"变成了"法理"。在形式意义上,一个现代化、世俗化,秉持现代"文明"理念的土耳其共和国在旧社会的基础上建构了起来。公民之间以及公民与国家之间的关系,通过法律与司法的重新表述,构成了在新土耳其社会中沿着世俗主义的路线重建社会实践、再造文化与习惯的改革路径。

采用欧陆国家的现代法律体系成为了共和国推行西化的基石,也为进一步改革提供了基础。而保护这种新的世俗欧洲法律文化及其所隐含的原则,如实践"法治"的使命被分配给了共和国的法律职业群体。在改造法律职业群体时,土耳其共和国并没有简单继承原有的人员与规则体系,相反以强力干预的方式,将"旧"人员与"新"人员作了明显的划分。借用德国的管制经验,土耳其的目标是实现法律职业群体的现代化改造,而现代化的标准则通过政府的特权干预制定。在改造的过程中,土耳其政府按照西方式的思维体系对一个原先长期在宗教法律体系中运行的职业群体进行了改造,新的专业人员不仅需要对政权保

---

[1] Aylin Özman, Law, Ideology and Modernization in Turkey: Kemalist Legal Reforms in Perspective, p.69.

持忠诚,也被要求具备世俗制度下所推行的新法律专业知识。以韦伯式的观点来看,这无疑意味着建立一个优先考虑形式理性的法律体系,并且确保法律职业群体以价值中立的方式进行实践工作。但韦伯式的形式理性仅仅在法律职业群体与宗教社会的脱钩上体现出来,在土耳其的政策制定者看来,在消除宗教神学体系对法律实践的影响之外,法律职业群体的发展变化完全是由国家所主导的。因此,国家与法律职业群体之间的关系显现出了专制主义的色彩,国家主义的政策选择甚至超越了一般意义上的法学价值观。在维护政权稳定、促进政策实施方面,法律与司法的改造确实产生了积极的影响,但在"公正""国家利益"等新价值属性为政权垄断了解释权的情况下,国家政策的制定机制被隐秘化,法律的公正价值难免受到质疑。

就法律职业群体而言,他们的诞生并不是应社会需求所逐渐产生的,而是新国家为了创设新制度急切培训而成。法律职业群体的使命不仅仅是填充司法机构的人员空缺,也是实现国家现代化、促进社会转型的关键。而在凯末尔政权的司法改革路径中,与其他改革类似,以政治强力的方式推进改革,忽略或压制反对意见的方法被延续。因此,在土耳其现代司法制度诞生之初,司法机构与法律职业群体就已经与政权产生了密切的依存关系。只有寄生于新政权的羽翼之下,缺乏社会基础的现代司法机制方有施展权力的空间。而历史的现实,使得土耳其的司法机构丧失了实现独立的可能性,无论在现实权力空间还是意识形态价值观上,都与政权产生了紧密的联系。在共和主义的意识形态下,国家主义与现代司法精神相结合,产生了土耳其独特的司法改革路径。

土耳其在法律改革上的路径高度依赖于欧陆国家,在西方式法学理论的基础上,创建出了一套以国家立法为基本内容的现代性法律框架,但土耳其司法的实践路径却因独特的社会机制而无固定路径可以依照。立法的欧陆化取向与司法的本土实践使命之间,构成了巨大的张力，让土耳其的法律现代化之路成为非常典型的案例。在凯末尔的改革路径中，法律既扮演了革命者的角色，以颠覆传统社会的方式为世俗化奠定了基础，又承担了规训者的任务，通过强令的方式对社会进行改造。问题在于，形式上依据欧陆法典与法学理论所推进的改革，没有真正能够解决政权本身的代表性问题。土耳其在一个世纪前已经完成了民族国家的框架构建，但其政权的代表性与合法性至今仍广受质疑，与建国之初所采取的改革路径有着密切的联系。但无论如何，土耳其的司法革新展现出了司法的独特一面，在制度的设计与人员的培育管制上，都显现出了宁可与社会结构和民意基础脱节，也要坚定地建构服从于政权的现代化制度框架的决心。土耳其的故事并没有成为绝响，在法律改革与国家建构的其他案例中，仍将看到类似的理念被不断地灌注于实践中。

第六章　国家权力视野下的司法重组
——现代智利的司法流变

　　将现代智利作为案例研究，不仅因为智利在拉丁美洲已经成为唯一的发达国家，也因为智利在现代历史上曾经长期经历军人独裁政权的统治，但却在20世纪90年代之后顺利实现社会转型。作为拉丁美洲的代表性案例，其制度转型理应得到更多的关注与研究。在过往的研究中，往往将军人政权之下的司法系统视为政权所任意支配的工具，强权之下的司法系统并无任何独立自主性可言，但此种结论过于草率粗疏，并不能作为有效的理论参照。

　　与司法体系在军人专制下土崩瓦解的想象不同，在70年代到90年代经历了皮诺切特政权的智利，司法制度得到了较为完好的保存。在皮诺切特政权终结之后，司法机制在整体意义上仍然得到了保存并顺利运转。换而言之，无论在军人政权之下，还是在新的民选政府之下，智利的司法机制都保持了高度的稳定性，从侧面证明了即便在军人政权下，司法制度也是符合现代标准的。由此产生关键性的问题，为何皮诺切特政权作为依靠武力、以政变方式上台、不断压制迫害反对者的专制政府，能够在治下包容一个具备了现代化特征的司法制度的存在。要理解此问题，首先要理解的是拉丁美洲特殊的社会背景，以及皮诺切特政权上台之前的司法机制概况。

第六章　国家权力视野下的司法重组——现代智利的司法流变

第一节　拉美特色的社会背景

一、殖民统治的路径依赖

在制度起源上,曾经的拉丁美洲殖民史对该地区的社会经济发展与政治文化变迁有着重要的影响。对于殖民者而言,新征服的殖民地为其制度的扩张与变革提供了一个完全不同的机会。在通讯与交通技术尚欠发达的大航海时代,殖民者获得了前所未有的自主权,可以在不受既得利益团体与旧有习惯的束缚前提下,对制度进行重建与整合。①

拉丁美洲的历史上,并未有过东亚抑或近东那样的强大国家,原有的政治结构在武力征服与疾病传播中被破坏,取而代之的是新的移民社会。而移民社会带来的是当时在西班牙与葡萄牙盛行的威权主义与重商制度,②在不平等的制度构建过程中,人力丰沛、自然资源丰富的拉丁美洲缺乏在政治制度上进行变革的驱动力,而是依赖着奴隶制与殖民制度,以剥削性的农业与矿产业作为主要经济形态。与北美殖民地对比,拉丁美洲的不平等性与结构性差异不仅明显,也根深蒂固地融入了社会历史的演进历程中。

在对拉丁美洲殖民的过程中,西班牙殖民者以大陆法系的传统制度为依托,对拉丁美洲的殖民法律体系进行了构建。在司法制度角度,拉丁美洲的司法机构设置上可谓同根而生,西班牙殖民者在圣多明各、墨西哥、秘鲁、危地马拉、波哥大等十处建立了高级法庭(audiencia)。

---

① 〔美〕弗朗西斯·福山:《政治秩序的起源:从前人类时代到法国大革命》,毛俊杰译,第 357 页。

② 〔美〕弗朗西斯·福山:《政治秩序与政治衰败:从工业革命到民主全球化》,毛俊杰译,第 357 页。

在西班牙派驻拉丁美洲各地的行政官员中,具备法律经验的专业人士也占据颇高比例。①

相比在北美的英国殖民者给予当地较大自治权的方针,西班牙殖民者在建构殖民体系的过程中保持了对中央权力的高度服从,且刻意与当地民众保持相当的距离。在殖民官员的任职资格上,行政官员不得与本地女子结婚,或在领地上建立家庭联系,已经成为了定例。② 防止殖民官员融入殖民地的政策,也是西班牙王国试图对殖民地保持紧密控制的侧面例证,在此意义上,殖民地的社会发展与权力分配,展现出了高度的殖民权力中心色彩。

在血缘与权力成为社会权力等级的基本标识的影响下,少量精英掌握大量土地并与本地民众相对隔绝成为了必然,拉丁美洲的殖民地社会仍旧围绕西班牙后裔与殖民权力关系网络而构建,社会意义上,阶层的对立与财富占有的不均成为了普遍性的现象。家族制度成为了社会权力运转的核心单位,而社会革命从未在独立之前发生过。

在19世纪拉丁美洲摆脱殖民统治之后,新制度的建立并未扭转局面,旧制度与社会心理仍然在新建的国家中留存。社会精英的财富与政治权力之强大,让其很少直面社会的挑战与质疑,家族本位制的社会地位传承在血统与肤色的加持之下更加明显,社会与政治的特权依靠血缘继续得到延续,而社会不公的问题也在新国家的发展过程中不断被暴露。

拉丁美洲的独立运动并没有能够彻底改造社会并颠覆原先的政治制度,而恰恰是继承并且维系了原先的社会政治结构。在拉丁美洲的革命者眼中,只要具备了美国式的革命,实现将殖民者驱除的使命,再

---

① 〔美〕弗朗西斯·福山:《政治秩序的起源:从前人类时代到法国大革命》,毛俊杰译,第359页。

② 同上。

第六章 国家权力视野下的司法重组——现代智利的司法流变　147

在此基础上创设法国式的共和政体，即可完成革命的目标。但所有的改革计划，都建立在社会基础的前提之上，在拉丁美洲原有的社会结构没有变化的情况下，美国与法国式的样本并无意义。① 而在一个保守的社会中尝试建设共和政府的努力，往往会导致政府仅仅停留在权力结构的表象之上，无法像理想中的现代国家那样对社会资源进行有效的动员与整合，拉丁美洲国家的政府大多看似软弱的根源也在于此。疲软的政权也自然无法对社会进行有效的现代化改革。

在拉丁美洲，民众对于国家的信任度原本就低下，在政府内部又有经济界及其他利益群体的直接代表，政党往往直接成为利益群体的代言人，多元主义未能在政治秩序中有效胜出，政治行为的所有威严也在这种腐朽的制度中逐渐被耗尽。②

拉丁美洲受到美国的影响巨大，但是美国的政治目标——选举、代议制政府、宪制制度与拉丁美洲所要解决的问题相距甚远。对于拉丁美洲来说，首先要解决的是如何建立有效的现代政府机制，进而实现分配社会福利、平均分配财富，培植扩大中产阶级促使社会稳定等一系列问题。③ 按照民主政治的方式所产生的政权很有可能过于松散，而无法动员起有效的资源进行社会改革。于是在拉丁美洲的历史上，为了解决社会的痼疾，非民主政治式的政权变动往往受到民众的欢迎与支持，革命政权与军人政权能够以相对强有力的方式去改革社会，④美国式的政治路径则显著地缺乏现实层面的依托。

在 20 世纪，殖民政权的旧传统，如政治层面自上而下的统治与缺乏平等的传统，如经济层面的持续赤字与过分借贷，财政政策上的依靠

---

① 〔美〕塞缪尔·P.亨廷顿：《变化社会中的政治秩序》，王冠华、刘为等译，第 108 页。
② 同上书，第 24 页。
③ 同上书，第 108 页。
④ 同上。

通货膨胀手段进行隐性征税等一系列制度,仍然不同程度上影响着在旧有西班牙殖民地上建立起来的新国家。社会的不公与权力阶层的固化,在近代以来的新国家体制流转中,带来了先天性的不稳定因素,也影响着作为国家政治架构一部分的司法体系之构建。

西班牙殖民者给拉丁美洲所遗留的是一个分崩离析、缺乏联系的社会。在缺乏政治共同体的社会中,每个领袖、每个个体、每个团体都在追逐自己眼前的物质目标,而更加广泛的公共利益则被弃之不顾。①与北美殖民地由欧洲移民构成居民的主体不同,西班牙的殖民地中形成了明显的阶层分化与对立,西班牙白人后裔、混血族裔、原住民与黑人奴隶之间层次分明。由此带来的独立之后的社会治理问题,即便在驱除了殖民者之后,拉丁美洲的民众之间仍然难以取得高度的政治共识并形成构建国家所需要的向心力。而分崩离析的社会与缺乏良好政治传统的现实,都需要在现代化的进程中注入强心剂,军人政权也就此粉墨登场,成为了拉丁美洲近现代历史舞台上的重要参与者。

二、军人政权下的司法机构

在实现政治现代化的过程中,军人政权的干预是后发国家中司空见惯的现象,军事政变与军人反叛几乎贯穿在拉丁美洲、东南亚与非洲的现代史进程中。军人政权的干预与司法制度的生长都恰好发生在后发国家的现代化进程中,看似异质的两个机制,在国家治理的大背景下,产生的作用与联系为何,是下文所要继续讨论的问题。

在智利的案例中,从1973年9月皮诺切特通过军事政变的方式颠覆了原有的民选政府开始,政权就进行了大幅度的改组。原先的国会被关闭,政党组织被禁止存在,国家的官僚机构也经受了大规模的清洗

---

① 〔美〕塞缪尔·P.亨廷顿:《变化社会中的政治秩序》,王冠华、刘为等译,第24页。

第六章 国家权力视野下的司法重组——现代智利的司法流变

与重组。但值得注意的是,皮诺切特政权并没有对法院进行改造,政变之初军人政权所做出的保证司法独立行使职权的承诺在一定意义上被兑现。在皮诺切特治下,司法机构拥有自身的任命、评估、惩戒与晋升的制度渠道,司法判决也并没有受到政权的大规模干预。① 要解释这种现象的产生原因,需要从几方面进行分析。

在宪法渊源方面,1925 年所制定的宪法仍然是政权合法性的基础,军人政权无法通过大规模的选举与社会动员的方式重新进行一场社会革命以构建出新的合法性基础。因此,在原有宪法的基础上对执政方针进行调整,成为了军人政权执政的基础。尽管军政府逐渐颁布了新法令与新宪法来逐步改变原有的宪法基础,但是 1925 年宪法的正统性与合法性地位无从置疑。在此影响下,军政府一直声称自己以"法治"的方式执政,即便其行为实质上破坏了原有的法治价值,旧有的宪法框架也不至于被全盘推翻。

在司法机构与军政府的关系方面,尽管智利法院拥有相对独立的地位,而且有着在军政府上台之前就已经确立的立法框架与司法传统,但是法院从未对军政府的专制与实质破坏法治的政策作出过挑战。相反,法院与军政府进行了多年的合作,这种合作不仅体现在军政府执政期间,即便在军政府丧失政权、民选政府重新上台之后,法院仍然在判决中为军政府的合法性辩护。② 司法机构与政变上台的军人政权之间的友善关系,与军政府上台之前,作为保守主义代表的司法机构与前政府之间的恶劣关系有着直接的联系。在前任政府治下,行政权与司法权产生了激烈的冲突,有超过七千桩生效判决被政府予以无视,而前任

---

① Lisa Hilbink, Anti-Politics: Courts in Pinochet's Chile, in Tom Ginsburg and Tamir Moustafa edited, *Rule by Law: The Politics of Courts in Authoritarian Regimes*, New York: Cambridge University Press, 2008, p.102.

② Ibid.

政府所推进的激进化改革方案也对法律所保护的财产所有权体系产生了巨大冲击。因此,在司法机构的眼中,相比前任政府对司法机构的无视以及对法治的挑战,军政府甚至是更加容易接受的选项。①

在军政府的合法性叙事方面,皮诺切特政权并没有把自己的统治视为理所当然的长久状态,凭借军事政变获得政权的事实无法在合法性叙事中予以完全遮蔽。于是,与大多数军人政权相似,皮诺切特政权也采用了"拯救宪法秩序的临时性措施"作为自身上台夺权的合法性解释。在这种解释下,军人对政权的控制是一种例外,并不等同于破除了宪法的效力与原先政治体系的合理性。只不过在国家危难的时候,军人本着挽救国家、维系宪法的目标,以非常规的方式获得了政权。② 在此种合法性叙事之下,对于司法机构而言,具有两方面的有利情势:第一,军政府的合法性叙事注定了其统治不是天然正当而持久的,外部环境变化会对军政府的合法性基础造成冲击,而军政府最大的依赖就在于对宪法的解释与维护程度,因此,司法机构在这种合法性叙事中获得了天然性的保护与自主空间;第二,军政府以宪法秩序的维护者自居,势必需要推进法治的进程,军政府需要仰仗司法机构的配合,方能维系住自己的合法形象。故而,在以非法手段上台,但又号称是为了维护国家宪法的军政府治下,司法机构获得了一种奇特的地位,尽管其运作空间无疑受到了严密的管控,但在形式上获得了稳固的基础。

当然,仅仅从宪法秩序的传统与军政府的合法性叙事方面,解读司法机构与军政府的复杂关系,多少显得乏力。在解释智利的司法机构

---

① Angelo Codevilla, Is Pinochet the Model, *Foreign Affairs*, Vol.72, No.5, pp.127 – 140.
② Robert Barros, Courts Out of Context: Authoritarian Sources of Judicial Failure in Chile(1973 – 1990) and Argentina(1976 – 1983), in Tom Ginsburg and Tamir Moustafa edited, *Rule by Law: The Politics of Courts in Authoritarian Regimes*, New York: Cambridge University Press, 2008, p.163.

第六章 国家权力视野下的司法重组——现代智利的司法流变　151

与军政府的扭曲关系之前,需要对社会环境背景以及智利司法机关的复杂状况有大致的了解与分析。其中首先需要考量的因素,是军政府需要依赖专业团体的支持,获得尽可能广泛的认可。在军人政权的统治下,政治权力并没有被完全垄断,军人可以依靠政变与暴力获取政权,但是在进行社会治理时,不可避免地需要专业性团体与机构的支持。因此,司法机构完全有可能对执政当局的政策提出自身的意见并进行有效的沟通。在军政府之下,法院并不是完全意义上的政权工具,而是参与到政权当中的诸多组织机构中的一员。司法机构即便在军政府上台前与政治权力保持着相当遥远的距离,也会在军政府所主导的新秩序下逐渐政治化,参与到政治权力的运作中。[①] 但在军政府的格局之下,因为缺乏有效的政治制度去调停或缓解各个社会团体组织之间的对抗,[②]更加需要司法机构作为纠纷解决机制的职能,司法机构的地位意外地得到了提高。

其次,智利司法机构的"非政治化"理念基础也是重要原因。在军政府掌权前,智利司法机构的建构并没有将司法的能动性作为一种传统,相反,法官如何依据成文法律循规蹈矩成为了习惯。当军政府上台之后,法官们在动荡的社会中会越发珍惜司法机构的相对独立自主,也依靠工作的稳定与晋升的希望来保证自己的生活,因此,法官群体对军政府并不具备反抗的资本。在这样的背景下,法官职业群体的保守性被放大,军政府与法官之间的合作甚至相互提携完全成为可能。政治上持保守主义的军政府,与拥有保守主义传统的法官在司法职权履行、社会政策导向等议题上更容易达成共识,当司法机构的"非政治化"成为主流之后,法官的行为对于军政府来说不仅是不具有威胁的,反而成

[①] Lisa Hilbink, Anti-Politics: Courts in Pinochet's Chile, in Tom Ginsburg and Tamir Moustafa edited, *Rule by Law: The Politics of Courts in Authoritarian Regimes*, p.103.

[②] 〔美〕塞缪尔·P.亨廷顿:《变化社会中的政治秩序》,王冠华、刘为等译,第 163 页。

为了其统治之下社会纠纷的有效调处机制。制度环境鼓励法官服从于政权,这种服从并不会从体系上推倒法官的教育经历与职业理念。于是,司法机构与军政府的合作成为了一种常态,智利的法院"束缚了自己的手脚,屈从军政府所展示的屈辱'法治秀'"。①

第三,在历史基础上,尽管身处政局动荡的拉丁美洲,智利在过往保持了较为稳定的民选政府运行历史。在 1973 年之前,智利是以其高度的法治化与开放性的政治机制作为拉丁美洲的翘楚,而司法机构在其中也起着稳定和积极的作用。在军人夺权之前,智利国会在 20 世纪仅仅短暂中断过两次。但在阿连德政府掌权之后,原本的社会矛盾被激化,社会冲突带来了宪法危机,并最终催生出了军事干预的契机。在政变之前,智利最高法院在诸多议题上的态度与反对派更为接近,而与持反精英主义的阿连德政府关系紧张。因此,当政变发生之后,最高法院院长不仅没有谴责用暴力方式夺权的军政府,反而对新政府所宣称的不干涉司法裁决的表态表示满意。② 在司法机构与军政府接触的起初阶段,两者之间的政见是有高度共识的,这也为后来的合作奠定了基础。而稳定运行了大半个世纪的现代化司法机制,具备着深厚的社会基础与治理技术,显然是军政府为了维护合法性所亟需拉拢的对象。于是,在智利 20 世纪 70 年代的特殊政治环境下,原来看似矛盾的司法机构与军政府,竟然在政治立场与现实利益上都有着高度的交集,两者之间的合作也就成为了必然。在理解司法机构与智利军政府的大致联系与张力之后,下一个需要探寻的问题是,司法机制如何在军政府所设定的框架下实际运作。

---

① Eugenio Velasco, *Expulsion*, Santiago: Copygraph, 1986, p.156.
② Robert Barros, Courts Out of Context: Authoritarian Sources of Judicial Failure in Chile(1973 - 1990) and Argentina(1976 - 1983), in Tom Ginsburg and Tamir Moustafa edited, *Rule by Law: The Politics of Courts in Authoritarian Regimes*, p.160.

第二节　被操控的司法权力

一、法外之刑

智利军政府把对政治权力的干预解释为形势所迫的例外,并且做出关于一旦社会恢复正常,就将恢复民选政府的承诺。由此,临时统治这一概念就被创设了出来:为了应对紧急情况,军人不得已上台执政,为了解决现有问题,必须使用特殊性的手段。在这种概念下,一般法律之外的暴力措施与临时统治直接挂钩,即使被赋予了正当性,也被认定为不得不为的权宜之计。因此,军政府的统治不可能打造一个全新的政权,只能在原有的社会机构与政治组织之外,新创临时性组织来维系政权并实现政治目标。

在军政府的导向之下,智利的法治道路产生了多维度的偏离。在宪法秩序层面,军方解散国会、垄断行政权的行为,不仅破坏了立法权与行政权行使的合法性基础,也破坏了宪法关于分权与制衡原则的规定。在民众权利层面,借助紧急状态的事由,民众的合法权益会受到由军方所制定的特殊法律的制约,以戒严等理由为借口,在没有法律根据或正当程序的情况下,对公民进行逮捕与拘留已经成为了上世纪七八十年代智利的常见现象。[1]

在军人政权对严重的政治与社会危机的叙事体系中,政权所面临的直接任务就是消除社会不稳定因素,并让国家尽快回复正常状态。因此,政权进行社会控制的直接性手段会被合理化。于是,政治迫害与

---

[1] Robert Barros, Courts Out of Context: Authoritarian Sources of Judicial Failure in Chile(1973-1990) and Argentina(1976-1983), in Tom Ginsburg and Tamir Moustafa edited, *Rule by Law: The Politics of Courts in Authoritarian Regimes*, p.165.

镇压的行为在很大程度上避开了正常的司法系统,而被置于政权所直接管控的军事机构中。法外的镇压、行政的紧急权力与军事法庭都成为军政府维系统治的常规性工具。

在军政府之下,当军事法庭以法外之刑滥施于民时,司法机关视若不见这一破坏司法权力完整性的特殊机构,也无视了自身所应当倡导的公正与人权价值。当大量失踪者出现时,司法机关对政府的托辞解释毫不怀疑。对于军事法庭所做出的判决,最高法院放弃了自身本具有的违宪审查权。即便在皮诺切特政权垮台之后,当社会组织与立法机构开始对新宪法进行自由化解释以促进社会转型之际,司法机构仍然为军政府辩护,甚至为军政府期间过度扩张的警察权提供合法理据,对军政府统治期间的受害者也未提供足够的补偿正义。[1]

军政府的机构设置,使军事法庭或者特别法庭成为政权直属机构而脱离司法机制,也就意味着司法机构不需要参加到政治镇压案件中,仅单纯地履行纠纷解决的职能。在司法程序上,大陆法系的法官只能按照标准程序适用法律裁决案件,在军政府采用法外的方法与机制来压制社会时,法官显然不具备干预的能力。当政权有能力绕过法院进行定罪量刑与打击公民之时,法院所能处理的案件经过了实质上的筛选。原先宪制框架下的司法机构的界限,为军政府所利用,构建出了一套新的裁判机制。在新的机制中,原先的司法机构只是案件解决职能机构重要组成部分但并非全部,而军事法庭与特别法庭则成为政权可以直接指挥的解决政治性案件的主体。[2] 在法律的特殊渠道与常规渠道并立的情况下,身处常规渠道的司法机构完全可以享有相当程度的独立自主。

---

[1] Lisa Hilbink, Anti-Politics: Courts in Pinochet's Chile, in Tom Ginsburg and Tamir Moustafa edited, *Rule by Law: The Politics of Courts in Authoritarian Regimes*, p.103.

[2] Robert Barros, Courts Out of Context: Authoritarian Sources of Judicial Failure in Chile(1973 – 1990) and Argentina(1976 – 1983), in Tom Ginsburg and Tamir Moustafa Edited, *Rule by Law: The Politics of Courts in Authoritarian Regimes*, p.158.

第六章　国家权力视野下的司法重组——现代智利的司法流变

更重要的是,即便是军政府的法外措施,也并非完全是其新创的产物。在智利1925年所颁行的宪法中,就有关于紧急状态下的国家权力条款,而在军队内部也早已存在军事法院系统的常规性运作。[①] 因此,军政府在这些已有的合法机制基础上加以整合,凭借自身对立法权与行政权的垄断,进一步强化了例外状态下的权力机制。

在皮诺切特政权之下,已经形成了一整套体系性的镇压措施,但在法律渊源与运用手段上,仍旧存在一些区别。首先,以国家权力进行法外镇压,即政权人员在没有事先授权与法律许可的情况下,直接对人身与财产进行惩罚。因为缺乏合法依据,此类措施往往是秘密执行的。第二,以行政权力进行镇压,包括了通过宣布戒严状态而扩大警察权以及对民众的自由进行大规模的干预等行政措施。与法外镇压相比,行政权力的镇压基于宪法所授予的法定紧急状况授权,具有合法性的渊源,也由适格的主体予以执行。第三,即决式司法镇压,此种措施与基于行政权力的镇压不同,是以司法权力进行镇压。但是在履行审判程序之时,往往偏离了程序正义的要求与法治的基本标准,在法律适用上可能是溯及既往的,也可能是以秘密法律为审判依据。在审判程序上,会对被告人的辩护权进行限制,并且采用未经充分质证的证据。因此,司法审判不再是公允正义的代表,而成为了镇压反对者的合法外衣。第四,司法镇压,是依据立法对犯有政治性罪行的人进行惩罚。在审判的机关上,一般选择常规性的司法机关,能够为被告人提供充分的保护并且以明确的法律作为审判之法源。这种镇压以一种可预期的、公开的方式对个人进行惩罚。[②]

在皮诺切特政权的存续过程中,这些手段被交替或叠加使用,构成

[①] Robert Barros, Courts Out of Context: Authoritarian Sources of Judicial Failure in Chile(1973－1990) and Argentina(1976－1983), in Tom Ginsburg and Tamir Moustafa edited, *Rule by Law: The Politics of Courts in Authoritarian Regimes*, p.166.

[②] Ibid., pp.167－168.

了一个错综复杂的机制。但是,以上所提及的各种手段之间并没有明确的管辖权属划分。换言之,不同形式的镇压措施可以由不同的机构实施,这种职能设置可以在政权的机构内部形成一种竞争,使其有更强的动力去行使自身手中的权力。在实践中,不仅会出现多个机构同时从事一种镇压活动的行径,一个机构也完全可以从事多种的镇压活动。譬如,智利的军队在现实运作中可以同时从事秘密镇压,也可以利用军事法庭进行司法式镇压。[①] 在民选政府的一般模式中,对司法权力的运用应当是极为谨慎的,政府可以通过法律、政治与意识形态的方式,对司法权的行使进行制约,以此来保障民众的合法权益。而在军政府之下,当原先的限制措施被消除之后,司法权力被驯化改造成了极具攻击性的镇压手段,从民众的权益保护者转变为政权的爪牙。智利的案例或许可以说明,即便存在良好的司法制度基础,在不受制约的政治权力引导下,司法权的属性能够被完全转变,以至于走向与原先制度设计意图完全相反的方向。

二、被压制的常规司法体制

智利的军政府即便没有彻底推翻原有的宪法秩序,也是原先的政治秩序的一种例外境况。在 70 年代初严重的社会危机之后,执政的军人政权试图通过强调国家的生存危机与恢复社会秩序的紧迫性来证成自己的合法性。在紧急状态与例外情况的叙事体系下,普通的法律约束自然不再是军政府在执政过程中优先考虑的对象。而如何通过法律的方式维系自身的统治,成为了军政府的主要出发点。

在军人政权的执政过程中,常规性的司法机构被置于政权的边缘

[①] Robert Barros, Courts Out of Context: Authoritarian Sources of Judicial Failure in Chile(1973-1990) and Argentina(1976-1983), in Tom Ginsburg and Tamir Moustafa edited, *Rule by Law: The Politics of Courts in Authoritarian Regimes*, p.169.

第六章 国家权力视野下的司法重组——现代智利的司法流变

地位,司法机构很少能够接到审理政治性案件的直接性指令,也基本无缘于政权的重大法律决策过程。但是,尽管政治性的镇压与常规性的司法机构在形式上被分离,基于民众对于司法机构的理解与期望,司法机关仍然会被牵扯进入对军人政权的评价机制中。在智利,按照宪法的规定,司法机构拥有审判民事案件与刑事案件的专属性权力,并且需要按照宪法的授权保护公民的个人自由不受到非法侵害,并在法院审理案件的过程中对相关立法的合宪性进行审查。因此,即便军人政权的镇压活动大多绕过了法院,但受到迫害的个人或其家属总会不可避免地向法院寻求救济。在此类民众的救济诉求前,司法机构只能暴露出在军人政权面前司法权力的脆弱性。[1]

在民众关于保护公民权利与自由的诉求面前,司法机构居于相当弱势的地位,因为法外的镇压行为是秘密进行的,完全在常规性的司法范畴之外,这些秘密行径无法通过司法渠道来监督或约束。此外,司法制度原有的救济措施是在法治的轨道下方才发挥作用,而无法在专制制度下拥有生存空间。因此,即便按照智利宪法的授权,由法院发布人身保护令,也会面对一个基本事实,即人身保护令是针对发生在司法系统边缘的非法行为,而不是完全绕过现有法律体系的秘密行为。

智利最高法院 1978 年 4 月的一项判决就指出了这种困境,要制止任意剥夺自由的行为,首先"必须知晓被拘留者的确切位置"。[2] 因此,在面对人员失踪的现实状态下,法院只有依靠法定程序要求政府的内政部以及地方军警当局提供相应的信息。如果相关部门在实质意义上拒绝配合,则法院几乎没有进一步追索的可能性。司法机构并不具备

---

[1] Robert Barros, Courts Out of Context: Authoritarian Sources of Judicial Failure in Chile(1973 – 1990) and Argentina(1976 – 1983), in Tom Ginsburg and Tamir Moustafa edited, *Rule by Law: The Politics of Courts in Authoritarian Regimes*, p.171.

[2] Ibid., p.173.

附属于自身的调查机关,而只能依靠行政部门与军警部门的配合来调查关于非法拘留的指控。但这些机构无疑更倾向于作为政权的同谋,而非站在司法机构的角度对抗政权。

在军人政权的法外镇压面前,司法机构不可避免地需要面对民间的舆论压力与指责,也让民众意识到司法权力的有限性与名存实亡。因此,即便在先天联系上,司法机构与皮诺切特政权之间存在诸多的利益契合点,司法范畴之外压制民众权利的行径,仍然会带来司法机构与军政府之间的紧张关系。以首都圣地亚哥的上诉法院为例,作为直接处理失踪案件的司法机关,上诉法院与智利国家情报局之间的关系就显得尤为紧张。[1]

司法机构仍然有足够的理据为自身在社会公义与民众自由的保障工作中的缺失提供借口,那就是按照原有的宪法秩序,在权力分立的基础之上,司法机构没有权限对军事部门以及军事司法部门履行监督的义务。因此,法外之刑的行径本身就是超出了司法权力的范畴。如果司法机关越过了相关的权力边界,不仅在现实中会遭遇到军政府的打击,在理论意义上也不符合司法权力的基本属性。但是这种谨守权力边界的托辞却忽略了一个基本前提,那就是在军政权之下,宪法秩序已然失效,行政权力不再由国会进行授权与监督。因此,所谓谨守权力界限的理据只不过为司法机构坐视专制的发生提供了借口。如果说坐视破坏法治行径的发生,尚且是司法机构为了明哲保身不得已而为之,那么对军事法庭的态度,或许解释了智利司法机构与政权之间的特殊关联。

在1973年,当皮诺切特通过政变上台的两个月后,智利最高法院通过了一项裁定,规定战时军事法庭不属于最高法院按照宪法授权所

---

[1] Robert Barros, Courts Out of Context: Authoritarian Sources of Judicial Failure in Chile(1973 - 1990) and Argentina(1976 - 1983), in Tom Ginsburg and Tamir Moustafa edited, *Rule by Law: The Politics of Courts in Authoritarian Regimes*, p.175.

应当履行监督义务的对象。最高法院做出这项裁决的初衷,或许是为了避免与军方发生直接性的对抗而祸及自身,于是提出了"战时"的理由,将军事法庭的运作视为国家在紧急状态下的例外性授权。在1976年,最高法院又颁布了一项裁决,明确规定"战时军事法庭独立于所有司法机构,向军队的最高长官负责,因此具备完整独立的管辖权"。[1] 通过这一裁决,最高法院主动确认了军事法庭不属于常规性司法机构,因此不需要接受军事权力之外的其他权力的制约与监督。

在面对以紧急状态作为授权理据的军政府面前,司法机构以主动退让与合作的方式求得了自身机制的完整独立。但是,司法机构的躲避也意味着社会权力的移转,当秘密审判与法外之刑成为军政府惯用的措施之时,司法机构的重要性无疑被大大降低,成为了政权进行社会管理的辅助机制,而不复维系社会公义的裁判机构角色。当然,指责司法机构的退让或许显得有些严苛,军政府相对于司法机构的强势地位无可撼动,而其绕过法院行事的方式相比直接操控司法机构而言,反而能够保持司法机构的有限度独立。在立法层面,通过新制定法律或修改宪法规范的方式,军政府能够在逐渐将司法机构置于自身之下。在现实的层面,即便个别法官试图追求公义而对政权的非法镇压进行调查,只要军政府通过管辖权的移转或者拒绝配合的方式,就完全可以将个别化的司法权挑战化解于无形。因此,智利司法机构的消极作为可谓在强势政权下不得不为的措施。

在司法权的属性层面,也必须承认一个现实,那就是在大陆法系的框架范围内,法官无从造法而需要谨遵立法框架。司法权行使的机制、管辖权与正当程序,都依赖于立法的授权与规定。因此,在权力框架中,司法权本就处于较为弱势的地位,对立法机关有着较高的依赖性。[2] 在

---

[1] Jorge Garrido y otro. Recurso de queja, *Rol 10.397*, September 21, 1976.
[2] Martin Shapiro: On the Regrettable Decline of Law French: Or Shapiro Jettet Le Brickbat, *The Yale Law Journal*, Vol.90, No.5, Apr., 1981, pp.1198 – 1204.

军政府的统治下，随着立法机关被解散，军政府直接拥有了立法权，对司法机构的改造与干涉可谓是手到擒来。因此，在事实层面，司法机关的权力空间被予以更大程度地压缩，从行为预期角度来说，法官不可能在条件不具备的情况下，直接对抗政权。

智利司法机构在军政府期间的失位，不应当归咎于法官的价值缺失与利益共谋，而是在军政府所掌控的宏观制度环境下不得不为的举措。无法否认，皮诺切特的执政，确实取得了诸多法官的支持，但是这种支持大抵出于对军政府政治光谱的认同。因此，对于军政府下的司法机构失能的批评，其实是出于一个理论假设，那就是当政权的核心机构被军政府垄断，当立法与行政权力完全归属于军人政权的管辖之下时，在宪法授权保障下的司法机构应该去捍卫宪法所赋予的社会权利与个人权利。但这种假设很可能是不切实际的幻想，司法机构之所以在皮诺切特政权下能够得到完好的保存，与司法机构的相对弱势地位与消极干预方式有着直接的关系。在皮诺切特政权已经取得了关键性权力的前提下，指望司法机构通过常规性的司法审判去挑战强势的军政府政权几乎是不可想象的。

在司法权力制约专制政权的问题上，人们往往将宪法秩序下的权力分立与制衡代入对专制政权的想象之中。但在事实层面，权力的分立与制衡只有可能在宪法秩序得到保证的前提下，才能实现。宪法秩序的维系本身依赖的是权力之间的平衡，这种平衡一旦被例外情况所打破并持续性地破坏，就很难复原。在智利的案例中，军政府在掌权之后，系统性地破坏了原有的宪法秩序基础，为自身的长期执政创设了条件。而司法机构在这种体系性的破坏面前，并无从干预与挑战。

智利司法机构在军政府的压制面前，显得弱势与无能为力，但至少保留了体系上的独立与完整，也没有亲身参与军政权的迫害与压制行径。但无疑，智利的司法机构在经历了17年的军政府统治之后，已然与先前的状态和运行模式有了较大的区别。

尽管在理论意义上,法官是作为国家政权的一部分,实践国家的法律意志。但在实际上,法官不可能自发性执行政权的意志。在民选政府之下,人们不应该期待司法机构主动地干预社会生活并维系法治。在专制的背景下,法官也不应被自动归类为政权所操控的工具。智利的司法机构之所以屈从于军政府,是体制结构、政治理念以及现实环境等多种因素交相结合的产物。在最高法院的引领下,司法部门的运作理念在军政府之下作出了新的调整,让法官们意识到自己只需要遵循于"法律"的规定,并且将"法律"与"政治"区分开来进行理解消化。

智利的案例可以证明,制度环境的因素对司法机构的作为会起到直观影响。智利的司法机构在1973年到1990年的军政府期间与1990年后的民选政府期间,并没有发生重大的改变。尽管周边的政治环境发生了大幅度的变动,但是司法机构的表现是相当稳定的。理解智利司法机构的作为,重点应该在法官所面对的机制环境中去进行解读。

其次,智利的案例也表明了在司法制度的设计之下,法官的自主空间会相当有限,完全不应当期待法官会通过自身的判决来挑战政权。在制度设计层面就强调非政治化的司法环境中,法官更容易利用制度设计的意图来为明哲保身的行为辩解。在强调"非政治性"的司法机构中,法官不愿意对社会的基本价值以及政权的合法性问题进行思考,也不愿意采用背离社会主流意识形态的观点。因此,司法权在这种"非政治化"的制度设计中,很容易变得固步自封。

最后,通过分析作为拉丁美洲代表的智利案例,也可以理解殖民主义所带来的长期遗留问题。在长时段的历史进程中,殖民主义最大的问题不是殖民期间所进行的掠夺与剥削,而是彻底摧毁了殖民地原有的政治制度与社会结构。根据殖民者利益最大化倾向所重新组建起的殖民地社会,实际上已经缺乏了可持续的合法性基础与可以继承的良好政治传统。① 在殖民者"间接统治"的代理方针之下,殖民地民众无可避免地需要进行等级的再划分进而导致族群的对立,这种撕裂社会的行为会造成社会的长期对立与分化。在拉丁美洲的案例中,民族独立与新国家的建构,实际上也是重复了殖民社会的结构,少部分社会精英所建立起来的政治组织缺乏对民间的有效动员,名义上人人平等的新国家却处处面对阶层分化对立的现实,由此加剧了社会矛盾。在拉丁美洲的发展史上,西班牙的专制主义殖民体系被推翻之后,却采用了在平等基础上建立起来的美利坚合众国的社会发展蓝图,这种制度愿景与现实之间的巨大落差,或许也是司法制度在拉丁美洲命途多舛的原因之一。

---

① 〔美〕塞缪尔·P.亨廷顿:《变化社会中的政治秩序》,王冠华、刘为等译,第166页。

第七章　国家秩序视野下的司法制度

当法治成为世界所普遍认受的观念之时，在如何实践法治的环节却展现出了多元化的镜像。追根溯源，或许与不同国家对法治理念的不同解读有着直接关系。在经典性的法治（rule of law）概念中，当权者应当根据已经颁布的规则进行统治，且将自身纳入规则体系中，法治的核心目标是保护个人权利而非为政权张目。在此种概念指引下，法治的实现有赖于公民的权利体系保障，司法制度应当成为个人权利的保护者，司法机关与政治权力之间应当保持相当之距离。但此种法治理念中的司法建构设计，实有赖于充足的社会基础与历史背景环境，如在美国独立与法国大革命式的经典历史事件下，方才有可能构建出接近理想的司法制度面相。

但在近现代后发国家的建构过程中，并不具备理想图景中的司法制度生长环境。当司法的建构与新国家的组建同步进行时，政权与司法机构之间的关系就变得错综复杂而颇为多样化。对于后发国家而言，实现社会的公平正义与保护个人的权利并非司法的仅有任务，它们还将司法制度视为国家制度与官僚体系的固有组成部分，企望将司法的工具性价值最大化发挥以满足政权的基本诉求。因此，司法在近现代国家的转型中展现出了丰富多彩的面相，一方面，政治权力希冀于司法为社会定分止争并进一步证成政权的合法性；另一方面，司法忠实为政权服务成为了诸多案例的普遍共性，甚至沦为政权迫害公民的帮凶。司法在社会转型中的多元面相理应获得关注，而其背后的多重影响元素更值得探究。

第一节　变动秩序中的司法建构

一、现代化视角下的司法变迁

现代化的理论家们总是偏向于将强烈的规范化价值注入现代化的过程中予以诠释与预测,现代化的制度建构与价值倾向大体上会一并到来。随着经济的发展、血缘团体的瓦解、个人主义的兴起以及更高更加包容的教育体系的建立,世俗化的民主政治制度会取代传统型的政治架构。[1] 在此种理论预设之下,经济的市场化、政治的民主化会自然带来法治国家的展开,从而建构出理想图景中的司法制度。作为国家机构的一部分,现代化理论模型中的司法制度会成为促进社会良性循环的有效环节,也成为了助力个人对抗公权力、制衡行政权力与立法权力的有效机制。

问题在于,司法的现代化途径是一种理想型的叙述而非现实,现代国家的法律至上是一种发明而非必然的历史性结果。[2] 现代国家的构建,有赖于政治权力、经济权力与意识形态的共同作用。[3] 而法律制度作为政治权力的实现方式,在现代国家的构建中起到了关键性的作用。在关于司法制度的理论阐释中,司法与行政权力对抗的一面往往被侧重强调,而忽视了司法制度本身是政治制度的组成部分,政治权力的基本性质是一种强制性权力。即便是在现代民主社会与文明开放时代的背景下,最终的控制形式仍然是依赖暴力的,司法制度先天适合于这套

---

[1]〔美〕弗朗西斯·福山:《政治秩序的起源:从前人类时代到法国大革命》,毛俊杰译,第450页。

[2]〔英〕塞缪尔·E.芬纳:《统治史》(第三卷),马百亮译,第257页。

[3]〔美〕贾恩弗朗哥·波齐:《国家:本质、发展与前景》,陈尧译,上海人民出版社2019年版,第4页。

暴力机制,也易于与行政权力合作而非选择对抗制衡的道路。因此,对司法机制进行掌控与国家化,将司法权力收编成为国家政权权力的组成部分,是近代国家构建中的普遍现象。①

在日本、印度与土耳其的案例中,司法制度演变的核心在于对旧有的司法机制进行改造,将司法权力收归中央,将司法机制的改革作为宏大的国家近代化计划的一部分。而个人权利的保障机制与权力制衡的功能,则在很长的历史区间内被置于了次要的位置。即便在西班牙、智利等案例中,政治权力对司法机构的干扰与控制并非以直接的方式,而是采用新创机构、发布命令等诸多方式,将政治权力转化为司法权的实践效果。大体而论,在后发国家中,政治权力的获取并非建立在"公民-国家"的层面,而是社会力量的角逐结果。作为规范体系,法律的建构与实施必然会以维护与贯彻统治者的利益为导向。

而在制度设计的动机上,威权政府与经典模式中的现代国家有着显著的差异。在威权主义统治者对现代国家的形象诠释中,政治权力的制衡与民众权利的保障并非是重点,而经济指数的发展与社会秩序的稳定才是被列为优先级别的。在智利、西班牙等曾经经历过威权主义制度历史的国家,在制度转型层面优先实现了经济的现代化,随后方才结束了威权政治,构建出包括现代司法制度在内的、符合民主政治要求的现代化政治架构。于是,政治的现代化进度被置于经济的发展之后,司法制度的发展也被要求在服务于经济发展的前提下方能予以部分实现。

如福山所言,现代化不是顺畅和必然的过程。在经济、政治与社会的发展层面,并没有统一的时间进度表格,而是有着不同的轨道。② 类似的理论可以用来诠释比较案例中的司法建构路径,正是因为对司法

---

① 〔美〕约瑟夫·R.斯特雷耶:《现代国家的起源》,华佳、王夏、宗福常等译,上海人民出版社2011年版。

② 〔美〕弗朗西斯·福山:《政治秩序与政治衰败:从工业革命到民主全球化》,毛俊杰译,第44页。

的进化理论与标准模板有着过度依赖,才使得研究案例中的司法建构进路显得超出常规。问题在于,对于后发国家而言,首要的命题,并非预先设立起一个分权制衡、独立行使职权的司法制度,而是需要建立一个有效的行政政府。[①] 在印度、日本与土耳其的案例中,都可以发现,司法制度的建构是作为建立有效的政府治理框架的有机组成部分,而非用来对抗行政立法,以制衡方式保障民权的机制。因此,中央集权的行政机构与官僚体系的建构,成为了彼时司法建构的基本背景。即便站在非民主方式所产生的威权主义统治者角度,司法制度也是其赖以控制社会、治理社会的工具,并非天然性的对抗自身权力的机制,发展并改善司法制度,在可控的方式下,会带来整体社会治理的改善。

二、经济全球化视角下的司法制度

近代以来,随着各个民族国家相互平等地承认主权独立的基本原则,逐渐发展出了国际法的规范体系。与通常意义上由政治权力所保障实施的法律不同,国际法缺乏有效的权力强制体系,依赖于国际法主体能够自发地遵守规范意识,从而维系国际秩序的基本体系。[②] 如果说,国际法秩序自诞生以来,因其缺乏强制力的先天痼疾,而在存续过程中问题重重的话,那么,自20世纪下半叶以来的经济全球化进程,却极大地改善了国际法律秩序的运作。法律规范不再是被国界线所严格区分的,而是随着经济与社会结构的趋同变化,逐渐在世界范围内获得了更多的一致性。

在西班牙的案例中,参与区域经济一体化以及全球经济秩序的动机,对佛朗哥政权的司法制度建构起到了重要促进作用。在"二战"后

[①] 〔美〕弗朗西斯·福山:《政治秩序与政治衰败:从工业革命到民主全球化》,毛俊杰译,第45页。
[②] 〔日〕川岛武宜:《现代化与法》,王志安、渠涛、申政武、李旺等译,第96页。

的全球化进程中,贸易与投资对司法改革的作用显而易见,跨国公司与国际投资者的重要性凸显,使得独立运作、有效保护产权的司法制度成为了经济发展的必要条件之一。在全球市场一体化的进程中,为了协调与金融、贸易相关的法律实践,无论在立法还是在司法规则的调整上,世界各个主要国家都出现了高度趋同化的走向。①

在为全球市场建构法律框架的过程中,全球法律的标准化运作也通过国际公约、双边条约等多种形式逐渐推行,对于各个国家来说,标准化的法律框架能够带来显而易见的益处:降低跨国投资者的交易成本,并促进后发国家法律改革的进程。与19世纪末20世纪初叶,为构建民族国家而对法律制度进行改革不同,司法制度已经从政治合法性的表征逐渐转变为社会治理与发展的工具。如何通过司法制度的革新,来促进经济发展,进而提高政权的"绩效合法性",成为了诸多后发国家所殷切关心的命题。于是,在20世纪下半叶的比较案例中,包括西班牙、韩国、新加坡、南非等一系列的后发国家,都为了促进贸易与经济发展,对司法制度进行了大幅度的革新。

在西班牙与智利的案例中,统治者实际上将政治合法性进行了概念上的重组,人民主权的原则被虚化,社会的稳定与经济的增长成为了合法性的新诠释。于是,政治合法性匮乏的问题似乎可以通过经济发展的方式予以纾解。在此种理念指引下,工业的增长成为了社会的主要目标,而政治活动与社会构建也往往与经济增长直接挂钩进行考量处理。②在一切以经济指标为基本目标的国家体系中,意识形态与政治理念的争论会被搁置与回避,实际政策的导向以经济指数的增长为基本考量因素。因此,在经济全球化的背景下,尽管社会背景与历史渊源有着显著

---

① Katharina Pistor, The Standardization of Law and Its Effect on Developing Economies, *The American Journal of Comparative Law*, Vol.50, No.1, Winter, 2002, p.98.
② 〔美〕贾恩弗朗哥·波齐:《国家:本质、发展与前景》,陈尧译,第142页。

区别，西班牙与智利式的司法沿革案例在制度外观上显得非常接近。

全球化的进程甚至带来了一种乐观的判断，认为更高质量的法律体系将有助于促进经济的增长，而经济增长进而可以带动社会的转型并最终带来后发国家的政治架构的根本性转变。但在比较案例的研究中，社会转型与法律改革之间的联系并不明显，在改革法律以确定产权、促进贸易的案例中，西班牙与智利都展现出了另类的结论，军人政权一方面容许司法制度的变革以适应经济发展的需求，另一方面以严苛的控制手段对司法制度进行种种工具性的操控。而在理论意义上，政权在不受限制的情况下对于司法制度的选择性利用，完全可以用来促进政权的合法性表征。譬如，在现代印度尼西亚的案例中，苏哈托政权并无兴趣对荷兰殖民时期遗留下来的商事法律与司法机制进行改革，因为法院系统的不完善使得投资者高度依赖于国家元首的干预，这种依赖性为政府官员提供了大量的寻租空间，从而使得政权获得了大批忠心的官僚。[1] 而在拉美的研究案例中，不平等的破产法反而使得富有的社会精英群体的利益得到了最大保护。[2] 从结果意义上，经济全球化带来的统一市场，让监管机制、反垄断法、公司法、知识产权法以及劳动法等法规，在不同国家之间有了更多的共性。通过立法框架与司法机制的保障，来保证合同的顺利履行与保护合法财产，成为了各个国家竞相提升经济竞争力的措施。[3] 因此，司法机构在经济治理层面

---

[1] Hilton L. Root & Karen May, Judicial Systems and Economic Development, in Tom Ginsburg and Tamir Moustafa edited, *Rule by Law: The Politics of Courts in Authoritarian Regimes*, New York: Cambridge University Press, 2008, p.304.

[2] Paul Holden, Emerging Economic Issues in Latin America: a Second Generation Agenda, *The Caribbean quest*, ECLAC, 1997.

[3] Dianan Kapiszewski, Gordon Silverstein, and Robert A. Kagan, Of Judicial Ships and Winds of Change, in Dianan Kapiszewski, Gordon Silverstein, and Robert A. Kagan edited, *Consequential Courts: Judicial Roles in Global Perspectives*, Cambridge: Cambridge University Press, 2013, p.406.

的作用被刻意凸显,成为了经济自由主义与全球化经济秩序的扩张中带来的结构性变化。

更重要的是,当司法机制在社会治理与国家发展中的功能凸显之后,保障公民权利、阻止国家权力对公民权益的损害与侵蚀,甚至为公民权益与社会利益以司法判决的方式限制商业公司的权限,使得司法机构成为了社会生活中的权利捍卫者。[1] 在政治制度较为稳固、立法进程延宕不定的时代,司法机构反而成为了社会所期待的治理方针代理人与改革者,消极的纠纷处理机关,已经不再是司法机关的固定标签。

经济全球化的进程确实带来了司法框架的改进,但司法制度的实际运作很大程度上取决于其他国家职能的协调,而这些职能往往为政权所紧密控制。法院的公正判决往往取决于警权的配合,行政机关对执法程序以及行政法规解释的实质权力,也完全可以左右司法机构在履行职能时的具体表现。司法的职能在经济利益面前完全有可能被进一步工具化,吸引投资、履行合同以及维系官僚内部的纪律会被选择性加以利用,以为政权带来更多的便利与绩效。但即便是出于经济利益的司法运作,也很大可能不是出于公平正义或者构建更为合理的经济司法机制目标,而是以短期经济利益最大化甚至是政绩的最大化为直接使命。[2] 因此,当政治权力无法受到民意的制约时,司法改革所带来的公共效益也无法被广泛地予以分配,相反会成为将利益定向分配的

---

[1] Dianan Kapiszewski, Gordon Silverstein, and Robert A. Kagan, Of Judicial Ships and Winds of Change, in Dianan Kapiszewski, Gordon Silverstein, and Robert A. Kagan edited, *Consequential Courts: Judicial Roles in Global Perspectives*, Cambridge: Cambridge University Press, 2013, p.407.

[2] Hilton L. Root & Karen May, Judicial Systems and Economic Development, in Tom Ginsburg and Tamir Moustafa edited, *Rule by Law: The Politics of Courts in Authoritarian Regimes*, p.305.

一种手段。此种运作模式下,司法实践所带来的效果更有可能是社会阶层的分化与对立,以及少部分社会精英利益的巩固,与想象中的促进社会公正的目标可谓南辕北辙。

经济全球化所带来的法律改革并非体系性的,选择性的司法机制构建反而有可能成为加剧社会不公、阻碍社会公平的机制。在基本政治秩序没有得到改变的前提之下,技术性的改良无法造就普惠性的公共产品,相反有可能造成更多的特权机制。尽管司法的面相会在新的时代环境中得到改变,但机制的运作内核无法予以更新,费边主义式的技术性改良在司法领域的空间显得极为有限。但无可否认的现实是,全球化趋势带来的不仅是经济运行机制的一体化,也带来了政治结构与法律机制的趋同化。对于现代化司法机制的抵制与抗拒的声音已经越发微弱,而司法在国家治理、社会发展中所体现出的重要性与稳定性愈发明显。

而在诸如智利、韩国等国家的社会转型路径中,司法机关实际上成为威权统治终结后,政治秩序赖以稳定的保障。威权政权的终结,对于现实的政治秩序来说并非稳定的开始,而很有可能由此开启了政党抑或执政联盟之间的激烈竞争,社会的基本秩序不仅在纵向意义上经历了断裂,也很有可能在横向层面被公开化的政争而撕裂。在此种过渡阶段,司法机构恰恰可以通过判例与司法解释,为新的社会秩序奠定良好的基础。相对独立的权力行使机制,使得司法机关相较于行政与立法机关,能够更多地获得民意的信任与支持,成为政治转型中的重要力量,也能为不断发展的民主宪制理念作出贡献。

在西方社会演进的历史中,市民社会的构成与影响,对于国家权力架构造成了巨大的冲击,进而塑造出了近代国家的基本形态。市民社会的历史架构是西方的独特路径,为资本主义的经济形态与制度构建了基础,瓦解了封建社会的基本秩序,诞生了近代的法律规则体系与伦理道德基准。① 但市民社会的历史并非是人类社会的普遍历程,而是西方的特有历史。市民社会的经济形态、道德理念所塑造出来的法律框架,在推广移植的过程中,遇到了诸多问题。相比市民社会,经济全球化的影响范围可谓更加广泛而深入,在经济一体化的过程中,包括司法制度在内的国家制度高度趋同化,法治环境也成为构建营商条件的重要组成部分。如果说经济全球化是以外在环境的转变促成了司法制度的发展与趋同,那么在国家机制运行的内部,司法机构也扮演着对官僚系统监察督导之职能,在通常理解的社会治理职能之外,司法机构成为了统治者赖以监控官僚系统的工具。

三、行政国家的另类解读

作为现代国家的基本表征,官僚体系的管理与行政机制的构建实有赖于行政法律机制的维系。对行政人员而言,国家的宪制建设是让行政管理活动变得更加富有计划性、更加合理的可行途径。② 法律体系的建立,意味着一般的指令、具体情况的考虑、特定的决策、政府机构的委托与先例、对下级官员的指导、对反对意见的裁决等诸多问题都有了固定化的解决机制。而本着实证主义的理念所构建出来的法典化体系,能够为行政官员建立起稳定的授权机制与资源汲取能力。行政管理的特点对于官员而言,就是放弃了自身所拥有的自由裁量权,用法律的要求与规定,作为行政的基本依据。③ 即便是推翻原有政权上台的统治者,也必须面对一个基本事实,那就是推翻法律无异于重构行政机制,需要耗费巨大的资源,保留原有的法律框架与行政国家体系成为了现实中的最佳路径,在整体继受的基础上,再行实现符合自身愿景与利

---

① 〔日〕川岛武宜:《现代化与法》,王志安、渠涛、申政武、李旺等译,第2—49页。
② 〔美〕贾恩弗朗哥·波齐:《国家:本质、发展与前景》,陈尧译,第59页。
③ 同上。

益的特殊目标。

在权力的运作机制上,后发国家政治体系中的权力缺乏监督与制约,往往带来腐化与社会不稳定的负面效果,管制官僚体系不仅是政权的合法性问题所在,也是维系其统治稳定的关键性因素之一。如何将政治权力有效行使,以及保障官僚制度的顺利运转,是困扰后发国家的长期难题,而现代化的法律制度恰恰为此提供了解决方法。官僚体系的运作与政治权力的管理,除了以理性作为核心要素之外,也需要具备两个基本的特征:首先,权力的行使需要以一种公众能够知晓的透明方式运行;其次,政府活动的知识要求明显依赖于拥有和运用系统的知识。① 立法与司法制度的可视性与公开性,法律知识框架的系统性,都使得现代化的法律机制即便在初创的后发国家,也具备了作为技术治理机制的优越地位,能够成为统治者赖以进行治理的有效工具。在法律成为行政决策的基本规范框架的前提之下,新型的、理性的政策制定过程就此取代了个人意志与随机性极大的决策。② 在法律的保障与指引下,经过科学论证的复杂性行政机制,可以成为政权有效的运作工具。

现代法律的框架,也能建立起威权政治体系中的某种自律性。尽管威权政权常以法外之刑、干预司法的方式,破坏既定法律框架,展现出自身对法律框架的工具性利用与价值性无视。但威权政治仍然需要建立自身的规范体系,通过法律完成政权规范体系的搭建,让政治权力受到体系性的规制。此外,在国家建设的过程中,社会自我管理的职能逐渐被消弭,人们通过自治方式解决争端、追求自由生活的空间被渐进压缩。③ 强化法律的地位,并不等于倡导现代法律的所有价值,选择性地利用现代法律,反而能助成政权的稳定地位。

---

① 〔美〕贾恩弗朗哥·波齐:《国家:本质、发展与前景》,陈尧译,第 79 页。
② 同上书,第 124 页。
③ 同上书,第 83 页。

即便在威权化的政治体系下,无论政治权力如何被垄断,在具体的政治秩序运作过程中,政权的控制能力范围都有限度,也就需要将某些任务委托给具备专业知识与技能的行政人员,进而面对权力委托的命题。政治权力的非个人化特性,决定了以法律的方式从制度上保证官员的责任制。为了解决权力代理中所可能出现的问题,相应的监督机制需要被构建,进而凸显了司法机制中行政诉讼的重要作用。

在后发国家中,行政诉讼机制的制度性设计目标并不单纯限于保障公民的合法权益,还通过公民对行政行为的申诉,让统治者意识到下属机构的懈怠失职,进而为统治者起到监督官僚机构的作用。在此意义上,法院成为了行政机构的监督机关,但是监督的主体并非公民,而是为政权服务。行政诉讼制度在后发国家的推行,并不等同于限制公权力的制度改革,而很有可能是为统治者进行内部监督开创制度化与司法化运作的路径。[1]

在政治自由受到限制、立法机关代表无法通过有效的选举机制诞生的国度,代议性的立法机关在诸多后发国家中并未发挥制度设计中的应有作用。对于统治者而言,以另类的渠道获得民众的意见与诉求,是极为必要的维系社会稳定的手段。此外,在以行政诉讼监督官僚机构的路径中,统治者面对民众潜在的大量诉求,会面临选择性困难,一方面为了平息民意,需要对官僚系统进行有效的监督而不能忽视其违法乱纪之行径;另一方面,广开救济途径会限制公权力的行使空间,甚至让民间借此机会组织动员以至于挑战政权的合法性。因此,行政诉讼成为了统治者眼中颇为理想的监督模式,经由行政诉讼的基本权利机制,监督职能在一定意义上被下放给普通民众,可以让民众经由诉讼

---

[1] Tom Ginsburg, Administrative Law and the Judicial Control of Agents in Authoritarian Regimes, in Tom Ginsburg and Tamir Moustafa edited, *Rule by Law: The Politics of Courts in Authoritarian Regimes*, New York: Cambridge University Press, 2008, p.59.

告知统治者下属官僚系统的基本运作情况。① 而通过对司法机构的紧密控制,行政诉讼所代表的民意能够被有效监测与控制,避免因为个别司法案件带来的社会不稳定与挑战政权的司法动员。此外,法院在行政诉讼的活动中也可以起到质量控制系统的作用,来判断民众的诉求与要求是否具备了让政权付出资源进行处理的价值。②

通过行政诉讼机制,司法机构被赋予了新的政治功能,可以成为统治者监督职能的托付对象。在运作的过程中,司法诉讼的消极处理方式能够让统治者不至于担心司法机构借机扩大职权,乃至于成为挑战政治权威的潜在威胁。在案件来源分散、行政诉讼费用由提起者承担以及被动性接受案件的限制下,行政诉讼在形式上成为了安全可靠的社会稳定调节器。

除了诉讼机制上的特色,行政诉讼程序的特性也具有相当的弹性,能够更便捷地为统治者服务。相对于立法烦琐的修订程序,行政诉讼程序可以便利地进行调整,从而限制反对者利用行政程序并防止潜在的司法动员可能。而在行政诉讼的内部运作上,尽管法官作为广义上官僚机制的一员可以参与行政机构的共谋,但在忠于法律的职业规范与相对分离的职权行使机制保障之下,司法监督的代理成本较其他行政监督机制更为低下。所有这些因素,都将行政诉讼制度塑造成为可靠、便利而更有效率的代理成本降低机制。

在西方意义上的法治国家中,执政者并不需要依赖法院的行政诉讼机制来监督权力的运行,在其社会职能中会有诸多更为直接的选项

---

① Mathew McCubbins and Thomas Schwartz, Congressional Oversight Overlooked: Police Patrols vs. Fire Alarms, *American Journal of Political Science*, Vol. 28, 1984, pp.165 - 179.

② Tom Ginsburg, Administrative Law and the Judicial Control of Agents in Authoritarian Regimes, in Tom Ginsburg and Tamir Moustafa Edited, *Rule by Law: The Politics of Courts in Authoritarian Regimes*, p.60.

提供相应的监督可能。而在后发国家中,因为权力的高度集中,政府机构外部的监督往往作用寥寥,内部的监督机构又面对着庞杂重叠的机构设置与烦琐的官僚程序,因此,行政诉讼程序尽管有着处理争议周期较长、程序烦琐、受众面复杂等诸多限制,仍旧成为了统治者赖以处理代理人问题的有效机制。[1] 更重要的是,行政诉讼程序也构成了社会诉求的反映渠道,尽管在现实层面能够解决问题、维系民众权益的可能性存疑,但合法却烦琐的司法管道的存在,无疑为民众的权利救济提供了理论上的渠道,从而能够助成维系社会稳定的目标。

四、民族国家框架中的合法性构成

近代民族国家的构建,意味着以高度组织化与集中化的方式,将政治活动委托给单一的组织,而这一组织不同于其他所有保护社会和维系秩序的实体。[2] 要成为合格的国家,就必须将国家建设成为一个单一性的组织,将国家设定为所有政治活动的来源。通过政治权力的非个人化、形式化,政治权力被整合进入更大的社会整体中,成为了连接国家与个人的重要渠道。近代国家的演化历史中,以绝对主义国家的模式代替等级政治,在整个领土上以普遍的、相对统一的方式行使司法权力,本就是宣示政权合法性的应有内涵。[3] 国家主权的主要表达途径就是法律的制定与实行,在理性的法律原则中构建出国家赓续的理念基础,让体系性的法律成为确保国家统一的制度柱石。[4]

在国家构建的过程中,合法性的宣示不仅意味着民意的基础与权

---

[1] Tom Ginsburg, Administrative Law and the Judicial Control of Agents in Authoritarian Regimes, in Tom Ginsburg and Tamir Moustafa edited, *Rule by Law: The Politics of Courts in Authoritarian Regimes*, p.68.
[2] 〔美〕贾恩弗朗哥·波齐:《国家:本质、发展与前景》,陈尧译,第 21 页。
[3] 同上书,第 43 页。
[4] 同上书,第 188 页。

力运作的正当性,也蕴含着政治权力的日常表达因素。对于统治者而言,命令的发布是为了得到服从与实现,政治权力的存在建立在能够以强制工具的方式对不同的个人与团体进行控制的基础上。① 因此,以公开的程序、法定的环节,对社会成员进行持续性的干预与管理,就成为了法律在政治统治中的特殊功用,而司法制度以自身的独特优势,成为了控制社会的重要手段。对于政治权力而言,构建司法制度不仅仅是为了统治的便利性与现代国家所应当具备的制度外观,也是一种有序的控制社会、维系政治权力的手段。

在维护社会秩序的层面上,政治权力需要通过对合法暴力手段的垄断,保护社会不会受到外部的入侵,维系社会内部的法治与秩序。此外,政治权力也需要规定其他社会生活领域的适当权限,对个人的自然权利予以保障,通过对社会生活权限的尊重与个人权利实现机制的保障,政治权力方能获得自身的合法边界。② 正是有赖于法律的机制化效应,通过司法权力与立法权力的配合运作,政治权力建立制度上所许可的、合法的强制手段,通过对强制力的实质性限制,表明在近代国家中个人具有自主权并有权追求自身的利益。③

如果说促进经济发展与监督官僚机构,是在政权趋于稳定的基础上,以司法改革为手段的施政方针,那么,对于近现代所出现的民族国家而言,司法制度的革新则是国家构成的必要组成部分。传统国家与民族国家的最大区别之一,在于传统国家以身份等级的不平等作为社会的构建方式与基本规范。在身份等级制度之下,基于不同身份而建构出不同的权利义务体系,社会的不平等被视为天然而成,也是社会赖以运转的框架与认知基础。而近现代民族国家则是完全抛弃了身份等

---

① 〔美〕贾恩弗朗哥·波齐:《国家:本质、发展与前景》,陈尧译,第 7 页。
② 同上书,第 15 页。
③ 同上书,第 16 页。

级制度,以国家的疆界作为范畴,将疆界内部的民众视为平等的公民,并在理论上经由公民的授权构建出国家的政治权力框架。

相较于传统国家,法律在民族国家中的作用就显得尤为重要,与身份等级制度作为社会主要规范体系的传统国家不同,民族国家的法律被视为平等公民之间行事的基本依据。无论是社会制度的组建、社会关系的调适,都需要以法律作为基本规范。当法律的作用被大大提升之后,司法如何从传统的问题解决机制化身为民众的权益保护机制,如何将维系公平正义的目标放置到维持社会稳定之上,是其在近代社会所必然面对的转型使命。

在法律作为民族国家的基本规则框架之后,原先的以宗教、传统、血缘身份或社会团体活动等形成的运作机制就需要让位。国家从法律中获得正当性,通过司法手段来执行各种政治任务。通过法律的手段,国家将自身的组织发展壮大,赋予国家机构以权能,建立对政府活动的控制,保障个人的公民权利与义务,并通过从经济活动中大量汲取资源来资助政府的活动。① 无疑,司法制度已经不限于争端解决的职能,而成为国家推进自身政治理念的重要工具。

因此,通过司法实践的作用,废除旧的身份等级制度,成为了土耳其与日本在近代进行司法改革过程中的重要使命。除此之外,民族国家的权力框架体系大抵是一元化的,对宗教权力与地方割据势力的限制与清除,也成为了司法制度的使命之一。在土耳其的案例中,如何与宗教势力争夺司法权力,如何凭借新的司法机构将世俗立法真正落实于实践以改造社会,成为了统治者在推行法律改革过程中的重点关注目标。在日本的案例中,法院成为了中央政权的代表,通过建立地方基层法院,逐渐让传统意义上隶属于地方行政权的司法权独立并收归中

---

① 〔美〕贾恩弗朗哥·波齐:《国家:本质、发展与前景》,陈尧译,第29页。

央所有，成为了司法改革的主要意指。而在印度的案例中，在殖民制度的遗产中进行法律革新举步维艰，族群的对立让立法所需的社会共识无法形成，本按照现代司法理念行事的法院体系也受到环境制约无法施展。对立与分化的社会环境，注定了印度法律改革的路途艰险。

近现代司法制度的诸多特点，又助成了中央集权化与世俗化的制度设计路径。在司法官僚的培养上，将法律知识与司法技术视为专业化的技能，从而将司法官僚纳入中立性的技术官僚群体。在理论意义上，司法官僚的职能行使应当基于对法律的忠诚，因此，无论是地方势力还是宗教势力，都很难对司法官僚的裁判过程产生具备合法理据的干预。

在司法机制的运作上，从地方初审法院到中央最高法院的不同层次的法院体系构建，使得中央能够通过司法权的行使对地方事务进行有效的干涉。而近现代司法制度中的上诉制度，又在无形间将审判的最终决定权力交予了位于中央的最高司法机构。因此，相比较行政权力高度依赖地方环境的特性，司法权在天然属性上倾向于中央集权，能够如臂使指般为中央政权进行服务。

如果说司法机制的构建能够在内部功能上助益民族国家的稳定与发展，在外部框架上，司法机制又以主权行使者的形象，成为了民族国家的合法性证成因素。在民族国家的构建理论中，国家在实质意义上是以民族成员的认同与授权作为基础、以法律作为社会规范与权力运作机制而构建出来的新型共同体中。在这一共同体中，法律不再单纯地以治理工具的形式存在，而且成为了主权象征。在殖民主义的世界秩序中，后发国家的司法主权受到以治外法权为代表的殖民法律机制的侵犯，进而成为后发国家的独立未成、主权不完整的形象表征。

当后发国家在殖民秩序中受到冲击，进而以西方国家为模板建立民族国家时，司法主权的重要性就被无限放大。与传统国家中司法大致作为社会治理的手段可以进行中和与让渡不同,民族国家体系中的司法权力已经成为了主权的固有成分。司法权力的独立行使已经不再是一个内部机制的运行规律,而成为了证成国家独立、主权完整的象征,国家自主与否与司法主权密切相关。因此,通过司法制度的改革进而废除治外法权,成为了后发国家统治者证成自身合法地位的最佳方式。在日本与土耳其的司法改革过程中,废除治外法权、构建民族国家的框架制度,是其统治者推动改革的重要目标,而司法主权的恢复也成为了民族国家独立建国的最终标记。

第二节 能动型国家中的司法制度

一、作为政策工具的司法制度

作为国家建构的一部分,司法制度的功用与转型应当放置在现代国家的经济与社会组织的关系之中来加以考察。[1] 政权的职能不仅包括了维系社会公益与平衡的基本任务,也蕴含中推进社会变革的纲领手段。[2] 作为政权机构的一部分,司法机构在其功能设置上,可以同时体现着纠纷解决与政策实施并存的模式。这种模式的出现与政权的权力属性并无太多关系,对于致力于深入改造社会的国家而言,中央集权化与专业化的政府是将其政策纲领在全国范围内进行贯彻施行的前提条件,而司法机构的中央集权化与专业化属性,使其成为了推行政策实施的理想工具。[3]

---

[1] 〔美〕米尔伊安·R.达玛什卡:《司法和国家权力的多种面孔——比较视野中的法律程序》,郑戈译,中国政法大学出版社2004年版,第9页。

[2] 同上书,第19页。

[3] 同上。

在土耳其的案例中,司法作为执行政权政策的工具倾向显现得尤为明显。对于司法机构而言,其本质功用在于将立法适用于司法实践中,并完全被禁止涉足立法机构的政策制定活动。近代以降,在欧洲的绝大多数国家,司法官僚都以专业人士的面孔出现,外行人参与司法活动的可能性即使存在,也处于极低的程度。[1] 理想中的司法权力运作,是以立法的方式缩减法官的自由裁量空间,让类似的案件在不同的法官手中得出同一性的结果。因此,当专业化的司法官僚在逐渐细化的立法框架之下行使职权的时候,法院并无可能以创造性的方式去填补社会空间。恰恰是这种稳定性,使得司法机构与行政机构具有了高度相似的属性,尽管拥有自由裁量权,司法机构对政权的高度服从完全有可能让其成为可改造、可利用的政策工具。

与大众眼中司法独立行使职权、法律职业群体与政治权力保持相当距离的想象不同,土耳其与智利的案例都证明了法官群体对政权的认受与服从远超预期。司法权力在行政权力面前的先天弱势与易操控性,使得司法机构的运作无法突破政权所设定的限制,从而被进一步赋予政策实施的工具使命。

在政策实施的层面,司法机构以特有的中立性姿态与程序性规则,反而可以通过司法判决的方式,将有争议的政策快速付诸社会实践。在国家转型与政治权力的争夺过程中,司法制度不仅可以通过违宪审查的方式,来维持一个相对公正的政治竞争环境,也可以通过否决立法的效力或者限制立法效力范围的方式,来影响现实中的社会秩序构建。[2]

---

[1] 〔美〕米尔伊安·R.达玛什卡:《司法和国家权力的多种面孔——比较视野中的法律程序》,郑戈译,第 50 页。

[2] Dianan Kapiszewski, Gordon Silverstein, and Robert A. Kagan, Of Judicial Ships and Winds of Change, in Dianan Kapiszewski, Gordon Silverstein, and Robert A. Kagan edited, *Consequential Courts: Judicial Roles in Global Perspectives*, Cambridge: Cambridge University Press, 2013, p.406.

问题在于，在司法权力的西方样本中，司法权力对政治权力保有独立性与相当之距离，是其能够顺利运作的前提基础之一。违宪审查制度在美国的出现以及随后的普及，是独特的历史现象而非普遍性的规律。在诸多后发国家的案例中，司法往往无法制约政权的所作所为，转而为政权提供背书，成为政权政策的实施工具。如果说在日本、土耳其等寻求民族独立、恢复司法主权的国家中，政权对司法改革予以极高关注，是基于民族国家政权的合法性诉求，那么在政权稳定、新国家建成之后，操控司法机构仍然是诸多案例中的普遍现象。要解答此问题，需要从国家建构的基本形态出发。

二、能动型国家中的司法导向

在经典理论中，司法在"公民—国家"关系中的主要作用，是作为国家解决纠纷的中立性组织，司法机构的行事依据是已有的社会规范与法律体系，并不代表国家的意志、价值或者政策。[1] 国家设立司法机构，只是以消极的方式化解纠纷，以中立的立场履行国家职能。在此种模型下，个人权利被视为至高无上，国家的制度是个人权利的投射。

在本研究所进行的案例分析中，后发国家无一例外地将司法制度视为社会改革与国家建构的工具，国家并不满足于消极地处理争议或推进些许社会福利，而是将司法制度视为构建美好生活蓝图的一个组成部分。在这些国家的发展计划中，统治者的政策与意志通过立法、司法与行政等多种手段，对社会进行了塑造。公权力以强势方式介入社会，以积极干预而非放任发展的方式实现理想愿景的国家，通常被称为"能动型国家"。

---

[1] 〔美〕米尔伊安·R.达玛什卡：《司法和国家权力的多种面孔——比较视野中的法律程序》，郑戈译，第113页。

能动型国家对法律的理解与运用,并不停留在对社会习惯的认受与吸收上,而是将法律视为国家表达自身政策的工具。与社会契约论式的立法观念不同,能动型国家的法律带有国家命令的色彩,土耳其所推行的世俗化法令以及印度政府赋予编纂民法的重大期望,都展现出现代法律作为政权的政策工具所承载的改造社会的期望。能动型国家的法律是指导性的,有时候甚至是恫吓性的,法律不再是仅仅承认社会中的公序良俗,也告诉民众应该做什么以及如何去做。①

在司法的功能设定上,能动型国家对于司法职能的期待,是能够将国家政策贯彻到法官所审理的案件之中。② 在司法作为政策目标的理念指引下,国家必定会倾向于通过制度设计,让司法程序成为一项由政府官员所控制的调查,而法官所能够拥有的自由裁量权空间自然更加狭小。③ 在司法的功能实践上,能动型国家将自身定位为社会事务的具体管理者而不再是中立的纠纷解决者,政府的任务可以是把民众聚合起来且为个人设计出相应的激励机制。④

在国家主导的趋势之下,能动主义的政策方针会使得司法与行政开始融合。如果说在一个理想中的"无为而治"国家中,国家的司法与行政职能都是被动地对社会问题进行处置的话,那么在能动型国家中,包括审判活动在内的所有活动都带有一定的行政色彩。⑤ 譬如,佛朗哥政权在设置特别法庭,并将其划入行政部门的直接管辖时,其动机并不全然是通过特别法庭来巩固军人政权的独裁统治,而在很大程度上有通过司法职权的变动来促进行政效率与经济改革的考量。在实然层

---

① 〔美〕米尔伊安·R. 达玛什卡:《司法和国家权力的多种面孔——比较视野中的法律程序》,郑戈译,第 122 页。
② 同上书,第 130 页。
③ 同上。
④ 同上书,第 121 页。
⑤ 同上书,第 132 页。

面,后发国家的行政与司法部门之间相对靠近的距离与接近的立场,不惟与国家建构时期行政权与司法权的同步伸展有着密切的关系,也与国家在发展历程中为实现特定目标而将司法机构与行政部门进行同步指令动员有着直接联系。

对于能动型国家中的司法实践解读,不应简单地套用"行政干预司法""侵犯司法独立行使职权"的思维定势,而应该将司法纳入国家政策的整体运作机制中进行观察。在政府职能已经转变,通过种种设定让司法机构成为国家政策的实施工具时,司法权力行使的基本目的与方式就已经发生了根本性的转变。能动型国家并不承认个人权益的至高无上,也就无从将司法权力视为民众权益的保障工具,更不会认定司法机构独立于其他政府机构运转。在能动型国家的视野中,司法能够以其独特的专业技术与职权属性,作为改造社会、实现国家利益的直接性工具。无论是行政诉讼在后发国家的普遍运用,还是市场经济对于现代司法制度的冲击,都普遍性地证明了形式上的现代司法机构的运行内理与经典理论可谓相距甚远。

能动型国家司法实践的分析并不能作为一种价值判断或者合理性论证,只是权且提供了新视角,以观察理解后发国家在社会转型中的司法功能变迁。需要明确指出的是,能动型国家的司法制度远非完善,在西班牙、智利、土耳其的案例中,雄心勃勃的统治者对司法权力的压制并没有直接助益于社会蓝图的实现;相反,选择性的运用司法权力、对于司法机制的诸多限制等问题,至今仍然困扰着这些国家的法律实践乃至整体国家发展。在后发国家的现代化路径中,能动型政府的出现似乎是一种必然,但在取得巨大成功的少数案例之外,也应当注意到,尚未实现法治,未能达成社会的长期稳定与发展的国家终归是大多数。能动型国家对于司法的干涉,尽管有可能在短期内能够实现社会利益的快速增长,但长期而言却无法构建出可持续的司法方针,相反会撕裂原本并不稳固的社会,助长社会的不平等。

三、精英主导的司法建构

在以上案例研究中,司法改革的过程均体现了后发国家精英阶层对司法权力的控制利用与改造意图。后发国家因其政治权力的高度集中,精英掌权的现实使司法制度之建构带有更加明显的自上而下色彩。在明治维新时期的日本,司法制度之革新为统治精英实现了双重目标:既利用司法机构从行政部门剥离而出的机会建构出中央集权式的司法权力框架,达到了消弭地方割据势力的权力空间的期望;又以近代化司法框架的构建作为宏观国家制度建构的组成部分,并以此为理据废除了破坏司法主权的治外法权制度。但是这种模式下,司法权力的伸展与实践都有赖于自上而下的推动,而缺乏民间组织的有效支撑。在大正年间的日本,文官政治的发展与社会力量的生长曾经是促进社会转型的良好因素,但在法西斯化的背景之下无从实现。

社会精英主导模式的优劣之处,可以通过日本的案例得到清晰的解读,即便能在短期内快速移植西方式的司法制度框架,但在缺乏社会基础条件的情况下,现代化的司法机构并不等同于社会价值的保障工具。在土耳其共和国建国之初的案例中,统治精英的决心与意愿直接决定了法律制度的走向与发展,在军人精英当政并与旧帝国作了彻底切割之后,土耳其在改革中以一种更为果决的方式塑造了新的国家制度,也让传统社会快速地过渡到了民族国家阶段。这种精英主导、自上而下的大幅度变革,有着深刻的时代因素,如果没有外界力量的刺激与求民族生存的危机感,很难想象旧制度能够如此迅速地被切割抛离。

与日本和土耳其的救亡图存式变革不同,在西班牙佛朗哥政权与智利皮诺切特政权的案例中,军人政权与司法官僚同作为社会精英阶层,进行了共谋与合作。西班牙与智利的军人统治者上台之后,都必须面对一个前提条件,那就是在军事政变前,其国家已经按照现代化的标准构建出了有效运行的司法制度。当现代化的司法制度由职业化的司法官僚进行操作,并先于军人政权而存在时,亟需合法性论证与社会团体支持的军人政权大抵上不会重起炉灶式地改造原有的司法制度。相反,在西班牙与智利的案例中,当权者对于法官阶层都进行了大量的沟通甚至是共谋,试图通过保留原有司法框架与自主权的方式让司法权力继续有效地为新政权服务。而"二战"之后的经济全球化趋势,使得当权者对法律更加重视,不仅将法律视为维系统治与管理社会的工具,也将其视为促进贸易与经济发展,继而增强政权合法性的重要促进因素。因此,西班牙与智利的司法革新都体现出了便利经济发展、保护私有产权,但又严苛打击个人政治权益的相悖路径。

此外,与想象中的司法职业群体当为司法的独立行使职权而斗争不同,在现实社会中,司法职业群体是一个相对弱小的社会团体,地位实质上有赖于政治权力的保障。司法人员的任命机制决定了其命运掌握在政权手中,传统的阶级赖以赓续的经济地位与社会地位,是无法为司法人员所共享的。因此,服从于政治权力成为了司法职业群体在政权更迭前后的理性选择,西班牙与智利的司法官僚与军人政权的合作并不应当被视为异数。

而在印度的案例中,殖民遗产与新国家建构之间的错综复杂关系,直接造就了现代印度的法律改革进程。对于统治者而言,因其统治理念大抵沿袭自殖民当局而非传统社会,建构现代化的司法构架已经成为题中之义。但在殖民时期所遗留下来的,不仅有经受过现代化司法训练的技术官僚,也有长期的殖民思维与方针。当殖民者从未试图整合传统社会并进行现代化导向的社会改革之时,新国家需要面对重新改造社会的宏大任务。但在现代国家的框架已经厘定但政令不通的情况下,再以立法与司法改革的方式,进而带动社会的改造就显得力不从心。现代印度国家的构建与运作模式,有着鲜明的殖民时期印记。殖民者以简单化地实现征服与统治为目的,未曾彻底改造社会,也使得即便具备了现代法律意识与治理观念的印度统治精英,在错综复杂的现实中无从真正地构建出现代国家所必须的法律运行机制。

政府的重要功能之一,就是在控制精英与从事再分配的活动上发挥作用。[①] 前现代社会的运转中,往往是围绕着有能力财富再分配的精英人士进行的,而非采用平等与开放的市场经济方式。对于现代国家而言,从事再分配的基本形式,是采用法律的方式公平地分配。即便是看起来无法独立行使职权的司法机构,也能够在政权的指导抑或直接操控之下,一定程度上维系社会的公平。对于未曾历经西方式的政府演进历史的后发国家而言,司法制度本质上反而有利于政府通过与司法精英的合作与控制,从事社会的资源再分配。在诸多后发国家的案例中,社会的等级制度既是造就不平等的温床,也为后续的社会精英进入新的统治机制提供了机会。毕竟,如皮诺切特、佛朗哥式的政权需要拉拢社会精英团体参与社会治理,而司法职业群体恰恰可以成为被拉拢的对象。军人政权的羸弱控制力,反而给予司法机制一定的运作空间,通常以右翼保守主义为标签的军人政权,与以保守主义作为传统原则的司法机制,在意识形态上的相似性要更加明显。

当解读司法制度的运作与沿革之时,或许司法框架的本体重要性被过于强调,而忽视了其他的社会权力机构与配套体系,但具体情境中的社会经济形态,大约才是决定司法制度实际效用的真正因素。以标准化的方式去衡量测评各个国家的司法运作,很有可能会产生偏见与误解。徒法不足以自行的理由,同样也能适用于对司法机制的解读,在

---

① 〔美〕弗朗西斯·福山:《政治秩序与政治衰败:从工业革命到民主全球化》,毛俊杰译,第49页。

持续性的司法变革过程中,对司法权力行使的额外限制与规避方式可谓层出不穷,只有对司法制度的效用进行具体考量,方有可能得出更接近于真相的结论。

在司法的发展历史中,制度的变迁与演进绝非线性的,而是呈现出了复杂的多元景象。① 司法职能的发展与演变,为时代背景、社会结构、意识形态等诸多因素所影响,以比较的视野而论,并不存在理想化的实际模板,而是在时间的长河中不断转变。

---

① Dianan Kapiszewski, Gordon Silverstein, and Robert A. Kagan, Of Judicial Ships and Winds of Change, in Dianan Kapiszewski, Gordon Silverstein, and Robert A. Kagan edited, *Consequential Courts: Judicial Roles in Global Perspectives*, Cambridge: Cambridge University Press, 2013, p.410.

参 考 文 献

一、中文书籍

程汉大、李培锋:《英国司法制度史》,清华大学出版社2007年版。
陈瑞华:《问题与主义之间——刑事诉讼基本问题研究》,中国人民大学出版社
　　2003年版。
胡夏冰:《司法权性质与构成的分析》,人民法院出版社2003年版。
季卫东:《法治秩序的建构》,中国政法大学出版社1999年版。
刘军宁:《共和、民主、宪政》,上海三联书店1998年版。
梁治平:《清代习惯法:社会与国家》,中国政法大学出版社1996年版。
孙万胜:《司法权的法理之维》,法律出版社2002年版。
谢佑平:《刑事诉讼法原则:程序正义的基石》,法律出版社2002年版。
袁东振、徐世澄:《拉丁美洲国家政治制度研究》,世界知识出版社2004年版。
杨鸿烈:《中国法律发达史》,上海书店出版社1990年版。
张千帆等:《宪政、法治与经济发展》,北京大学出版社2004年版。

二、中文论文

陈端洪:《司法与民主:中国司法民主化及其批判》,载《中外法学》1998年第4期。
陈洪杰:《现代性视野下司法的信任危机及其应对》,载《法商研究》2014年第4期。
陈金钊:《法官司法缘何要奉行克制主义》,载《扬州大学学报(人文社会科学版)》
　　2008年第1期。
陈瑞华:《刑事程序失灵问题的初步研究》,载《中国法学》2007年第6期。
陈喜贵:《克制抑或能动——我国当下应当奉行什么样的司法哲学》,载《内蒙古社
　　会科学(汉文版)》2009年第2期。
范愉:《社会转型中的人民调解制度——以上海市长宁区人民调解组织改革的经
　　验为视点》,载《中国司法》2004年第10期。

傅郁林:《审级制度构建原理》,载《中国社会科学》2001年第2期。
顾培东:《能动司法若干问题研究》,载《中国法学》2010年第4期。
顾培东:《中国法治的自主型进路》,载《法学研究》2010年第1期。
顾培东:《中国司法改革的宏观思考》,载《法学研究》2000年第3期。
何勤华:《新时期中国移植西方司法制度反思》,载《法学》2002年第9期。
贺卫方:《对抗制与中国法官》,载《法学研究》1995年第4期。
贺卫方:《中国司法管理制度的两个问题》,载《中国社会科学》1997年第6期。
贺卫方:《司法改革中的上下级法院关系》,载《法学》1998年第9期。
侯欣一:《陕甘宁边区司法制度、理念及技术的形成与确立》,载《法学家》2005年第4期。
季卫东:《法律职业的定位——日本改造权力结构的实践》,载《中国社会科学》1994年第2期。
李浩:《法官素质与民事诉讼模式的选择》,载《法学研究》1998年第3期。
栗峥:《国家治理中的司法策略:以转型乡村为背景》,载《中国法学》2012年第1期。
吕明:《从"司法能动"到"司法克制"——略论近年来中国司法改革的方向质变》,载《政治与法律》2009年第9期。
梁治平:《习惯法、社会与国家》,载《天涯》1996年第4期。
苏力:《关于能动司法与大调解》,载《中国法学》2010年第1期。
王建国:《司法能动与纠纷解决》,载《法律适用》2010年第2—3期。
王结发:《制度认同与政治合法性》,载《行政与法》2014年第5期。
吴英姿:《司法的限度:在司法能动与司法克制之间》,载《法学研究》2009年第5期。
吴英姿:《论司法认同:危机与重建》,载《中国法学》2016年第3期。
谢佑平、闫自明:《宪政与司法:刑事诉讼中的权力配置与运行研究》,载《中国法学》2005年第4期。
于建嵘:《机会治理:信访制度运行的困境及其根源》,载《学术交流》2015年第10期。
杨建军:《"司法能动"在中国的展开》,载《法律科学》2010年第1期。
杨建军:《法治国家中司法与政治的关系定位》,载《法制与社会发展》2011年第5期。
杨建民:《公民社会与拉美国家的司法改革》,载《拉丁美洲研究》2011年第2期。
杨建民:《拉美国家的司法制度研究》,载《拉丁美洲研究》2010年第6期。
杨建民:《拉美国家的司法改革与政治转型研究》,载《拉丁美洲研究》2013年第5期。
杨建民:《拉美国家的司法改革与治理能力建设》,载《拉丁美洲研究》2015年第2期。
杨力:《新农民阶层与乡村司法伦理的反证》,载《中国法学》2007年第6期。
杨利敏:《亨利二世司法改革的国家构建意义》,载《比较法研究》2012年第4期。

周汉华:《论建立独立、开放与能动的司法制度》,载《法学研究》1999年第5期。
周赟:《司法能动性与司法能动主义》,载《政法论坛》2011年第1期。
张志铭:《中国司法的功能形态:能动司法还是积极司法》,载《中国人民大学学报》2009年第6期。

三、外文著作

Barros, Robert 2002. *Constitutionalism and Dictatorship: Pinochet, the Junta, and the 1980 Constitution*. Cambridge: Cambridge University Press.

Baum, Lawrence 2006. *Judges and Their Audiences: A Perspective on Judicial Behavior*. Princeton, NJ: Princeton University Press.

Beattie, Kirk 2000. *Egypt during the Sadat Years*. New York: Palgrave.

Bell, Daniel 2000. *The End of Ideology*. Cambridge, MA: Harvard University Press.

Bernhardt, Kathryn, Huang, Philip, and Allee, Mark 1994. *Civil Law in Qing and Re-publican China, Law, Society, and Culture in China*. Stanford: Stanford University Press.

Brett, Sebastian 1992. *Chile: A Time of Reckoning*. Geneva: International Commission of Jurists.

Brooker, Paul 2000. *Non-Democratic Regimes: Theory, Government, and Politics*. New York: St. Martin's Press.

Brown, Nathan 1997. *The Rule of Law in the Arab World: Courts in Egypt and the Gulf*. Cambridge: Cambridge University Press.

Carothers, T. 2003. *Promoting the Rule of Law Abroad: The Problem of Knowledge*. Washington, DC: Carnegie Endowment for International Peace.

Chavez, Rebecca Bill 2004. *The Rule of Law in Nascent Democracies: Judicial Politics in Argentina*. Stanford: Stanford University Press.

Clark, Tom S. 2011. *The Limits of Judicial Independence*. New York: Cambridge University Press.

Cover, Robert 1975. *Justice Accused: Antislavery and the Judicial Process*. New Haven: Yale University Press.

Darcy, Shane 2014. *Judges, Law and War: The Judicial Development of International Humanitarian Law*. Cambridge: Cambridge University Press.

Delaney, Erin F. & Dixon, Rosalind 2018 (ed.), *Comparative Judicial Review*, Cheltenham: Edward Elgar.

Dezaley, Yves and Garth, Bryant 2002. *The Internationalization of Palace Wars: Lawyers, Economists, and the Contest to Transform Latin American States*.Chicago:University of Chicago Press.

Drake, Paul 1996. *Labor Movements and Dictatorships: The Southern Cone in Comparative Perspective*.Baltimore:Johns Hopkins University Press.

Ginsburg, Tom 2003.*Judicial Review in New Democracies, Constitutional Courts in Asian Cases*.Cambridge:Cambridge University Press.

Ginsburg, Tom and Kagan, Robert 2005.*Institutions and Public Law:Comparative Approaches*.New York:Peter Lang Publishing.

Guarnieri, Carlo and Pederzoli, Patrizia 2002. *The Power of Judges: A Comparative Study of Courts and Democracy*.New York:Oxford University Press.

Hirschl, Ran 2004. *Towards Juristocracy: The Origins and Consequences of New Constitutionalism*.Cambridge, MA:Harvard University Press.

Migdal, Joel 1989. *Strong Societies and Weak States: State-Society Relations and State Capabilities in the Third World*.Princeton, NJ:Princeton University Press.

North, Douglass C. 1990. *Institutions, Institutional Change, and Economic Performance*.Cambridge:Cambridge University Press.

Ozbudun, Ergun 1999.*Contemporary Turkish Politics:Challenges to Democratic Consolidation*.Boulder:Lynne Rienner.

Payne, Stanley 1967.*Politics and the Military in Modern Spain*.Stanford:Stanford University Press.

Peerenboom, Randall P. 2002. *China's Long March toward Rule of Law*. Cambridge:Cambridge University Press.

Peerenboom, Randall 2009. (ed.), *Judicial Independence in China, Lessons for Global Rule of Law Promotion*.Cambridge:Cambridge University Press.

Poorter, Jurgen de.Ballin, Ernst Hirsch. & Lavrijssen, Saskia 2019(ed.), *Judicial Review of Administrative Discretion in the Administrative State*.Springer.

Root, Hilton L.2006.*Capital and Collusion: The Political Logic of Global Economic Development*.Princeton, NJ:Princeton University Press.

Rosberg, J.1995.*Roads to the Rule of Law: The Emergence of an Independent Judiciary in Contemporary Egypt*.PhD diss., Massachusetts Institute of Technology, Cambridge, MA.

Rose-Ackerman, S.1995.*Controlling Environmental Policy:The Limits of Public

Law in Germany and the United States.New Haven:Yale University Press.

Russell,Peter and O'Brien,David 2001.*Judicial Independence in the Age of Democracy:Critical Assessments from Around the World*.Charlottesville,VA:University of Virginia Press.

Ramcharan,Bertrand G.2005(ed.),*Judicial Protection of Economic,Social and Cultural Rights:Cases and Materials*,Leiden:Martinus Nijhoff Publishers.

Shirk,S.1993.*The Political Logic of Economic Reform in China*.Berkeley:University of California Press.

Shklar, Judith 1986. *Legalism: Law, Morals, and Political Trials*. Cambridge, MA:Harvard University Press.

Shpiro,Martin & Sweet,Alec Stone 2002.*On Law,Politics & Judicialization*,Oxford:Oxford University Press.

Sieder,Rachel,Schjolden,Line,and Angell,Alan 2005.*The Judicialization of Politics in Latin America*.New York:Palgrave Macmillan.

Stone Sweet,Alec 1992.*The Birth of Judicial Politics in France*.Oxford:Oxford University Press.

Stone Sweet,Alec 2000.*Governing with Judges:Constitutional Politics in Europe*. New York:Oxford University Press.

Strayer,J.R.1970.*On the Medieval Origins of the Modern State*.Princeton,NJ:Princeton University Press.

Svolik,Milan W.2013.*The Politics of Authoritarian Rule*.New York:Cambridge University Press.

Tushnet,Mark 2008.*Weak Courts,Strong Rights,Judicial Review and Social Welfare Rights in Comparative Constitutional Law*.Princeton:Princeton University Press.

Wilson, Andrew 2005.*Virtual Politics:Faking Democracy in the Post-Soviet World*.New Haven:Yale University Press.

Wintrobe,Ronald 1998.*The Political Economy of Dictatorship*.Cambridge:Cambridge University Press.

Wong,Y.H.and Leung,Thomas K.2001.*Guanxi:Relationship Marketing in a Chinese Context*.New York:International Business Press.

Wood, Elisabeth Jean 2000. *Forging Democracy from Below*. Cambridge: Cambridge University Press.

四、外文论文

Abrahamson, Eric, and Rosenkopf, Lori 1997. "Social Network Effects on the Extent of Innovation Diffusion: A Computer Simulation," *Organization Science* 8: 289 – 309.

Ackerman, Bruce 1997. "The Rise of World Constitutionalism," *Virginia Law Review* 83: 771 – 797.

Ahmad, Feroz 1977. *The Turkish Experiment in Democracy 1950 – 1975*. London: Royal Institute of International Affairs.

Arab Republic of Egypt 1977. *Legal Guide to Investment in Egypt: General Authority for Investment and Free Zones*. Cairo: General Egyptian Book Organization.

Arab Republic of Egypt 1982. *Status of the Open Door Economy Investment Guide*. Cairo: Central Agency for Public Mobilization and Statistics.

Arslan, Zuhtu 2002. "Conflicting Paradigms: Political Rights in the Turkish Constitutional Court," *Critique: Critical Middle Eastern Studies* 11 (Spring): 9 – 25.

Aybay, Rona 1977. "Some Contemporary Constitutional Problems in Turkey," *Bulletin* (British Society for Middle Eastern Studies) 4: 21 – 27.

Barros, Robert 2003. "Dictatorship and the Rule of Law: Rules and Military Power in Pinochet's Chile," in J. M. Maravall and A. Przeworski (eds.) *Democracy and the Rule of Law*. Cambridge: Cambridge University Press.

Bates, Robert 1992. "The Impulse to Reform," in Jennifer Widner (ed.) *Economic Change and Political Liberalization in Sub-Saharan Africa*. Baltimore: Johns Hopkins Press.

Biddulph, S. 2004. "The Production of Legal Norms: A Case Study of Administrative Detention in China," *UCLA Pacific Basin Law Journal* 20: 217 – 277.

Bishop, W. 1990. "A Theory of Administrative Law," *Journal of Legal Studies* 19: 489 – 530.

Bishop, W. 1998. "Comparative Administrative Law," in Peter Newman (ed.) *The New Palgrave Dictionary of Law and Economics*, pp. 327 – 35. London: MacMillan.

Cea, José Luis 1978. "Law and Socialism in Chile, 1970 – 1973," Ph.D. diss., University of Wisconsin-Madison.

Clarke, Donald C.1995."The Execution of Civil Judgments in China,"*China Quarterly* 141(March):65 - 81.

Cohen, Jerome A.1997."Reforming China's Civil Procedure: Judging the Courts," *American Journal of Comparative Law* 45(4):793 - 804.

Correa Sutil, Jorge 1993."The Judiciary and the Political System in Chile: The Dilemmas of Judicial Independence during the Transition to Democracy,"in I.Stotzky(ed.) *Transition to Democracy in Latin America : The Role of the Judiciary*. Boulder: Westview Press.

Couso, Javier 2002."The Politics of Judicial Review in Latin America: Chile in Comparative Perspective,"PhD diss., University of California, Berkeley.

Dahl, Robert 1957."Decision Making in A Democracy: The Supreme Court As A National Policy-Maker,"Journal of Public Law 6:279 - 95.

Devereux, Robert 1965."Turkey's Judicial Security Mechanism,"*Die Welt des Islams* 10:33 - 40.

Diamond, Larry 2002."Thinking about Hybrid Regimes,"*Journal of Democracy* 13:21 - 35.

Ferejohn, John.2002."Judicializing Politics, Politicizing Law,"*Law and Contemporary Problems* 65:41 - 68.

Ferejohn, John and Weingast, Barry R.1992."A Positive Theory of Statutory Interpretation,"*International Review of Law and Economics* 12:263 - 279.

Galanter, Marc 1974."Why the 'Haves' Come out Ahead: Speculations on the Limits of Social Change,"*Law and Society Review* 9:95 - 160.

Gallagher, Mary E.2005."Use the Law as Your Weapon! The Rule of Law and Labor Conflict in the PRC,"in N.J.Diamant, S.B.Lubman and K.J.O'Brien(eds.) *Engaging the Law in China : State , Society , and Possibilities for Justice*. Stanford: Stanford University Press.

Galleguillos, Nibaldo H.1998."From Confrontation to Friendly Persuasion: An Analysis of Judicial Reform and Democratization in Post-Pinochet Chile,"*Canadian Journal of Latin American and Caribbean Studies* 23:161 - 192.

Gibson, James L.1986."The Social Science of Judicial Politics,"in Herbert Weisberg(ed.) *Political Science : The Science of Politics*. New York: Agathon Press, 141 - 166.

Giles, Michael W.and Lancaster, Thomas D.1989."Political Transition, Social Devel-opment, and Legal Mobilization in Spain,"*American Political Science Review* 83(3):817 – 833.

Graber, Mark 2001."Thick and Thin: Interdisciplinary Conversations on Populism, Law, Political Science and Constitutional Change,"*Georgetown Law Journal* 90: 233.

Hale, William 1977."Turkish Democracy in Travail: The Case of the State Security Courts,"*World Today* 33(May):186 – 194.

Hershbarger, Robert and Noerager, John 1976."International Risk Management," *Risk Management* (April 1976):23 – 34.

Hetherington, M.J. 1998."The Political Relevance of Political Trust,"*American Political Science Review* 92(4):791 – 808.

Hilbink, Elisabeth C. 1999."Legalism against Democracy: The Political Role of the Judiciary in Chile, 1964 – 94,"PhD diss., Department of Political Science, University of California-San Diego.

Kogacioglu, Dicle 2003."Dissolution of Political Parties by the Constitutional Court in Turkey: Judicial Delimitation of the Political Domain,"*International Sociology* 18(March):258 – 276.

Kogacioglu, Dicle 2004."Progress, Unity, and Democracy: Dissolving Political Parties in Turkey,"*Law and Society Review* 38(3):433 – 462.

Levi, Margaret, and Stoker, Laura 2000."Political Trust and Trustworthiness,"*Annual Review of Political Science* (3):475 – 507.

Linz, Juan 1975."Totalitarian and Authoritarian Regimes,"in Fred Greenstein and Nelson Polsby(eds.) *Handbook of Political Science*, Vol.3: pp.175 – 357. Reading, MA: Addison Wesley.

Mahmud, Tayyab. 1993. "Praetorianism and Common Law in Post-Colonial Settings: Judicial Responses to Constitutional Breakdowns in Pakistan,"*Utah Law Review* 1993:1225 – 1305.

McCally, Sarah P. 1956."Party Government in Turkey,"*Journal of Politics* 18 (May):297 – 323.

McCubbins, Mathew D., Noll, Roger G., and Weingast, Barry 1987."Administrative Procedures as Instruments of Political Control,"*Journal of Law, Economics and Organizations* 3:243 – 277.

Migdal, Joel 1997."Studying the State,"in Mark Lichbach and Alan Zuckerman (eds.) *Comparative Politics: Rationality, Culture, and Structure*. Cambridge: Cambridge University Press.

Nef, Jorge 1974. "The Politics of Repression: The Social Pathology of the Chilean Military," *Latin American Perspectives* 1:58 – 77.

Olson, Mancur 1993. "Dictatorship, Democracy, and Development," *American Political Science Review* 87:567 – 576.

Olson, Mancur 1996. "Distinguished Lecture on Economics in Government: Big Bills Left on the Sidewalk: Why Some Nations are Rich, and Others Poor," *Journal of Economic Perspectives* 10:3 – 24.

Orucu, Esin 2000. "Conseild'Etat: The French Layer of Turkish Administrative Law," *International and Comparative Law Quarterly* 49:679 – 700.

Osiel, Mark J.1995. "Dialogue with Dictators: Judicial Resistance in Argentina and Brazil," *Law and Social Inquiry* 20:481 – 560.

Pinkele, Carl F.1992. "Plus ca change: The Interaction between the Legal System and Political Change in Francoist Spain," *International Political Science Review* 13(3, July):285 – 300.

Ramseyer, J. Mark 1994. "The Puzzling (In) Dependence of Courts: A Comparative Approach," *Journal of Legal Studies* 23:721.

Root, Hilton L.1985. "Challenging the Seigneurie: Community and Contention on the Eve of the French Revolution," *Journal of Modern History* 57:652 – 681.

Root, Hilton L.1989. "Tying the King's Hand: Credible Commitments and Royal Fiscal Policy During the Old Regime," *Rationality and Society*.1:240 – 258.

Russell, Peter.2001. "Toward a General Theory of Judicial Independence," in Peter Russell and David O'Brien, eds. *Judicial Independence in the Age of Democracy: Critical Perspectives from around the World*. Charlottesville, Va., and London: University Press of Virginia, pp.1 – 24.

Scheuerman, William E.2006. "Carl Schmitt and the Road to Abu Ghraib," *Constellations* 13(1):108 – 124.

Shambayati, Hootan 2004. "A Tale of Two Mayors: Courts and Politics in Turkey and Iran," *International Journal of Middle East Studies* 36(May):253 – 275.

Shambayati, Hootan 2008. "The Guardian of the Regime: The Turkish Constitutional Court in Comparative Perspective," in S.A. Arjomand(ed.) *Constitutional Politics in the Middle East*. Onati, Spain: International Institute for the Sociology of

Law.

Shapiro, Martin 1980."Appeal,"*Law and Society Review* 14:641－642.

Shapiro, Martin 1989."Political Jurisprudence, Public Law, and Post-Consequentialist Ethics:Comment on Professors Barber and Smith,"*Studies in American Political Development* 3:88.

Silverstein, Gordon 2003."Globalization and the Rule of Law:A Machine That Runs of Itself?"*International Journal of Constitutional Law* 1:405－426.

Smithey, Shannon Ishiyama and Ishiyama, John 2002."Judicial Activism in Post-Communist Politics,"*Law & Society Review* 36:719－742.

Solomon, Peter H. 1990."The U.S.S.R.Supreme Court: History, Role, and Future Prospects,"*American Journal of Comparative Law* 38:127－142.

Solomon, Peter H. 2002. "Putin's Judicial Reform: Making Judges Accountable as well as Independent,"*East European Constitutional Review*,11:101－107.

Solomon, Peter H.2004."Judicial Power in Russia:Through the Prism of Administrative Justice,"*Law & Society Review* 38:549－582.

Tate, C. Neal and Haynie, Stacia L.1995."Courts and Crisis Regimes: A Theory Sketch with Asian Case Studies,"*Political Research Quarterly* 46(June):311－338.

Tate, C. Neal and Haynie, Stacia L. 1993. "Authoritarianism and the Function of Courts:A Time Series Analysis of the Philippine Supreme Court,1961－1987,"*Law and Society Review* 27(4):51－82.

Tate, C. Neal 1995."Why the Expansion of Judicial Power?", in C.Neal Tate and Torbjorn Vallinder(eds.) *The Global Expansion of Judicial Power*.New York: New York University Press.

Thio, Li-ann 2002a."Lex Rex or Rex Lex? Competing Conceptions of the Rule of Law in Singapore,"*UCLA Pacific Basin Law Journal* 20:1－76.

Thio, Li-ann 2002b."The Right to Political Participation in Singapore: Tailor-making a Westminster-Modeled Constitution to Fit the Imperatives of 'Asian' Democracy,"*Singapore Journal of International and Comparative Law* 6:181.

Toharia, Jose 1975."Judicial Independence in an Authoritarian Regime:The Case of Contemporary Spain,"*Law and Society Review*,9:475－496.

Ulbig, S.G.2002."Policies, Procedures, and People:Sources of Support for Government?"*Social Science Quarterly* 83(3):789－809.

Walder, Andrew G. 1995. "Career Mobility and the Communist Political Order," *American Sociological Review* 60(3):309 – 328.

Walder, Andrew G., and Treiman, D. J. 2000. "Politics and Life Chances in a State Socialist Regime: Dual Career Paths into the Urban Chinese Elite, 1949 to 1996," *American Sociological Review* 65(3):191 – 209.

Weingast, Barry R. 1995. "The Economic Role of Political Institutions: Market-Preserving Federalism and Economic Development," *Journal of Law, Economics, and Organization* 11(Spring):1 – 31.

Zaller, John 1991. "Information, Values, and Opinion," *American Political Science Review* 85(4):1215 – 1237.

附录　涉外法治视阈下的
治外法权：流变与启示

一、涉外法治建设中的治外法权问题

　　涉外法治之建设已成为中国特色社会主义法治道路的重要部分，[①]也是中国发挥自身应有的国际作用，积极参与到全球治理体系改革，促成更加平等、民主与法治化的国际秩序的前提基础。欲达成涉外法治之建构愿景，对于国际法体系的历史演进与概念沿革当有全面而系统之理解，方能摆脱西方式思维的惯性，以最广大的发展中国家之视角，重新理解与解读国际法律秩序之流变。

　　在涉外法治的构建过程中，理论层面需应对两个困境。其一，法理层面明显缺乏科学与精确的分析。[②] 在涉外法治的体系新创之际，首先需要完成的是如何理解与阐述国际法秩序的现状与历史沿革，由此构建出自身的理论框架与思想渊源基础，但无论是在国际法的历史梳理层面，还是在相关的法学理论构建层面，涉外法治都尚处于初建阶段，亟需进行体系性的深化研究。

　　其二，话语权上欠缺主体意识。涉外法治建设的基本使命之一，是扩大中国在国际社会中的话语权，为中国积极参与世界治理提供必须

　　[①]　习近平：《坚定不移走中国特色社会主义法治道路　为全面建设社会主义现代化国家提供有力法治保障》，载《求是》2021年第5期。
　　[②]　莫纪宏：《加强涉外法治体系建设是重大的法学理论命题》，载《探索与争鸣》2020年第12期。

的主体地位。现实困境在于,当代的国际法秩序是西方列强在殖民与侵略过程中所建构,后发国家在概念话语上无法摆脱西方式的语境,从而被变相剥夺了平等参与国际秩序的权利。故而,从历史的维度剖析国际法概念的构建与演变,揭示貌似公允规则背后的不平等本质,是重塑中国话语与主体意识的理论基础与必由路径。

涉外法治的理论困境所带来的必然要求是以新的研究视角、研究理论重新对国际法秩序的历史源流进行系统性的阐释。因此,以法律史的方法对国际法的沿革进行重新梳理是涉外法治研究中的必要尝试。在国际法体系中,最为世人所熟悉的概念莫过于治外法权,治外法权在近代中国从存至废历经一个世纪,见证了从传统王朝向现代国家的转型,也是近代以来的"风暴中心",[1]对于中国的近代法律改革、国家转型、社会变动乃至国际秩序的参与角色产生了直接而重大的影响。已有研究文献对治外法权在华的语义表达[2]、实践模式[3]、撤废争议[4]

---

[1] Xiaoqun Xu, *Trial of Modernity*, Stanford University Press, 2008, viii.

[2] 黄兴涛:《强者的特权与弱者的话语:"治外法权"概念在近代中国的传播与运用》,载《近代史研究》2019 年第 6 期;高汉成:《中国近代"治外法权"概念的词汇史考察》,载《厦门大学学报(哲学社会科学版)》2018 年第 5 期;高汉成:《治外法权、领事裁判权及其他——基于语义学视角的历史分析》,载《政法论坛》2017 年第 5 期;李洋:《从词义到语境:"治外法权"误读、误用及误会》,载《社会科学》2015 年第 2 期;李洋:《治外法权,还是领事裁判权?——从民国以来学者论争的焦点切入》,载《历史教学问题》2013 年第 6 期;康大寿:《近代外人在华"治外法权"释义》,载《社会科学研究》2000 年第 2 期。

[3] 李洋:《美国驻华法院:近代治外法权的另一重实践》,载《法学家》2015 年第 6 期;李洋:《美国驻华法院适用法源研究:基于罗炳吉〈治外法权案例集〉的考察》,载《中外法学》2015 年第 4 期;李洋:《近代"治外法权"的特殊形式:美国驻华法院初探》,载《湖北社会科学》2013 年第 5 期。

[4] 刘萍:《"白尔丁号事件"与法国在华治外法权的废除》,载《近代史研究》2018 年第 2 期;吴义雄:《鸦片战争前英国在华治外法权之酝酿与尝试》,载《历史研究》2006 年第 4 期;石源华:《汪伪政府"收回"租借及"撤废"治外法权述论》,载《复旦学报(社会科学版)》2004 年第 5 期;杨天宏:《北洋外交与"治外法权"的撤废——基于法权会议所作的历史考察》,载《近代史研究》2005 年第 3 期;吴文浩:《跨国史视野下中国废除治外法权的历程(1919—1931)》,载《近代史研究》2020 年第 2 期;章安邦:《制度竞争视野下清末司法主权的沦丧与维护——以领事裁判权为例》,载《法制与社会发展》2020 年第 5 期;任东来:《美国在华治外法权的放弃(1942—1943)》,载《美国研究》1991 年第 1 期。

以及治外法权与近代法律改革的关系进行了探讨。①

但是现有研究在方法与理论上存在些许缺失。首先,在研究理论上,既有研究或以列强所作出的关于后发国家一俟建成现代法律体系,即行废除治外法权的承诺作为出发点,将后发国家的近代化法律改革视为列强"冲击"之下所作出的"回应",②或将近代法律改革视为废除治外法权的因应举动。③ 在这种逻辑推论下,后发国家的法律改革被视为治外法权的直接影响结果,列强的侵略所带来的"恶之花",反而在后发国家结出了近现代法律的"善之果",无论逻辑推演还是话语立场都有值得商榷之处。

其次,在研究视角上,治外法权的既有研究多以近代中国为主要研究对象,即便有涉及他国的研究,也多以废除治外法权的比较案例方式展开。此种视角存在重要缺陷,即忽略了治外法权本身是全球秩序的

---

① 李启成:《治外法权与中国司法近代化之关系——调查法权委员会个案研究》,载《现代法学》2006 年第 4 期;李启成:《领事裁判权与晚清司法改革之肇端》,载《比较法研究》2003 年第 4 期;张仁善:《论中国司法近代化过程中的耻感情结》,载《江苏社会科学》2018 年第 3 期;公丕祥:《司法主权与领事裁判权——晚清司法改革动因分析》,载《法律科学》2012 年第 3 期。另见 Xiaoqun Xu, *Trial of Modernity*, Stanford University Press, 2008; Wesley R. Fishel, *The End of Extraterritoriality in China*, Octagon Books, 1974, p.114。

② 以晚清法律变革动机之研判为例,学界意见可分两派,一是以传统法律史学者为代表,认为《中英商约》第十二款的内容,是直接刺激清廷进行近代法律改革的原因,参见潘念之主编:《中国近代法律思想史》(上册),上海社会科学院出版社 1992 年版,第 176—177 页;苏力、贺卫方主编:《20 世纪的中国:学术与社会》(法学卷),山东人民出版社 2001 年版,第 103、192、330、392 页;张晋藩总主编:《中国法制通史》(第九卷),法律出版社 1999 年版,第 161—162 页。一是通过对《中英商约》订约过程的档案研读,认为第十二款是以张之洞等人为代表的清末官僚主动提出的,其目的在于借用外力来推进国内法律改革的进程。参见高汉成:《晚清法律改革动因再探——以张之洞与领事裁判权问题的关系为视角》,载《清史研究》2004 年第 4 期;陈亚平:《〈中英续议通商行船条约〉与清末修律辨析》,载《清史研究》2004 年第 1 期。

③ Richard S. Horowitz, International Law and State Transformation in China, Siam, and the Ottoman Empire during the Nineteenth Century, 15(4) *Journal of World History* 445 - 486(Dec., 2004)。

重要组成部分,也是国际法秩序演化的阶段性结果:①在空间维度上,主导治外法权的列强与被迫接受治外法权的日本、暹罗、奥斯曼、埃及等国,共同构建出了世界秩序意义上的治外法权;在时间维度上,治外法权亦非 19 世纪以来的新创,追溯其源头与流变机理,方能充分把握这一制度。长时段与多视角的研究需求,使得现有范式需要进一步的开拓。

最后,在研究类别上,治外法权大抵被归入法律机制,其所带来的影响也多在法律层面展开论述。但在理解治外法权的功能设定与实际作用基础上,有必要脱离法律的制度藩篱,以治外法权的历史功用与制度环境为基本依托,对其进行全方位的考察,并对治外法权的合法性理论建构进行系统的检视,方能在制度与理论涵义上把握治外法权的外延与内核。

治外法权的研究可谓是涉外法治建设中理论问题的延伸与具化,本文尝试以涉外法治的基本议题为导向,以治外法权为样本,使用"概念史"的研究方法,②对治外法权这一法律概念在不同历史阶段的制度构建、理论内涵、话语论证与实践模式进行重新解构。希望通过治外法权的案例以点及面,解读国际法秩序与全球秩序的构建与演进历程,探析现有研究中的理论偏差与话语问题,借此为涉外法治之建设提供案例论证与理论建构。

---

① Yongjin Zhang, China's Entry into International Society: Beyond the Standard of "Civilization",17(1)*Review of International Studies* 5(Jan.1991).

② 所谓概念史的方法,是德国学者科塞雷克所提出的,关于概念的延续、变化和革新之间的关系,将概念含义的变迁与当时的政治和社会状况联系起来,进而能够突破历史语义学的范畴,在长时段内对概念进行更为全面的解读。参见李宏图:《概念史与历史的选择》,载《史学理论研究》2012 年第 1 期;李里峰:《概念史研究在中国:回顾与展望》,载《福建论坛》2012 年第 5 期;〔英〕里克特:《政治和社会概念史研究》,张智译,华东师范大学出版社 2010 年版;〔英〕蒙克主编:《比较视野中的概念史》,周保巍译,华东师范大学出版社 2010 年版。

二、"Capitulation":中世纪法律中的治外法权

早期的治外法权实践并无概念性定义,自中世纪始,治外法权方有正式的名称"capitulation",①其字面意指为"在战争时期,向敌对一方的军队让渡某部分部属、城镇或领地的行为",②含有让"外邦人在某种程度上,可以在领地内行使本国法律的权利"的衍生意涵,③实际意义为通过外交条约的方式,④对实际管辖权的部分让渡行为。⑤

"Capitulation"的援用,可追溯至公元1275年希腊国王就热那亚人问题所签署的外交文书,随着历史的演进,被用来专指奥斯曼帝国境内的外国居民所享有的法律豁免权与自治权。⑥ 这一概念成为奥斯曼帝国的专属名词的历程,也是治外法权首次制度化的过程。

(一)法律自治的传统

在古代社会的治理中,为移民群体授予法律自治权的记载并不鲜见。公元前1294年,位于地中海东岸的提尔城居民在移居到埃及的孟菲斯城之时,埃及统治者就为这些移民划定居住地,并规定移民可以按照自己的法律进行自治。⑦ 类似的待遇也为公元前526年集体移民到

---

① Encyclopaedia Britannia,ed.11,V,Cambridge University Press,1911,p.283.
② 同上。
③ Nasim Sousa,*The Capitulatory Regime of Turkey,Its History,Origin,and Nature*,Johns Hopkins Press,1933,p.1.
④ Gabriel Bie Ravndal,*The Origin of the Capitulations and of the Consular Institution*,U.S.Government Printing Office,1921,p.35.
⑤ 在18世纪之后,"capitulations"这个名词已经逐渐走出了历史舞台,在诸多外交文献中也难觅其踪迹。除了土耳其与西方列强所签订的条约之外,已经很少看到"capitulations"的存在。值得注意的是,在外交史的研究文献中,"capitulations"仍然意味着单方面让渡治外法权的行为。
⑥ Nasim Sousa,*The Capitulatory Regime of Turkey,Its History,Origin,and Nature*,p.7.
⑦ See Philip Marshall Brown,*Foreigners in Turkey:Their Judicial Status*,Oxford University Press,1914,p.9;Traver Twiss,*The Law of Nations Considered as Independent Political Communities*,Nabu Press,2012,p.444.

埃及的希腊裔居民所享有。①

历史进程中,不惟有单向度的授权自治,也出现了双向的法律管辖互让机制。以希伯来人为例,在犹太王国早期,凡居住在其境内的外邦人,均被赋予依自身法律与传统进行自我管辖的权利。作为对应措施,外邦统治者也允许希伯来人在犹太法的管辖下进行自我管理。② 向外邦人授予法律自治权的传统,在古希腊与古罗马得到延续,乃至成为罗马法中"万民法"的重要渊源。③ 中世纪的日耳曼法对管辖土地上的原住民也采取了允许其保留固有习俗与法律的做法。④

概而言之,在古代国家治理中,类似近代治外法权的实践并不罕见。在人员来往频密的区域,以让渡法律管辖权的方式便利对外邦人的管理几成定例。自治所带来的管辖便利、古代政权统治能力的相对羸弱以及移民所带来的经济收益,是惯例得以成形的主要驱动力。治外法权的早期形态可谓表象各异,大抵建基于统治者的灵活性与包容性。但自奥斯曼帝国对治外法权进行制度化与概念化构建之后,原本多样化的治外法权式实践逐渐同一化,此种构建的制度考量与理念演进是本文所需继续探讨的。

(二)帝国机制的弹性

与内核和外延高度同一化的近代民族国家不同,地处欧亚非交界的奥斯曼帝国既无稳定边界,亦无主权概念,在统治范围与方式上存在很大的模糊空间,而作为其治理工具的法律,也透射出多元化色彩。在历史传统层面,商业与移民频密的地中海沿岸有着悠久的法律自治传

---

① Nasim Sousa, *The Capitulatory Regime of Turkey, Its History, Origin, and Nature*, p.6.
② Ibid., p.8.
③ W.C.Morey, *Outline of Roman Law*, GP Putnam's Sons, 1908, p.64.
④ Nasim Sousa, *The Capitulatory Regime of Turkey, Its History, Origin, and Nature*, p.10.

统,这种传统不仅出现在基督教区域,也同样为阿拉伯人所沿袭。① 当奥斯曼帝国征服地中海东岸并将其作为统治的核心地域时,保留阿拉伯人所遗留的传统,不仅能带来统治的便利,也有助于维系原有的商业运行机制。②

在法律适用层面,皈依伊斯兰教的土耳其人,沿袭了伊斯兰教法中关于宗教法只能适用于穆斯林、不能适用于异教徒的规定,由此造成了多民族、多宗教的奥斯曼帝国在法律管辖上的巨大真空。③ 因此,将自治传统予以延续,允许境内的非穆斯林依其旧俗与习惯法自治,成为奥斯曼帝国解决法律管辖症结的自然选择。

在统治理念层面,奥斯曼帝国所具备的古典帝国框架,决定了其管制方式的弹性化。与民族国家边界清晰、整齐划一的管辖范围不同,帝国并非简单意义上疆域辽阔的大国,而是由核心统治区域与附属区域构建起来的边界不断变动的多元化统治主体。④ 帝国长期推行"米勒特"(Millet)制度,即让占人口多数的非穆斯林族群各依自身习俗与旧法自治,⑤奥斯曼帝国的统治者并未消灭各个族群之间的差异,相反将这种差异融入自身的政治系统中。⑥ 因此,在奥斯曼帝国统治者的认知中,法律上的自治权不仅是因袭旧俗,也是宗教结构与帝国体制所决定的。

由是,在多元化治理作为历史惯性与理性选择的奥斯曼帝国,现代法律的一元化框架并不具备先天土壤,法律体系的自治倾向成为奥斯曼帝国的必然路径,从而也提供了治外法权的发育温床。

---

① Militiz, Alex, de, *Manuel des consuls*, part I, II, 1837, p.500.
② Nasim Sousa, *The Capitulatory Regime of Turkey, Its History, Origin, and Nature*, p.36.
③ Ibid.
④ 〔美〕克里尚·库马尔:《千年帝国史》,石炜译,中信出版集团 2019 年版,第 14 页。
⑤ 同上书,第 98 页。
⑥ 同上书,第 73 页。

（三）利益角逐下的制度建构

在法律治理多元化的框架之中，古老的自治传统被予以保留且得以制度化。自治的权利并未被局限于帝国属民，奥斯曼帝国基于外交与商业利益的考量而授予友邦商人群体在帝国境内的自治权，友邦的领事依据授权可以按照本国法律对商人与移民群体进行管辖，从而建立起稳定的治外法权制度。法律管辖权的让渡构成了治外法权体系的根基，而附着在法律管辖权之上的，还有纳税豁免权等经济权益。一方面，治外法权框架是遍及帝国的"米勒特"制度的自然延伸，只不过将自治权的范畴从帝国的非穆斯林属民扩展到外邦居民；另一方面，奥斯曼帝国对享有治外法权的群体具有决定权，只有居住于帝国境内的友好城邦与盟国属民方可享有这一特殊待遇，而治外法权也并非无限期的权利，需要以不断续签外交条约的方式予以维系。①

与近代历史上不平等条约所带来的治外法权制度不同，奥斯曼帝国所构建的治外法权制度在主导权上完全实现了自主掌控，并依靠外交条约进行维系与调整。在享有治外法权的对象选择上，可以清晰辨别奥斯曼帝国的利益考量，热那亚、威尼斯、佛罗伦萨、比萨等商业城邦之外，②唯一长期享有治外法权的基督教国家是法国，③而这种特殊待遇和奥斯曼帝国与法国之间的常年盟友关系直接相关。

治外法权秉承历史传统，经由制度化改造整合，成为了奥斯曼帝国维系自身贸易地位与经济利益、分化基督教阵营的特殊工具。彼时的世界秩序中主权国家模式尚未普及，治外法权以其特有的灵活与弹性成为了伊斯兰世界与基督教阵营的沟通桥梁。中世纪的治外法权超越了单一的国家内部事务范畴，成为双边与多边交往的机制，符合前全球

---

① Nasim Sousa, *The Capitulatory Regime of Turkey, Its History, Origin, and Nature*, p.38.

② Van Dyck, Report on the Capitulations of the Ottoman Empire, *S. Ex. Doc. 3*, 47th Cong., special sess., p.15.

③ Francois Pietri, *Etude critique sur la fiction d'exterritorialite*, Palala Press, 2016, p.294.

时代秩序的地域性表征。① 随着16世纪以后地理大发现所带来的早期全球化潮流,治外法权的实践势必受到形成中的早期国家与新全球秩序的冲击,②其具体概念即将被重塑。

三、"Extraterritoriality":殖民体系中的治外法权

近代以后,全球化的秩序构建因技术的进步而成为可能,由此也开启了17世纪至18世纪国际法的建构历程。③ 伴随着国际法秩序的成形,中世纪的治外法权体系发生了重大转变,这种转变与奥斯曼帝国的衰微、帝国主义的兴起和国际法秩序的构建密切相关。

(一)从"Capitulation"到"Extraterritoriality"

现有文献中,对奥斯曼帝国施行的治外法权制度的名词界定,自近代以后多从"capitulation"变为"extraterritoriality",而对于在其他国家所推行的治外法权制度,则统以"extraterritoriality"指称,其字面意义是脱离本地司法管辖的权利。名词变化的背后,是治外法权的概念内涵与制度建构在近代发生了颠覆性变化,这场转变同样发生在奥斯曼帝国。

1740年,在法国国王路易十四与奥斯曼苏丹穆罕默德一世所签订的条约中,奥斯曼帝国正式承诺,治外法权的授权行为无需再通过新条约确认,也不再需要续期。④ 就此,治外法权原先所依赖的平等协商基础彻底消失,成为了永久化的制度。此条约中所附带的最惠国待遇条款也让其他欧洲国家渐次获得了单方面无条件享有治外法权的特权。⑤ 于

---

① 〔德〕卡尔·施密特:《大地的法》,刘毅、张陈果译,上海人民出版社2013年版,第13页。
② 同上书,第17页。
③ 同上书,第19页。
④ Lettres-patentes,30 May 1740,reproduced in *Recueil des traitis* (n.19), p.210.转引自 Bardo Fassbender, Anne Peters, Simone Peter, Daniel Högger edited, *The Oxford Handbook of the History of International Law*, Oxford University Press, 2012, p.435。
⑤ Eliana Augusti, From Capitulizations to Unequal Treaties: The Matter of an Extraterritorial Jurisdiction in the Ottoman Empire, 4(2) *Journal of Civil Law Studies* 292(December 2011).

是，治外法权从双边性的条约产物变成了多边性的开放框架，奥斯曼帝国与西欧国家的旧有关系被颠覆。[1] 法国之后，英国等国也相机而动，获得了永久性的治外法权特权。[2]

尽管失去了治外法权的主导地位，奥斯曼帝国仍试图借此获取政商层面的利益。在对外层面上，除了外交上与英法等列强交好的考量之外，奥斯曼帝国也依赖治外法权制度吸引欧洲商人，以维系新航路的开辟之后渐渐减少的商业利润。[3] 在对内层面上，奥斯曼政府内部的改革派亦寄希望于治外法权的存在能够刺激国内的近代化改革。[4] 为了挽回治外法权主导权丧失所带来的失控，奥斯曼帝国作出了种种努力，[5]包括通过授予特定商人以特许权的方式来抑制治外法权制度所带来的贸易失控局面，[6]亦推行了以建立近代化法律制度为目标之一的新政，但最终均告失败。

---

[1] E Engelhardt, La Turquie et le Tanzimat, ouhistoire des réformes dans l'Empire ottoman depuis 1826 jusqu'ànosjours(2 vols A Cotillon & Cie Paris 1882 – 1884).

[2] Convention of Commerce and Navigation between Great Britain and Turkey(1838 年 8 月 16 日签署)88 CTS 77.

[3] Robert Olson, Jews, Janissaries, Esnaf and the Revolt of 1740 in Istanbul: Social Upheaval and Political Realignment in the Ottoman Empire, 20 *Journal of the Economic and Social History of the Orient*. 185 – 207(1977).

[4] See S. Mardin, *The Genesis of Young Ottoman Thought: A Study in the Modernization of Turkish Political Ideas*, Princeton University Press, 1962.

[5] Bruce Masters, T The Sultan's Entrepreneurs: The Avrupa Tüccaris and the Hayriye Tüccaris in Syria, 24 *International Journal of Middle East Studies* 579 – 597(1992).

[6] Gallagher & R Robinson, The Imperialism of Free Trade, 6 *Economic History Review* 1 – 15, 11 – 12(1953); Ş Pamuk, *The Ottoman Empire and European Capitalism*, 1820 – 1913: *Trade, Investment and Production*, Cambridge University Press, 1987, pp. 18 – 21; R. Kasaba, Open-Door Treaties: China and the Ottoman Empire Compared, 7 *New Perspectives on Turkey* 71 – 89, 73 – 75, 78 – 82(1992); D. Quataert, The Age of Reforms, 1812 – 1914, in H. İnalcık and D. Quataert edited, *An Economic and Social History of the Ottoman Empire*, Cambridge university Press, 1994, vol. 2, p. 764. General Treaty for the Re-Establishment of Peace(1856 年 3 月 30 日签署)114 CTS 409('Treaty of Paris'), p. 414.

随着力量对比的转变,治外法权的主导权已然易手,原先的平等协商、限制期限、对签约主体进行严格筛选的双边性框架,被改写成为单边决定、永久生效的开放性多边框架。对治外法权的利用与重塑,使其成为西方列强破坏奥斯曼帝国司法主权与经济秩序的直接工具。[①] 问题在于,在已然主导治外法权制度的列强眼中,转变后的治外法权制度究竟在国际秩序中扮演着何种角色?

(二)欧洲秩序的延伸

治外法权的近代转变在于地区性的样本被欧洲主导的秩序所吸收改造。近代以来的历史,即是欧洲对欧洲之外的世界进行占取的过程,占取的方式是多样化的,如领土的兼并与殖民地的建立。[②] 治外法权提供了一种更为便捷的占取方式,即以法律制度的建构与植入来获取特殊权益。[③] 此种吸收改造与推广应用恰恰是因为近代提供了相应的基础条件。

在技术前提上,与奥斯曼帝国的多元化法律框架相比,欧洲国家普遍性确立了主权模式,从而统一了立法权。罗马法在欧洲大陆的复兴与实证主义法律框架在英国的抵定为欧洲国家的法律扩张奠定了基础。[④]

在观念意义上,20世纪之前的国际法秩序,实质是欧洲公法秩序

[①] 对此最经典的研究当属 D.C.Blaisdell, *European Financial Control in the Ottoman Empire: A Study of the Establishment, Activities, and Significance of the Administration of the Ottoman Public Debt*, Columbia University Press, 1929; 另外参见 H.Feis, *Europe the World's Banker 1870-1914: An Account of European Foreign Investment and the Connection of World Finance with Diplomacy Before the War*, A.M.Kelley, 1964, pp.332-341; R.Owen, *The Middle East in the World Economy 1800-1914*, Methuen, 1981, pp.191-200; E.Eldem, Ottoman Financial Integration with Europe: Foreign Loans, the Ottoman Bank and the Ottoman Public Debt, 13 *European Review* 440-443(2005)。

[②] John R.Schmidhauser, Legal Imperialism: Its Enduring Impact on Colonial and Post-Colonial Judicial Systems, 13(3) *International Political Science Review* 331(Jul.,1992).

[③] Stephan D.Krasner, Organized Hypocrisy in Nineteenth-Century East Asia, 1 *International Relations of the Asia-Pacific* 173-197(2001).

[④] Turan Kayaoglu, *Legal Imperialism: Sovereignty and Extraterritoriality in Japan, the Ottoman Empire, and China*, Cambridge University Press, 2010, p.11.

的扩展,国际秩序取决于欧洲秩序,①"欧洲标准"被认为是理应适用于世界其他地方的样本。② 欧洲对国际秩序具有无可争辩的话语权,治外法权的理论铺陈既是欧洲国家对既成事实的事后论证,③也是专属于欧洲国家的特权。

在法律互动模式上,19世纪城市的发展对管制提出了更高的要求,作为社会控制工具的法律,在殖民口岸能够发挥比过往更加重要的功效。④ 奥斯曼帝国既有的治外法权制度让列强意识到,在不需兼并领土的前提下,凭借对既有框架的主导与利用,可以将法律管辖权带来的利益最大化,并可将奥斯曼帝国纳入殖民主义所主导的全球秩序。

治外法权具备了法律制度的形式却得其形失其意。它已经从本国属民的合法权益保障演变为推行贸易、扩张市场及至将他国强行纳入全球秩序的工具。换言之,此时的治外法权制度已与法律价值无涉,完全成为了殖民体系的保障手段。⑤ 古老的治外法权制度,被注入法律帝国主义的新酒,成为了欧洲国家与后发国家进行法律交往的基本样式。⑥

（三）合法性构建与制度调适

与基于法律自治传统所生长出来的中世纪治外法权制度不同,近代的治外法权制度已经是列强刻意改造并推行的不平等制度,由此也

---

① 〔德〕卡尔·施密特:《大地的法》,刘毅、张陈果译,第100页。
② 同上书,第54—55页。
③ 同上书,第71页。
④ Eric D.Weitz, *A World Divided: The Global Struggle for Human Rights in the Age of Nation-States*, Princeton University Press, 2019, p.31.
⑤ Jürgen Osterhammel, *The Transformation of the World: A Global History of the Nineteenth Century*, Princeton University Press, 2014, p.455.
⑥ Richard S. Horowitz, International Law and State Transformation in China, Siam, and the Ottoman Empire during the Nineteenth Century, 15(4) *Journal of World History* 447(Dec., 2004).

带来了治外法权的合法性论证问题。《威斯特伐利亚和约》之后,欧洲国家的主权秩序已然厘定,文艺复兴亦将人本主义与自然法理念滥觞于欧洲,北美独立运动与法国大革命更对政府组织形式产生巨大冲击。①当19世纪民族国家在欧洲纷纷建立之时,主权独立的国家观已成为欧洲秩序的精神内核。因此,以暴力与强权为后盾,以侵犯他国主权为基本形式的治外法权自然招致了道德与逻辑上的质疑。② 为了解决治外法权的合法性危机,其理论内涵亟待铺陈。

在实然层面,于欧洲国家而言,在奥斯曼帝国存在了数百年之久的治外法权制度已是历史传统。此种传统建构之前提在于基督教与伊斯兰教世界的巨大差异,以获取双边利益为目的而弥合差异,治外法权制度方应运而生并延续。欧洲国家对治外法权制度的利用与改造,不仅是旧传统的延续,也是对非欧洲土地进行合法占取的历史经验。③

在应然层面,欧洲中心论的历史叙事决定了早期全球秩序发轫于欧洲,欧洲与非欧洲是完全不同的国际法空间,主权不仅在欧洲产生,也在实际上成为欧洲国家的专属物。欧洲主权概念的出现,在欧洲内部,意味着支配秩序已经成形,而在欧洲以外,则未对欧洲国家的占取设限。对欧洲的既存统治边界予以确认、对欧洲之外的地区进行支配成为欧洲主权概念一体两面的实质精神。④ 因此,主权概念的出现,不仅未能对欧洲国家的对外侵略起到限制,反而证成了欧洲国家的优越地位与侵略合法性。

---

① Eileen P. Scully, *Bargaining with the State from Afar: American Citizenship in Treaty Port China, 1844-1942*, Columbia University Press, 2001, p.25.
② Jürgen Osterhammel, *The Transformation of the World: A Global History of the Nineteenth Century*, p.406.
③ 〔德〕卡尔·施密特:《大地的法》,刘毅、张陈果译,第198页。
④ 〔美〕迈克尔·哈特、〔意〕安东尼奥·奈格里:《帝国:全球化的政治秩序》,杨建国、范一亭译,江苏人民出版社2003年版,第75页。

欧洲主权概念随即遭到了挑战。1856年为结束克里米亚战争所签订的《巴黎和约》明文规定"奥斯曼帝国被承认为欧洲公法体系的一员",①由此,原本被严格限制的"欧洲"概念正式授予奥斯曼帝国。尽管此举的真实意图是英法等国通过抬升奥斯曼帝国的国际地位以向俄国施加压力,②但无论如何,面对一个加入了欧洲国际法秩序框架的奥斯曼帝国,治外法权所依托的欧洲主权概念已然难以成立,而需要依靠其他的合法性论据支撑。治外法权合法性论证的新叙事也由此渐次展开。

在西方的历史叙事中,针对奥斯曼帝国所存在的法典过时、司法腐败、法官不受法典限制而行使自由裁量权等现象存在大量的论述,并得出结论认为以治外法权制度引入本国法律对奥斯曼境内的本国公民进行保障是唯一路径。③ 无独有偶,在向中国植入治外法权的呼声中,贸易交往所带来的法律观念碰撞也成为直接缘由。④ 由此,指责他国的法制不彰、让治外法权的施行成为列强不得不为的措施就构成了治外法权合法性论证的外在层面。

而治外法权合法性论证的内生机理则依赖"文明"论的支撑。在塑造19世纪政治共同体的过程中,"文明"的概念被欧洲列强所援用,成

---

① Eliana Augusti, *From Capitulizations to Unequal Treaties: The Matter of an Extraterritorial Jurisdiction in the Ottoman Empire*, 4 *J.CIV.L.Stud.*286(2011).

② Mark Mazower, An International Civilization? Empire, Internationalism and the Crisis of the Mid-Twentieth Century, 82(3) *International Affairs* 555(May, 2006).

③ F.Martens, *Das Consularwesen und die Consularjurisdiction im Orient*, H.Skerst trans., Weidmannsche Buchhandlung, 1874, p.320; T.Twiss, *On Consular Jurisdiction in the Levant, and the Status of Foreigners in the Ottoman Law Courts*, W.Clowes & Sons, 1880, pp.20-21,23-24; Institutes of the Law of Nations(n.13), pp.313-314; J.Westlake, *Chapters on the Principles of International Law*, Cambridge University Press, 1894, pp.101-103; N. Politis, *La guerre gréco-turque au point de vue du droit international: contribution à l'étude de la question d'Orient*, Pedone, 1898, pp.28, 116-120.

④ Cyrus H.Peake, Recent Studies on Chinese Law, 52(1) *Political Science Quarterly* 120(Mar., 1937).

为构建国际法关系的核心概念。① 列强以"文明""半开化"与"野蛮"的分类,作为衡量世界其他国家是否可以跻身国际法秩序的标准,惟有进入"文明"序列的国家,方可被纳入国际法体系平等相待。②

奥斯曼帝国即便被接纳进入条约体系,成为国际法秩序的正式成员,但因"半开化"的标签与法制不彰的责难,治外法权制度仍然得以留存。奥斯曼帝国既加入欧洲公法秩序,又被迫延续治外法权,不啻是外交史上的奇观。③ 但倚仗多层面的话语构建,西方殖民体系在有理据地延续在奥斯曼帝国的治外法权体系的同时,也向尚保持独立的亚非国家推广治外法权制度。

在话语证成之外,列强针对治外法权的实践体系也做出了诸多调整。治外法权所带来的多重管辖,必然带来管制上的混乱。在埃及、日本与中国的治外法权实践中,都普遍出现了大量本国人冒用西方身份并借此逃脱法律惩罚的现象,而因差别化的待遇与保护措施带来的外国人对本国人利益的普遍性侵害更加深了列强与亚非国家之间的敌意,④造成了诸多外交上的纠纷。在治外法权的实践方式上,以英国为代表的列强也因地制宜,做出了一定程度上的改进,从建立混合法院以整合治外法权的司法管辖重叠问题,⑤到派驻专业法官与专业司法机构以取代领事兼理司法。因此,尽管治外法权存续的理论基础是单向度的,但在实践中却因地制宜地产生了多样化形态。

---

① 〔德〕巴多·法斯本德、安妮·彼得斯主编:《牛津国际法史手册》,李明倩、刘俊、王伟臣译,上海三联书店 2020 年版,第 911 页。

② 尽管"文明论"出现在 18 世纪,但是直到 19 世纪下半叶,才成为国际法的主流话语。参见〔德〕巴多·法斯本德、安妮·彼得斯主编:《牛津国际法史手册》,李明倩、刘俊、王伟臣译,第 911、914 页。

③ T.E.Holland, *Lectures of International Law*, T.A.and W.L.Walker eds., Sweet & Maxwell Limited,1933,p.39.

④ Andrew Cobbing, A Victorian Embarrassment:Consular Jurisdiction and the Evils of Extraterritoriality,40(2)*The International History Review* 279 – 281(2018).

⑤ Ibid.

殖民时代,列强已经彻底主导了治外法权的制度、理念与话语权,让其成为殖民体系中压迫后发国家的不平等制度。① 但经由合法性论证与制度对接,治外法权却堂而皇之地成为了国际法秩序当中的重要链条。问题在于,后发国家如何理解与应对治外法权?

四、近代治外法权的形与质

治外法权以侵犯他国司法主权的形式让后发国家萌发了主权意识,刺激其效仿列强的民族国家框架,进而开始废除治外法权、摆脱殖民体系、构建新国际秩序的努力。对于列强而言,治外法权的实践助推了反对帝国主义的浪潮,曾经的成功不啻于一场"皮洛士式的胜利"。② 但后发国家针对治外法权的解读与应对,却因具体时境的差别而大相径庭。

(一) 多样化的诠释与反抗

当英国在鸦片战争中获胜之后,治外法权作为西方与非西方世界之间维系外交与贸易的机制,就此被强加到中国,③也成为清廷亟需应对的议题。在如何解读治外法权的问题上,负责交涉相关事务的军机大臣穆彰阿的上奏称:"臣等查通商之务,贵于息争。如有英人华民涉讼,英商应先赴管事官处投禀。即着管事官④查明是非,勉力劝息……免致小事酿成大案。"⑤穆彰阿所欲强调的,并非治外法权的危害性,而是治

---

① Renee de Nevers, Imposing International Norms: Great Powers and Norm Enforcement, 9(1) *International Studies Review* 53 – 80(Spring 2007).

② Andrew Cobbing, A Victorian Embarrassment: Consular Jurisdiction and the Evils of Extraterritoriality, 40(2) *The International History Review* 274(2018).

③ Eileen P.Scully, Extraterritoriality in the Changing World of the Nineteenth Century, in *Bargaining with the State from Afar*, *American Citizenship in Treaty Port China*, *1844 -1942*, Columbia University Press, p.21.

④ "管事"一词,是早期中西交往过程中对于"领事"(consular)一词的翻译,直到1844年中美《望厦条约》签订之后,方以"领事"取代"管事"一词,成为通用性的对于"consular"的翻译。参见何勤华:《〈万国公法〉与清末国际法》,载《法学研究》2001年第5期。

⑤ 《道光朝筹办夷务始末》卷六十七,转引自〔日〕佐藤慎一:《近代中国的知识分子与文明》,刘岳兵译,江苏人民出版社2008年版,第47页。

外法权作为回避与英国人发生纠纷的机制所固有的便利性。在奏文中,为拥有司法权力的领事假设出"查明是非、勉力劝息"的任务,应是在缺乏对治外法权的认知之下,以中国传统司法的角色设定所进行的想象。

　　穆彰阿的表述不独是为了挽回颜面而编造,也有着法律史上的依据。唐律对居住在中国的"化外人"有特定规定:"诸化外人同类自相犯者,各依本俗法;异类相犯者,以法律论。"①在主权概念尚未出现的唐代,"化外人"的指向对象是在中国文明之外的外人,给予外人以法律上的自治是唐宋朝的惯常操作。② 因此,在清廷眼中,治外法权无非是旧传统的新形式,随治外法权所附生的租界,也被当权者设定为传统中对化外人进行管理的"蕃坊"制度。③ 蒋廷黻指出:"治外法权,在道光时代的人眼中,不过是让夷人管夷人。他们想那是最方便、最省事的办法。"④类似的观点也为徐中约所佐证。⑤

　　在以"化外人相犯"的旧例诠释治外法权制度的背后,是以朝贡体系理解世界秩序的自然结果。在中国传统的天下观中,中国居于世界的核心位置,也只有中国文明才堪称真正的文明,其他的民族都是根据受中国文明教化的程度来进行等级划分。⑥ 而处理中外官方交往的方式,是以朝贡与赏赐来维系中国的文明核心地位并顾及附属国家的实际利益。在《南京条约》之后所推行的治外法权制度与片面最惠国待遇一道,恰恰为这种附会旧有传统的思维提供了现实依据:在未知晓主权

---

① 《唐律疏义》卷六。
② 〔日〕佐藤慎一:《近代中国的知识分子与文明》,刘岳兵译,江苏人民出版社2008年版,第47页。
③ 王宏斌:《从蕃坊到租界:试探中国近代外侨政策之历史渊源》,载《史学月刊》2017年第5期。
④ 蒋廷黻:《中国近代史》,上海古籍出版社2010年版,第41页。
⑤ Immanuel Hsu, *China's Entrance into the Family of Nations: The Diplomatic Phase, 1858–1860*, Harvard University Press, 1960, p.130.
⑥ 〔日〕佐藤慎一:《知识分子与近代文明》,刘岳兵译,第42页。

概念与民族国家架构的情况下,治外法权无疑是"化外人相犯"的延伸,而片面最惠国待遇是贪利的蛮夷获取更多利益的手段,两者在根本上都无法动摇中华帝国的固有秩序。

在此种逻辑演绎下,尽管接受治外法权是清廷战败的屈辱后果,但清廷在条约交涉中并没有为治外法权这一即将困扰中国百年之久的不平等特权进行争辩的记录。① 从清廷的解释来看,西方诸国从中国获取的特权,是皇帝对蛮夷的恩赐,而非不平等条约所带来的屈辱结果。② 而历史上面对蛮夷的军事失败并不罕见,这些失败不足以挑战中华文明的主体地位。

有学者指出,中国社会的转型时期始于1895年,③在此之前,中国社会勉强借由经典对彼时世界秩序进行附会,在这种附会式的解释下,经世致用式的改良无法也无意对传统王朝的统治结构进行改造。④ 由此,不平等条约所附加的治外法权带来了双重效应:一方面,治外法权所带来的问题并没有得到清廷的应有重视;另一方面,治外法权所附着的"文明开化"理念未能在中国的土地上得到回应。尽管在实质上被拉入了国际秩序之中,但清廷固执地拒绝成为国际秩序的参与主体。

对比之下,与欧洲国家有着长期互动史的奥斯曼帝国,在1856年《巴黎和约》的签订过程中,基于自身被接纳入欧洲公法秩序的现实,在历史上首次提出了废除治外法权的要求。⑤ 尽管这种诉求被列强以奥斯曼帝国法治不彰,无法保护外人的财产与安全为理由予以驳回,⑥但

---

① 〔日〕佐藤慎一:《知识分子与近代文明》,刘岳兵译,第46页。
② 同上书,第49页。
③ 张灏:《中国近代思想史的转型时代》,载《二十一世纪》总第52期(1999年4月号)。
④ 金观涛、刘青峰:《观念史研究:中国现代重要政治术语的形成》,法律出版社2009年版,第238—240页。
⑤ Turan Kayaoglu, *Legal Imperialism: Sovereignty and Extraterritoriality in Japan, the Ottoman Empire, and China*, p.110.
⑥ Ibid., p.113.

在认知上,奥斯曼帝国至少理解了治外法权的形式理据,亦明悉废除治外法权以恢复主权的必要性。

在19世纪,唯一成功废除治外法权的国家是日本,这与其认知水准有极大关系。日本在接触治外法权的早期即接受了列强所宣扬的理论依据,不仅以欧陆为模板建设现代法律制度,更提出"文明开化"口号以在建国理念上模仿近代民族国家的样板。①

治外法权的理解与应对也是各国因应全球秩序的缩影,日本与奥斯曼均从列强的话语叙事中找寻行为根据,将法律改革作为突破点。但是,两国在与列强交涉废除治外法权事宜时,仍然限定在列强的既定话语中,未能反驳列强所构建的治外法权合法性理论,也无从颠覆治外法权体系。清廷拒绝承认治外法权的相应理论,以不同的理论体系对抗治外法权,但对于治外法权与全球秩序缺乏真正的理解,兼之国家实力的差距,让清廷的对抗无法成为可持续的路径。治外法权的体系性危机需要待到"一战"之后列强支配世界的国际秩序与国际法理论受到了极大冲击之时,才能真正展开。

(二)秩序重构下的合法性论争

"一战"暴露了全球殖民体系的功能性缺陷与道德危机,在价值层面让原有国际秩序的合法性与合理性受到极大质疑。伴随着帝国主义价值的崩坏是《威斯特伐利亚和约》式理想主义的再度复兴,此时的国际秩序的参与者也大大超越了欧洲的范畴。② 沙俄、奥匈、德意志等旧帝国的解体及其所享有的治外法权的消逝,③更鼓励了新兴民族国家

---

① 〔德〕巴多·法斯本德、安妮·彼得斯主编:《牛津国际法史手册》,李明倩、刘俊、王伟臣译,第424、724页。值得注意的是,日本接受"文明开化"理论的结果不仅是成功废除治外法权与加入国际法秩序,侵略的正当性也为其所继承。20世纪30年代的"大东亚共荣圈",与19世纪的"欧洲中心"理论有着一定的相似性。

② Yong-jin Zhang, China's Entry into International Society: Beyond the Standard of "Civilization", 17(1) *Review of International Studies* 7 (Jan.1991).

③ A. Wood Renton, Extra-Territorial Jurisdiction in China, 18(7) *Virginia Law Review* 733 (May 1932).

继续寻求彻底废除治外法权的路径,理论与实境的巨大转变之下,治外法权的最终危机也随之到来。

在合法性基础上,原先高人一等的"文明论"在"一战"之后已经无法继续成为治外法权所论证。① 在列强的新话语体系中,治外法权已经从"文明"国家理所当然的优位特权转变为当保护人身财产安全的法律制度缺位时不得不为的替代品。此种论述最大的意义在于实质上否认了治外法权长期存在的合法基础,只要治外法权的所在国家建成近代法律制度,治外法权便不再具备存续理据。然而,认定近代法律制度是否建成的权限,仍然牢牢为列强所把控。②

在战后秩序的构建过程中,已经出现了摆脱列强的话语圈套从主权层面对治外法权进行根本性否定的趋势。1921年的华盛顿会议上,中国代表从民族国家的主权角度,而不是从自身的法律建设成就出发,来论证废除治外法权的必然性。③ 无独有偶,1922年的洛桑会议上,新生的土耳其共和国直接以国家的主权独立与平等交往应当被尊重,治外法权制度严重破坏土耳其的主权完整为理由,要求无条件废除治外法权。④ 截然不同的话语论述意味着列强对治外法权的话语权垄断已然终结。

随着世界民族主义浪潮的高涨,列强很快意识到,治外法权所招致的极大敌意⑤羁绊了列强的政治与经济利益。以"一战"后美国在华传

---

① Mark Mazower, An International Civilization? Empire, Internationalism and the Crisis of the Mid-Twentieth Century, 82(3) *International Affairs* 558(May 2006).

② Turan Kayaoglu, *Legal Imperialism: Sovereignty and Extraterritoriality in Japan, the Ottoman Empire, and China*, p.64.

③ A. Wood Renton, Extra-Territorial Jurisdiction in China, 18(7) *Virginia Law Review* 733(May 1932).

④ Nasim Sousa, *The Capitulatory Regime of Turkey: Its History, Origin, and Nature*, pp.328-331.

⑤ 〔美〕威罗贝:《外国在华法院及其法律适用》,王绍坊译,载王健编:《西法东渐:外国人与中国法的近代变革》,译林出版社2020年版,第575页。

教士团体不断向本国政府提出废除治外法权的请愿文书为例,中国民众因治外法权的存在所带来的仇外情绪让传教士所希冀的西方文化感召力大打折扣,[1]即便治外法权尚可带来一定的经济利益,但总体成效已经显著消退。

当主权平等论取代欧洲中心论成为"一战"之后国际政治的主流表达话语时,"文明论"对治外法权的合法论证已经荡然无存。从人权保护的角度出发,强调后发国家法律秩序的欠缺成为延续治外法权的唯一理据,也刺激了相关国家的法律改革进程。问题在于,后发国家的法律改革是全然出于废除治外法权的功利性目标吗？列强为使治外法权制度苟延残喘而构建出来的相应理据,真的成为了后发国家推进法律改革的全部动力吗？在废除治外法权的具体过程中,法律改革究竟作用几何？

（三）作为修辞的法律改革

在列强的叙事中,治外法权是"文明"国家的优越法律制度在落后地区的示范,可以起到引导后发国家法律改革的标杆作用。[2] 而在列强对奥斯曼、日本、暹罗、中国等国许下的废除治外法权承诺中,都将具备完整的近代法律体系作为先决性的条件,[3]也导致相关国家的法律改革多以废除治外法权为号召。此种叙事存在体系性缺陷,毕竟治外法权的文明性与先进性论述只是事后的合法性构建,属于东方主义式

---

[1] Turan Kayaoglu, *Legal Imperialism: Sovereignty and Extraterritoriality in Japan, the Ottoman Empire, and China*, p.170.

[2] John R. Schmidhauser, Legal Imperialism: Its Enduring Impact on Colonial and Post-Colonial Judicial Systems, 13(3) *International Political Science Review* 321-334(Jul.,1992); A. Wood Renton, Extra-Territorial Jurisdiction in China, 18(7) *Virginia Law Review* 721-739 (May 1932).

[3] 王铁崖编：《中外旧约章汇编》,生活・读书・新知三联书店1957年版,第2册,第109页。See also Turan Kayaoglu, *Legal Imperialism: Sovereignty and Extraterritoriality in Japan, the Ottoman Empire, and China*.

的话语想象。① 况且治外法权在实践中的混乱状况,也无从被称作文明法律的示范模板。在后发国家不断高涨的民族主义情绪面前,治外法权成为了排外情绪的直接诱因。在理论与实效层面,都无法证明治外法权为后发国家带来了先进的法律理念与制度。

若仔细分析列强关于一旦后发国家建立近代法律体系,即行废除治外法权的话语,就会发现,此种话语从19世纪中期延续到20世纪40年代,②话语的内部理论支撑却经历了巨大转变。19世纪,列强在推行治外法权的过程中,并未在外交对话中直接指斥其他国家为"半开化"或"野蛮"国家,而是通过强调他国法律的弊端突出推行治外法权的必要性。③ 换言之,在"文明"论为列强理论内核的时代,指责他国缺乏近代法律框架仅仅是论证治外法权合法性的表面话术。"一战"后,"公理取代强权"的呼声让"文明"论几乎近同于"种族歧视论"而失却了冠冕堂皇的理由,于是原先作为话术的"缺乏近代法律"论调,成为了列强维系治外法权的唯一理据。④ 有学者指出,法律改革的进程与废除治外法权的结果之间并无必然联系,即便建立了近代法律制度,也未必能废除治外法权。⑤ 因此,"缺乏近代法律"论从来不是列强推行治外法权的真正理据,而仅仅是列强为维护治外法权进行的修辞话术。

在"文明"论退场、主权与平等理念成为国际交往的通行原则之后,

---

① 参见〔美〕爱德华·萨义德:《东方学》,王宇根译,生活·读书·新知三联书店1999年版。

② 从《巴黎和约》奥斯曼帝国提出废除治外法权的要求,到二十世纪三四十年代中国废除治外法权,列强拒绝废除的理由是同一化的。

③ 除了回绝奥斯曼帝国的废约要求之外,在1882年列强回绝日本废除治外法权的要求之时,同样动用了类似的说辞。See From Granville to Jushie Morie, October 12, 1881, FO 881/4763(1881–1882:8). See also Lane-Poole and Dickins(1894:309–311), FO 881/4763(1881–1882:5–18), FO 881/4763(1881–1882:18).

④ Turan Kayaoglu, *Legal Imperialism: Sovereignty and Extraterritoriality in Japan, the Ottoman Empire, and China*, p.148.

⑤ Ibid., p.60.

"缺乏近代法律"成为列强唯一的抓手,空洞的话术只是列强的自欺欺人,而地缘政治的变动却成为了废除治外法权的重要原因。日本之所以成功废除治外法权,与在甲午战争中获胜进而成为英国在远东的潜在盟友有着极大关系。英国甚至打破了在废除治外法权方面列强一致行动的惯例,抢先废除了在日治外法权。① 无独有偶,"一战"后土耳其赢得对希腊的战争,是迫使列强在洛桑会议同意废除治外法权的重要原因。② 如果说日本在成功废除治外法权之前,已经完成了近代法律框架的厘定,那么土耳其在洛桑会议召开时尚处于国家初创期,根本无从完成法律改革的目标,③但仍因国力日盛,成功废除了治外法权。暹罗废除治外法权,与其法律改革固然有关联,但如彼时任暹罗政府法律顾问的法国人宝道所言,列强在暹罗的利益较少与战略收缩是暹罗顺利废除治外法权的重要原因。④

在近代中国,沈家本自清末修律就提出为废除治外法权而推行法律改革。⑤ 北洋时期与南京国民政府时期也应用了类似的动员口号。及至清末民初,凡有建设法制之倡议,无不以废除治外法权为理据,甚至让后人产生了中国近代以来的法律改革,是为废除治外法权而推行的判断。但若细致考察相关话语,则会发现,历代法律改革者以废除法权为口号而推进法律改革的策略背后,是基于对近代法律的自主性认同。⑥ 很难想象,在治外法权迟迟未能废除的情况下,为单一的功利性

---

① Turan Kayaoglu, *Legal Imperialism: Sovereignty and Extraterritoriality in Japan, the Ottoman Empire, and China*, p.93.
② Ibid., p.58.
③ Ibid., p.54.
④ 〔法〕宝道:《暹罗治外法权之撤废》,梁仁杰译,载王健编:《西法东渐:外国人与中国法的近代变革》,译林出版社 2020 年版,第 534 页。
⑤ 参见高汉成:《晚清刑事法律改革中的"危机论"——以沈家本眼中的领事裁判权问题为中心》,载《政法论坛》2005 年第 5 期。
⑥ 同上。

目标所驱动引介外国学理以改造本国法律的近代法律改革能在中国绵延近半个世纪。

而在现实层面,地缘政治秩序的变动是决定 20 世纪 20 年代以来中国的废除法权运动成败的关键性因素。在法权调查委员会的报告中,北洋政府无法对地方实现有效控制,是拒绝废除治外法权的原因之一。① 南京国民政府所参与的废除法权谈判,在谈判过程中双方均未涉及同步进行中的《六法全书》体系与司法制度建设。② 在 1943 年的废除治外法权动议中,英美两国为了鼓励中国继续抗战,将因战争已经不复实际存在的治外法权交还国民政府,其象征意义远大于实际意义,中国法律改革之成果同样在英美的决策文件中未予考量。③

无论是现实层面,还是在理论预设上,"缺乏近代法律"论在废除治外法权过程中的修辞意义远大于实质意义。如果否定了近代法律改革与废除治外法权之间的简单因果关系,那么治外法权所带来的究竟是什么?

(四)话语"共谋"下的国家建构

治外法权的概念内涵与理论论证并非固定不变,而是随着时代的变迁在不断调整,及至近现代,治外法权并非单纯意义上的法律概念,而是与主权、民族国家等相关指向的"现代国家"概念群组中的一部分。"现代国家"在实质意义上是以民族成员的认同与授权为基础、以法律

---

① Commission on Extraterritoriality in China, *Report of the Commission on Extraterritoriality in China*, Peking, September 16th, 1926, Washington: Govt. print. Off., 1926.

② 在废除治外法权的谈判中,中英双方的争议焦点在于特别法院的设置与人员组成方式,参见 No.278, Memorandum by Sir J. Pratt on the Nanking Government and British policy in China, May 1930, DEBFP, II/VIII, pp.369 - 373; No.195, Sir M. Lampson (Nanking) to Mr. A. Henderson, Jan 9, 1930, DBFP, II/VIII, p.261 - 264。

③ *FRUS*(*Foreign Documents of the United States*), 1940 Vol.4, GPO, 1950, 316, & *FRUS*, 1940, Vol.4, p.935. *FRUS*, 1942, China, GPO, 1956, p.268 - 271; *FRUS*, 1942 Volume China, pp.270 - 273, 282 - 285, 418.

作为社会规范与权力运作机制所构建出来的新型共同体。在这一共同体中,法律不再单纯作为治理工具,也成为了主权象征。治外法权以侵犯司法主权的方式,挑战着国家的主权完整与尊严,从而成为国家欲以消除而证成自身合法性的关键性因素。

如果说治外法权对于新兴民族国家有何具体影响的话,无疑是治外法权作为殖民主义的代表,让传统的帝国王朝因生存危机而纷纷转变成以列强为模板的民族国家。而民族国家的实质,就是以法律国的框架作为基本运作方式,一旦选择了民族国家的模式,就意味着近代法律框架的构建成为必然。

以奥斯曼帝国为例,其在《巴黎和约》签订后即开启了法律改革,但单纯的法律改革无法撼动古典帝国的基本框架,也就无法用单一化的近代法律体系取代古老的多元化法律机制。[1] 而在土耳其共和国建立后,失去了奥斯曼帝国的大部分旧有领土,反而促成土耳其在单一民族为主体的背景下建成民族国家,从而快速推进法律改革并废除治外法权。[2]

同样,在中国案例中,晚清之所以未曾在官方层面正式提出废除治外法权的要求,与传统王朝的统治模式有密切关系。在一个法律多元化框架的体系内,治外法权并不能视为对于国家体系的根本性挑战,反而可以附会为古老的"化外人相犯"机制予以调处。当共和取代王朝,成为中国的国体之时,治外法权的符号意义就被无限放大,被视为主权受侵犯、国体未成乃至政权治国不力的直接象征,废除治外法权也成为政权证成自身合法地位的最佳方式。

在厘清治外法权与现代民族国家的联系与张力之后,或许可以理解,为何在近代中国,废除治外法权屡屡成为推进法律改革的口号。为

---

[1] Turan Kayaoglu, *Legal Imperialism: Sovereignty and Extraterritoriality in Japan, the Ottoman Empire, and China*, p.148.

[2] Ibid., p.134.

保障主权而废除治外法权、为建设国体而推进法律改革均是民族国家的基本任务。在列强所作的承诺中,将废除治外法权与推进法律改革进行了捆绑,而此种话语对于新兴民族国家而言,可以作为有效的反向激励工具,即使在知晓国力与地缘政治秩序为废除治外法权的主要因素的情况下,[1]也乐见以治外法权的刺激来促进法律国家的建设。于是,两种不同的任务指向并没有被分割开来进行处理,而是汇入了同一性的话语框架之中。列强为维系侵略所编造的话术,竟成为了后发国家借力的工具,两种完全不同的目标指向,在以法律改革推动废除治外法权的论述中达成了形式上的共谋,形成了历史演进过程中的表面话语。由此也可以理解,为何建设法律国家的本初任务被误解成以废除治外法权运动为目标的功利性指向。

治外法权重新塑造了国家的概念,也代表了国际法的早期建构史,在其存续过程中,各方围绕治外法权进行了理念与利益上的博弈,从而奠定了当代世界法律秩序的基础。治外法权所固有的欧洲中心主义与不平等属性,也同样蕴含在当代国际法秩序的根基之中。[2] 治外法权的流变历程,对于当代涉外法治事业的建设,有着直接的启示作用。

五、治外法权流变中的涉外法治启示

治外法权既是全球秩序形成过程中的产物,也造就了当今的世界法律格局,投射出现有国际法理论框架中的固有偏见与不公,更塑造了现代的法律观、国家观与全球秩序。其变迁过程中的理念变迁、权力博弈与政治结构变化,足以为当下涉外法治的理论建设提供借鉴。

---

[1] 吴颂皋:《治外法权》,商务印书馆1933年版,第183页。在吴氏的著作中,将(近代)治外法权形成原因分析为:宗教的歧视、文明先进的成见、国势的衰弱。类似的"国力论"废除治外法权在民初有关的策论争辩中亦不鲜见。

[2] Barry Buzan & Richard Little, The Idea of "International System": Theory Meets History, 15(3) *International Political Science Review* 231 - 255(Jul., 1994).

其一,在话语权层面,话语权的宰制是列强得以长期维系治外法权体系的重要原因。在话语权的垄断被打破之前,后发国家并未在废除治外法权的斗争中取得实质上的进展,只有在逐渐摆脱西方话语、摆脱西方式理论陷阱的前提下,后发国家争取自身权益方才取得了实质性进步。国际秩序中的话语权问题本质是西方中心主义与殖民思维的延续,因此,在涉外法治的建设过程中,建构自身的话语权是推进理论建设的首要工作。

其二,在主体意识层面,对于治外法权的理解长期依赖于西方式的解读,即便站在被侵略国家的角度进行重新阐释,也不由自主地套用了西方的视角与理据。治外法权在殖民时代之前,确实是推进贸易、促进治理的互惠平等机制。恰恰是列强破坏了原有的平等机制,完全以单方面利益为出发点,对治外法权进行了破坏性的重塑,长期以来列强对于治外法权具有的"促进贸易""保障人权"乃至"促进法律改革"的功能论述不过是虚伪的一面之词。治外法权的历史证明了在平等无法得到彻底保证的情况下,无论国际法所标榜的"人权""文明"价值多么显眼,都不过是为掠夺与剥削进行合法性论证的脚注。[1]列强在殖民过程中所存在的矫饰与伪善亦未彻底消失,而是融入了当代国际法律秩序的结构之中。[2] 在建设涉外法治的过程中,坚持中国主体意识,以广大发展中国家的利益与视角为根本出发点,对于国际秩序进行重新解读与应对,是必要的步骤。

其三,在理论适用层面,需要进行更新与反思。在传统意义上解释中国近代巨变的"冲击—回应"理论中,治外法权被视为西方所施

---

[1] Eileen P. Scully, Historical Wrongs and Human Rights in Sino-Foreign Relations: The Legacy of Extraterritoriality, 9(1/2) *The Journal of American-East Asian Relation* 129–146(Spring-Summer, 2000).

[2] Matthew Craven, What Happened to Unequal Treaties? The Continuities of Informal Empire, 74 *Nordic Journal of International Law* 335–382(2005).

加的"冲击",而中国的"回应"则为法律改革。此种理论所预设的是,在中国所发生的近代转变,受惠于西方的冲击,落实到治外法权案例上,则是问题重重:侵犯主权的治外法权反在中国产生了改良法律的作用。但通过治外法权的历史检视,也足以证明包括中国在内的后发国家,在法律改革问题上有着相当程度的自主性,构建出了本土化的近代法律观,而这种自主性并非治外法权所直接带来的影响。"冲击—回应"说在实质上仍然是西方中心主义的延续,忽略了后发国家的自主精神与历史传统。如英国历史学者波考克(Pocock)所言:"政治社群不论其自治权的多寡,都能产生对过往的叙述,并在当下的经验指引下对相关叙述进行修正。"[1]由此可见,"近代"的传播过程并非单一化的路径,"近代"在对"传统"进行影响的过程中,也受到了本土性资源与相关路径的制约,"传统"对于"近代"进行了深刻的渗透。[2] 因此,在涉外法治的研究中,有必要超越既有的理论框架,探索新型的研究方式与理论创新。

其四,在国际法秩序的建设层面,需要对现有体制进行反思与重构。针对治外法权的抗争史也昭示着,在全球秩序已经是既成事实的情况下,仅靠重返传统与自我封闭的方式来对抗外来影响是毫无用处的,[3]塑造出平等与公正的新秩序方是可欲的长期路径。时空移转,当下中国作为国际秩序的积极参与者与重要决策者,在"人类命运共同体"的法律建构路径中,后发国家针对治外法权的抗争经历,完全可以作为建设涉外法治过程中与广大发展中国家共享的共同记忆与道德高地。

治外法权研究并不全然是理论的检视,在全球数据治理法律体系

---

[1] J.G. A. Pocock, *Political Thought and History: Essays on Theory and Method*, Cambridge University Press, 2009, XV.

[2] 〔美〕孔飞力:《中国现代国家的起源》,陈兼、陈之宏译,生活·读书·新知三联书店2013年版,译者导言,第34页。

[3] 〔美〕迈克尔·哈特、〔意〕安东尼奥·奈格里:《帝国:全球化的政治秩序》,杨建国、范一亭译,第126页。

尚处于构建过程的当下,[①]长臂管辖式的法律机制已然成为维系霸权主义与贸易保护主义的工具。[②] 从治外法权的兴衰成败经验出发,单纯地以主权至上原则对抗长臂管辖并非可持续的方式。分析欧洲与美国推进长臂管辖的法律依据与价值基础,[③]以全球治理重要参与者的身份积极介入到数字治理的规则制定过程中,在吸取现有的经验教训基础之上,通过新价值、新观念的传播与沟通,催生出更具合理、公平价值的新数据治理体系,方是构建出更加合理与可持续的全球数据治理法律体系的必由之路。

(原载《华东政法大学学报》2021年第5期)

---

① 在当代,网络空间成为了继陆地、海洋、天空、外太空之后人类活动的"第五空间",国家主权的范围也延伸到这一领域,其中最核心的部分就是数据主权。数据的特性决定了数据的管制须依赖国家间的协作,尽管各国的管制理念不同,但在欧美的立法实践中,都出现了以长臂管辖为方式的管理方法,将实际管辖的范围扩展到领土范围之外,从而对国际经济秩序与世界数据治理体系都产生重大影响。参见叶开儒:《数据跨境流动规制中的"长臂管辖"》,载《法学评论》2020年第1期。

② 参见杨成玉:《反制美国"长臂管辖"之道——基于法国重塑经济主权的视角》,载《欧洲研究》2020年第3期。

③ 在欧洲议会2016年通过的《一般数据保护条例》(General Data Protection Regulation,简称GDPR)中,将管辖原则扩展为"影响主义原则",使得GDPR成为了事实层面的全球性法律。美国在2018年颁行的《澄清合法域外使用数据法》(Clarifying Lawful Overseas Use of Data Act,简称CLOUD Act),授权美国监管、执法与司法部门通过美国国内的法律程序调取美国公司储存在境外的数据。欧盟的长臂管辖根源于其对"人格尊严"的独特理解,而美国的长臂管辖则建基于其对全球秩序的事实主导基础上。参见翟志勇:《数据主权的兴起及其双重属性》,载《中国法律评论》2018年第6期。